넨도의 온도

넨도의 온도

nendo 사토 오오키 지음
이현욱 옮김

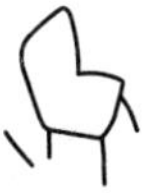

미디어샘

머리말

대부분의 경우에 인터뷰는 인터뷰어가 '대충 이런 이야기가 나오면 좋겠다'라고 하는 '질문'을 미리 정해두고 상대방도 '오늘은 이런 질문을 하겠지'라고 예상하고 '대답'을 어느 정도 준비합니다. 이런 '답 맞추기'와 비슷한 공동작업을 통해 많은 사람이 쉽게 이해할 수 있는 기사가 탄생하는 것이죠.

이 책은 2013년에서 2016년 4월까지 제가 인테리어 잡지 《엘르 데코》 일본판 '인터뷰어 사토 오오키'로서 세계적인 디자이너들을 취재한 내용을 편집한 것입니다. 안타깝게도 초보 인터뷰어가 아름다운 '질문'을 준비할 능력이 되지 않아 필연적으로 그냥 '잡담'이 되어버렸습니다.

하지만 저는 취재 대상을 비디오카메라도 없고 녹음기도 없는 상황에서 인터뷰를 한 셈입니다. 거기다 인터뷰어는 동종업계 종사자, 그러니까 완전히 '우리 쪽 사람'인 것이죠. 수없이 인터뷰를 해온 인터뷰 달인들도 자신도 모르게 경계를 늦추게 되었습니다. 아니, 아예 경계를 하지 않았어요.(웃음)

준비해둔 '대답' 같은 것은 완전히 잊어버리고 디자인 업계 주변에서 일어나는 일, 매일 무의식적으로 느낀 점, 나아가 업계 내 가십까지 편안한 분위기 속에서 적나라하게 들려주었습니다. 결과적으로 이 과정을 통해 평소에 미디어 등에서는 거의 볼 수 없는 디자이너들의 진짜 모습을 볼 수 있었습니다.

이렇게 아슬아슬하게 반칙에 가까운 방법으로 진행된 취재 내용을, 그곳에서 이루어진 대화를 충실하게 그대로 기록하는 것이 아니라 (그럴 능력도 없기 때문에) 제 안에 남아 있는 어렴풋한 인상을 바탕으로 약간의 데포르메(변형)도 사용하여 문장으로 만들었습니다. 즉 '사토 오오키'라는 필터를 거친 내용입니다.

현실을 넘어서는 현실성을 추구하며 디자이너들 분위기를 체감할 수 있도록 말투, 버릇, 저와의 거리감 등도 한 사람 한 사람 다르게 표현했습니다. 미켈레 데 루키 씨는 '도인'처럼, 마르셀 반더스 씨는 '야쿠자'처럼 나타냈습니다. 파트리시아 우르퀴올라 씨는 활기가 넘치는 '배짱 있는 터프한 엄마' 같은 이미지로 그렸습니다.

이렇게 적극적으로 양념을 뿌리기는 했지만, 대화 내용을 정리하거나 자연스러운 흐름을 만드는 '정제' 작업은 일체 하지 않았습니다. 애매한 뉘앙스도 애매한 상태 그대로 두었습니다.

가공하지 않은 있는 그대로의 문장 때문에 다소 읽기 불편한 부분이 있을지도 모르지만, 이런 잡음과 불순물 안에야말로 디자인의 중요한 힌트나 영감을 주는 무언가가 숨어 있으리라는 확신이 들었기 때문입니다.
머릿속을 깨끗하게 비운 상태에서 디자이너들 말에 귀를 기울여 여러분 나름대로의 '답'을 발견해준다면 더할 나위 없이 기쁠 것 같습니다.

사토 오오키

차례

01 에드워드 바버 제이 오스거비

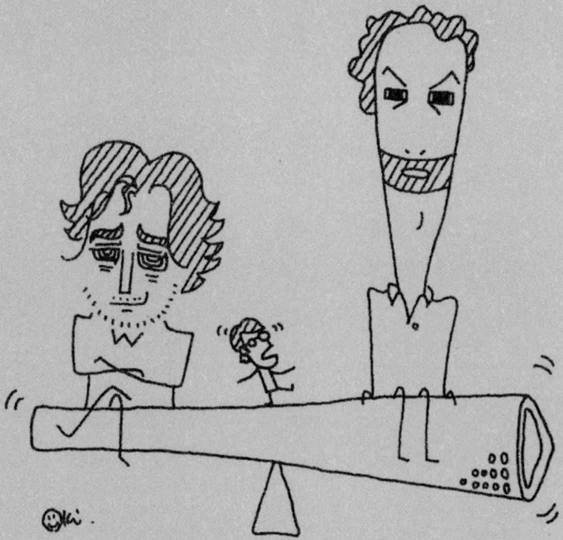

바버 앤드 오스거비는 런던올림픽 성화봉과 2파운드 기념주화 등을 디자인하고 플로스[1], 비트라[2], 마지스[3], 비 앤드 비B&B 이탈리아[4]와 같은 수많은 유명 브랜드에 디자인을 제공하는 에드워드 바버와 제이 오스거비로 이루어진 디자인 유닛입니다. 두 사람은 에이스호텔, 패션 브랜드의 부티크 등의 인테리어를 담당하는 유니버설 디자인 스튜디오를 오픈하고, 나아가 맵 프로젝트MAP라는 디자인 컨설팅 회사도 설립하여[5] 버진 애틀랜틱 항공, 소니, 야마하와 같은 대기업을 클라이언트로 두고 있습니다. 디자인 기법은 물론이고 복수의 조직을 어떻게 운영하고 있는지 등등 물어보아야 할 것이 너무 많습니다. 한창 밀라노 가구 박람회가 진행 중이던 어느 오후에 우연히 스케줄이 맞아 밀라노 시내의 한 호텔 바에서 마주 앉아 이야기를 나누었습니다.

회사 세 개를 운영하는 디자이너

제이 오스거비 (이하 '제이') 와, 진짜, 정말 바빠요.

에드워드 바버 (이하 '에드워드') 장난이 아니네. 오오키 씨도 마찬가지겠죠? 분명히.

오오키 박람회니까요.(쓴웃음)

제이 그래도 우리는 반만 말하면 되니까.

오오키 둘이니까요.

에드워드 돈도 반이지만.

오오키 둘이니까요.(웃음) 오늘도 인터뷰 후에 미팅이 있다고 들었는데 커피로 할까요?

제이 에드워드 (딱 잘라) 맥주.

제이 (바버를 보며) 한 잔으로 반반씩 마실까?

오오키 둘이니까요, 두 사람인 건 이제 충분히 알았어요!

대충 맥주로 건배를 하며…

제이 오오키 씨와 이렇게 제대로 이야기를 나누는 건 처음인 것 같아요.

오오키 맞아요. 사실은 이런저런 물어보고 싶은 것이 많아요. 최근에 세 번째 회사를 만드셨다고 들었어요. 디자인 회사가 복수의 기업을 운영한다는 이야기는 들어본 기억이 거의 없어요.

제이 아, 맵 이야기네. 비교적 단순한 이야긴데, 바버 앤드 오스거비는 프로덕트 또는 가구 디자인에서 회사인 거죠. 유니버설 디자인 스튜디오는 인테리어 같이 공간을 디자인하는 조직. 맵 프로젝트는 기업 컨설팅과 리서치 기능을 가진 회사.

오오키 사실 두 분의 영향도 어느 정도 받아서, 지금까지는 넨도라는 단일 조직으로 공간 디자인에서 프로덕트, 기업 브랜딩까지 전부 다 해오다 최근 온도onndo라는 공간 디자인에 특화된 조직을 만들었어요.

에드워드 아, 그렇구나.

오오키 넨도의 공간 설계 부문을 분리하는 것만으로는 의미가 없을 것 같아서 대형 시공회사인 노무라공예사乃村工藝社의 300명 이상 디자이너의 기술과 시공 노하우를 융합해서 최대의 효과를 낼 수 없을까 하고 생각했어요.

에드워드 그렇군요. 재미있네요.

오오키 정말 시작 단계예요.(웃음) 두 분은 어떤 경위로 다른 조직을 만드신 건가요?

제이 사내에 우수한 사원이 있어서 그 사람이 이끄는 조직을 하나 만들어주고 싶었어요.

오오키 인재를 활용하기 위해서?

제이 네.

오오키 어디든 인재가 유출되는 문제로 골머리를 앓고 있으니까요. 항상 어느 정도 성장하면 어딘가로 가버리죠.

에드워드 영원한 숙제예요. 바로 얼마 전에도 톱클래스급 디자이너 둘이 나가버렸어요.

제이 한 명은 아릭 레비*[6]의 회사에서 스카우트해 갔어요. 다른 한 명은 일본인인 오시로 겐사쿠 씨인데, 독립해서 여기저기서 활약하고 있죠.

오오키 원래 피에로 리소니*[7] 씨와 함께 일하던 우수한 분이시죠. 소문은 많이 들었어요.

제이 맞아요. 두 명이나 나가서 마음이 쓰려요. 다른 사람을 찾아야 하는데….

오오키 현재 직원은 총 몇 명인가요?

제이 바버 앤드 오스거비는 여섯 명, 유니버설은 서른 명에서 마흔 명, 맵은 열몇 명 정도?

에드워드 특히 공간 디자인은 머릿수가 많아야 하니까요.

제이 프로덕트는 일고여덟 명 정도 있으면 어느 정도 다 해결할 수 있어요.

에드워드 '7'이 매직 넘버니까.

오오키 디자인 회사의 규모는 일곱 명이 베스트라는 뜻인가요?

제이 비즈니스에서는 '12'가 매직 넘버라고 하지만….

에드워드 디자인을 비즈니스라고는 부르지 않으니까.

제이 그건 그래.(웃음)

오오키 각각의 조직과 두 분 관계는요?

에드워드 세 곳 모두 독립채산제로 제이와 내가 50퍼센트씩 주식을 가지고 있어요.

오오키 그러니까 완전한 오너십을 가진 것으로 보면 되겠네요? 그런데 프로젝트를 배분하는 게 어렵지는 않나요? 맵에서도 할 수 있고 바버 앤드 오스거비에서도 할 수 있는 프로젝트도 있을 거 같아요.

제이 물론 그런 경우도 있어요. 처음에는 브랜딩 업무로 맵에서 일을 받았어도 프로젝트의 중심이 점차 공업제품 디자인으로 옮겨간다든가.

오오키 그럴 때는 일을 이관하나요?

제이 음, 그 부분을 확실하게 정해두지는 않았어요.

오오키 유연하게 대응하는군요. 일을 받고, 안 받고의 기준은요?

에드워드 마지막 의사결정은 우리가 하지만 직원과 이야기해서 결정하는 경우도 많아요. 딱 맞지 않는 일이라도 조직이 처음 생겼을 때는 무리해서 받아볼까 하는 이야기도 했죠. 최근에는 일이 마구 들어오니까 그런 걱정은 별로 없어요.

오오키 조직 규모가 커지면, 예를 들어 유니버설 디자인 스튜디오 프로젝트에서 "제이와 에드워드는 왜 미팅에 매번 안 오는 거야?" 하고 화를 내는 클라이언트는 없나요?

에드워드 그런 태도를 취하는 클라이언트와는 분명히 잘되지 않을 테니까, 애초에 받지 않죠.

제이 현재 우리 작품집을 편집 중인데 유니버설이나 맵의 일은 일체 넣지 않을 예정이에요.

에드워드 바버 앤드 오스거비로는 공간 디자인은 하지 않는다는 입장은 분명하니까요. 작품집에 비트라를 위해 디자인한 사무실용 책상의 사진을 넣으려고 보니까 책상 위의 오래된 맥Mac이 이렇게 두꺼운 거예요.(손가락으로 5센티미터 정도라는 것을 보여주며) 맵에서 지금 진행 중인 사물인터넷IoT이라든지 디지털 관련 디자인 같은 것은 수요는 있지만 시대의 변화를 견딜 수 있을지는 잘 모르겠어요.

오오키 맵을 미국의 서해안이 아니라 굳이 런던에 둔 이유가 있나요?

제이 캘리포니아주에 지사를 만들자는 이야기가 없었던 건 아니지만 사실 런던에는 정보통신기술IT 관련 벤처가 엄청 많아요. 별로 알려지지는 않았지만요.

에드워드 또 우리가 런던에서 자랐고 학교도 나오고, 가족도 여기 있고요.

오오키 런던에 회사 세 곳이 집약된 편이 편할 것 같아요.

에드워드 빌딩 몇 개에 사무실을 임대해서 세 곳이 각각 사무실을 가지고 있는데, 지하도로 연결되어 있어서 실질적으로는 같은 건물에 있는 느낌.(웃음)

오오키 지하도라니, 어설픈 스파이 영화 같은데요.

제이 맞아, 맞아.(웃음)

에드워드 그래서 최근에 그중 건물 하나를 통째로 사버렸어요. 이렇게 돈이 들어오면 바로 투자를 해버리니까 수중에 현금이 없어요.(쓴웃음)

오오키 알죠, 알죠.(웃음) 최종적으로는 회사를 더 늘릴 계획인가요? 아니면 현재 조직을 확대하는 방향으로?

제이 음, 앞일은 아무도 모르는 거지만 회사를 더 만들 계획은 없어요.

에드워드 세 개로 충분해요, 정말. 앞으로는 우리 둘이랑 어시스턴트 몇 명 정도와 같이 일을 할 수 있다면 그걸로 행복할 것 같아요.

제이 새로운 빌딩의 한 층은 우리만 사용할 예정인데, 그런 의미에서는 이상에 가깝다고 할 수 있죠.

오오키 두 분은 어떤 방식으로 작업을 하시나요?

에드워드 일부러 마주 앉아서 '음, 어떻게 하지?'와 같은 식의 진행은 일단 없어요. 이동 중에 '재미있는 걸 봤는데 그 프로젝트에서 쓸 수 있을 것 같지 않아?'와 같은 식으로 아이디어의 캐치볼을 평소에 하죠.

오오키 마찬가지로 디자인 듀오인 부룰렉 형제의 경우는 동생인 에르완이 재치 있고 기발한 아이디어를 내는 '감각파', 형인 로낭이 냉정하고 침착한 커뮤니케이션형인 '이론파', 이런 조합인 거 같은데….

에드워드 둘 중에 고르자면 제이가 '감각파'이려나….

제이 특별히 그런 걸 의식한 적은 없지만요.

에드워드 그런데 둘이서 같이 만드는 일은 거의 없는 것 같아요. 한쪽이 주도하면 다른 한쪽이 가끔 옆에서 괜히 한마디 하는 정도?

오오키 그러면 과거의 작품을 보면 '아, 이건 제이의 작품'이라든지 '이게 내 작품'이라는 걸 아나요?

에드워드 알지만 누가 만든 건지는 신경을 안 쓰죠.

제이 누구 공인지를 신경 쓰다 보면 회사를 세 개나 만들어서 운영하는 건 불가능해요.

'아이디어가 나오는 상태'인지 아닌지를 파악하는 것이 중요하다

에드워드 와, 이거!

오오키 ?

에드워드 이거, 괜찮네.

테이블 위에 놓인 비닐 포장된 설탕이 든 검은색 슈거볼을 덥석 잡는다.

오오키 뭐 때문에 그러세요?

에드워드 아니, 이 설탕이 꽉 차 있는 느낌이 좋잖아요.

아무래도 에드워드 씨는 정연하게 들어 있는 설탕과 그릇이 딱 들어맞는 느낌이 마음에 든 모양이었다.

제이 너, 그거 한번 뒤집어봐.

에드워드 왜?

제이 일단 보라고.

에드워드 아, 뭐야! 이거, 우리가 디자인한 거잖아.

오오키 …. 이게 뭐죠?(땀)

에드워드 우리가 디자인한 제품인지 몰랐어요.

오오키 그렇다는 건 이건 제이 씨가 담당한 디자인인가요?

에드워드 …. 다음 이야기로 넘어가죠.

로열 덜튼[8]의 '올리오Olio' 시리즈 그릇을 가만히 원래 자리로 돌려놓고 아무 일도 없었던 듯이 이야기를 이어갔다.

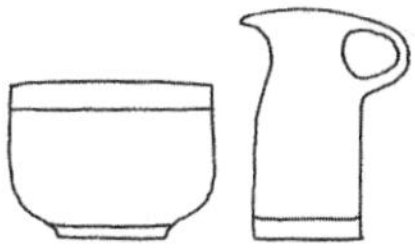

오오키 클라이언트와의 미팅이나 샘플 체크도 두 분이서 분담하세요?

에드워드 둘이서 같이 가는 경우도 있지만 바쁠 때는 나누기도 해요. 박람회 전이면 제가 밀라노에 한 달 정도 체류하면서 플로스, 비 앤드 비 이탈리아, 마지스 등을 집중적으로 담당하기도 하죠.

오오키 그건 효율적이네요. 사내 디자이너와는 어떤 식으로 일을 하세요?

제이 우리 둘이 이미지로 그린 것을 이해하고 제대로 형태로 만들 수 있는 기술은 당연히 있어야 하지만, 그것만으로는 부족해요. 자기 나름대로 생각한 계획을 확실히 제시할 수 있어야 해요.

에드워드 그것이 우리가 상상하는 것과 다르더라도 “어? 그래도 이거 괜찮을 거 같은데?” 하는 생각이 들 때가 가끔 있거든요.

오오키 손을 움직이는 사람만 떠올릴 수 있는 아이디어가 분명히 있으니까요.

에드워드 맞아요. 개별 프로젝트에 관해서는 생각하는 시간이 우리와 비교해서 월등히 기니까요, 담당 디자이너들이.

오오키 그런 생각이라면 아웃풋의 품질 향상은 물론이고 무엇보다 그 디자이너의 성장으로도 이어지겠어요.

제이 그렇기도 하네요.

에드워드 그러고 보니 넨도는 엄청난 속도로 질이 좋은 디자인을 양산하잖아요. 무슨 숨겨진 비법이 있나요?

오오키 없어요.(땀) 그냥 덮어놓고 일을 계속하는 것뿐이에요.(웃음)

제이 우리도 시작할 때는 무작정 계속 일만 했어요. 쉬지도 않았죠.

에드워드 둘 다 지금은 가족도 있고 그때처럼 달리지는 못해요.

오오키 그렇죠.

에드워드 아무도 없는 일요일에 사무실에서 일하는 걸 정말 좋아했는데. 아무것도 없는 그런 상태의 공간에서 일을 하는 것이 저와는 잘 맞는 거예요, 분명.

오오키 그래도 이번에 둘만의 사무실 공간이 생기면 그와 가까운 상태가 되겠네요.

에드워드 그렇네요. 한번 놀러 오세요.

오오키 네, 꼭 갈게요. 자택에도 일을 할 수 있는 공간이 마련되어 있나요?

에드워드 있기는 한데 거의 하지 않아요. 주말은 가족과 함께 보내는 유일한 시간이니까요.

제이 공간도 중요하지만 내 머리 상태를 항상 파악하고 있는 것도 중요해요.

오오키 머리의 상태?

제이 일단은 진행 중인 프로젝트의 과제를 논리적으로 해결할 수 있는 상태인지 아닌지.

에드워드 대부분이 그런 작업이죠.

제이 그리고 내가 스트레스를 느낄 것 같은 상태인지 아닌지.

오오키 '느끼는' 상태가 아니라 '느낄 것 같은' 상태를 말하는 거죠?

제이 네. 이대로 무언가를 생각해내려고 해도 분명 뇌가 스트레스를 느껴서 잘되지 않을 것 같다는 사실을 스스로 아는지 모르는지. 그것을 뇌의 '스트레스 포인트'라고 부르고 있어요.

오오키 진짜 공감이 가네요. 스트레스 징조를 알아채는 감각, 그러니까 스트레스 포인트는 스트레스를 유발하는 스위치와 같은 거네요.

에드워드 사람들 대부분이 그걸 눈치채지 못하고 불필요하게 생각을 하다가 결국 마지막에 실패해요.

제이 그리고 '유레카!'라는 말이 나올 것 같은 상태인지 아닌지.

오오키 아이디어의 브레이크 스루네요. 거기에도 스위치가 있나요?

제이 미안하지만 그건 없어요.(웃음) 나도 어떤 때 떠오를지 몰라요.

에드워드 그래도 오늘은 떠오를 것 같지 않으니 다른 작업을 하자고 생각한 적은 있어요.

오오키 그것도 무슨 말인지 너무 잘 알겠어요.

제이 박람회 기간 중에는 분명히 유레카는 안 나올 거예요.(웃음)

에드워드 비트라의 '팁 톤 체어Tip Ton Chair'를 디자인했을 때는 완전히 '유레카!'였죠. 편안하게 앉는 자세와 앞으로 기울여 책상에서 업무를 하는 자세, 이렇게 두 단계로 앉는 방법을 실현하는 데 정말 고생을 했지만요.

제이 스프링과 유압식 댐퍼 등등 정말 여러 가지를 검토했어요.

에드워드 그러다 어느 날 반짝하고 깨달았죠. 의자 다리를 조

금 구부리면 그걸로 충분하다는 사실을요.(웃음)

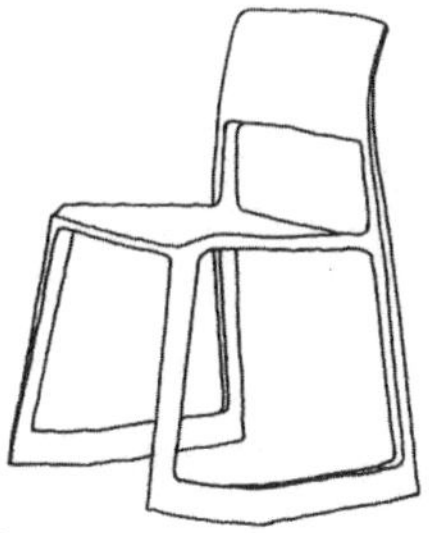

오오키 분명 처음의 시행착오 과정이 있었으니까 그 아이디어가 번뜩 떠오른 거겠죠. 아무것도 하지 않아도 아이디어가 하늘에서 뚝 떨어진다고 착각하는 사람도 많지만요.

제이 엄청난 착각이죠.(웃음)

오오키 다른 이야기지만, 두 분은 어떻게 디자인 회사를 시작하게 됐나요?

에드워드 영국왕립예술학교RCA[9] 건축학과에서 처음 만나서 계속 같이 일하고 있어요.

제이 처음에는 일반적인 설계사무소였어요. 그런데 레스토랑 내장 공사를 하면서 겸사겸사 디자인한 테이블 시제품을 런던 디자인 페스티벌에 출품했는데 줄리오 카펠리니[10]의 눈에 띈 거죠.

오오키 드디어 등장했네요, 줄리오.(웃음)

에드워드 현재 디자인계 상위 스무 명 중에서 줄리오가 스카우트하지 않은 디자이너가 소수일 거 같은데, 진짜.

제이 그때 줄리오가 그 테이블을 상품화하자고 말을 꺼냈고, 또 다른 작품도 보여달라고 했어요. "우리는 건축설계사무소니까 다른 가구 같은 건 없어요"라고 말하니까 "그러면 새로 디자인해봐"라고 했죠. 그때부터 디자인 활동이 시작된 거 같아요.

오오키 그 대화, 눈에 보이는 거 같아요.(웃음) 그런데 그게 언제쯤이죠?

제이 아마 1997년인가.

에드워드 애초에 런던 디자인 페스티벌에 출품한 것도 당시에 라이프스타일 잡지인 《월페이퍼》를 막 창간한 타일러 브륄레 씨에게 의뢰를 받아서 만든 거였어요.

제이 전시실에 테이블만 놓아둔 느낌? 진짜 대충한 것 같은.(웃음)

오오키 이런 이야기를 들으면 디자이너로서의 커리어를 면밀히 계획하는 것도 크게 의미가 없다는 생각이 들어요.(웃음)

에드워드 정말 그렇죠.

제이 오오키 씨도 줄리오 씨에게 스카우트되어서 아직도 교류가 있죠?

오오키 네, 맞아요.

에드워드 카펠리니 이외에 잘 맞는 업체가 있나요? 우리는 비트라와 굉장히 잘 맞아요.

오오키 글라스 이탈리아•[11]가 커뮤니케이션도 아주 잘되고 이미지한 것 이상으로 높은 퀄리티로 제품이 완성되는 편이에요.

제이 글라스 이탈리아도 좋은 곳이죠. 사장인 로렌초 아로치오는 일 처리가 빠르고 유리 이외의 소재 조달이나 제조 관리 수준도 꽤 높아요.

에드워드 다른 곳은요?

오오키 최근에 마르소토 에디치오니라는 대리석 전문 가구 브랜드와 같이 일을 했는데, 글라스 이탈리아만큼 응답도 빠르고 시제품도 빠르고 기술력도 뛰어나요. 사장님 연락처 알려드릴게요.

에드워드 고마워요. 연락해볼게요.

오오키 마지막으로 2020년 도쿄올림픽이 다가오는데….

제이 오오키 씨, 뭔가 하나요?

오오키 아니요, 제게는 아무런 연락도 없었지만(땀), 두 분은 런던올림픽 성화봉을 디자인하셨잖아요.

제이 그거 진짜 힘들어서 추천은 안 해요.

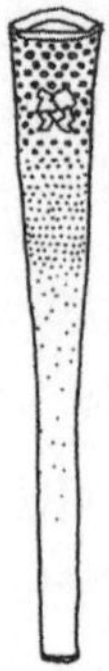

오오키 그래도 바버 앤드 오스거비의 명함 같은 작품이 되었잖아요?

에드워드 확실히 자기소개를 할 때는 이야기가 빠르긴 해요.(웃음)

제이 성화대에 닿는 그 몇 초 동안 수십억이나 되는 사람들이 지켜보는 그런 제품은 잘 없으니까요.

에드워드 아, 그때는 진짜 무서웠어요, 그 순간은.(땀) 거기서 불이 확 꺼지면 그 즉시 우리는 폐업이니까.(웃음)

제이 스케줄도 빠듯했잖아.

에드워드 빠듯한 게 아니라 애초에 런던올림픽 조직위원회가 완전히 잊고 있었어요, 성화봉을.

오오키 정말요?

제이 성화 봉송 주자 루트나 관련 이벤트는 면밀하게 계획했는데 성화봉은 뒤로 미룬 거죠. 개막 18개월 전이 되어서 '앗' 하고 디자인 공모가 열렸어요. 전 세계에서 1천 개 이상의 응모가 있었죠.

에드워드 공모에서 뽑힌 것까지는 좋았는데 8천 개를 제조해야 했어요.

오오키 정말요? 몇 개만 있으면 되는 거 아닌가요?

제이 불은 성화 릴레이로 이어지지만 성화봉은 주자가 가져가 버리니까.(웃음)

에드워드 이베이에서 눈이 튀어나올 정도로 비싼 가격에 팔렸어요.

오오키 설마 성화봉을 다시 판 건가요?

에드워드 그렇지요.(웃음)

제이 이동 중에 불이 꺼지면 안 되니까 비엠더블유BMW의 시설을 빌려서 풍압, 기압, 온도 변화, 비 같은 부하를 가해서 성화봉에 이상이 생기지는 않는지, 불이 꺼지지는 않는지 계속 검증을 하는 거예요.

오오키 검증을 위한 특별 팀이 따로 있고, 팀원들과 협업하는 건가요?

에드워드 아니, 우리끼리 하는 거예요.

오오키 정말요? 너무 힘들지 않나요?

에드워드 힘든 정도가 아니에요.

제이 처음에는 가스가 아니라 짚 등을 압축한 걸 연소할 수 없겠느냐는 이야기가 위원회에서 나왔어요.

오오키　고형 연료를 직접 연소시키는 편이 환경에 좋아 보이긴 해요.

제이　그런데 직접 실험해보면 불티가 엄청 날아다녀요.

에드워드　확실히 다음 주자의 옷이나 길가 현수막 같은 곳에 불이 붙겠죠.(웃음)

제이　가스라면 스위치를 돌리면 불이 확실히 꺼지지만, 고형 연료의 경우는 극단적으로 말하면 물이 든 대야 같은 데 성화봉을 집어넣어서 불을 꺼야 해요.

오오키　그건 비주얼적으로도 별로 좋지 않겠네요.(웃음)

에드워드　성화 릴레이 시작까지 전체 성화봉 개수를 맞추는 건 절대 불가능해서 달리는 동안 계속 만들어서 릴레이 지점까지 헬기로 계속 납품했어요.

오오키　그거야말로 분납이네요!

제이　맞아요. 하나라도 잘못되면 끝이에요.(웃음)

에드워드　진짜 죽을 뻔한 프로젝트였어요. 그러니까 오오키 씨에게는 절대 추천 안 해요.(웃음)

제이　가스로 한다면 추천.(웃음)

오오키　잘 알겠습니다.

제이　지금 몇 시지?

에드워드　어, 또 지각하게 생겼어!

제이　이거 가져갈게요!

땅콩과 함께 나온 엄청난 양의 포카치아를 한 손으로 그릇째 들고 둘은 바를 뛰쳐나갔다.

오오키 후.

제이 오오키 씨!

오오키 네?

제이 (지갑을 꺼내면서) 계산! 계산!

오오키 됐으니까 빨리 미팅하러 가세요!(웃음)

제이 에드워드 땡큐!

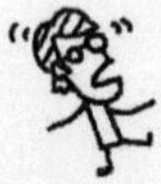

주

1 플로스Flos

1962년 이탈리아 밀라노에 설립된 조명 브랜드다. 카스틸리오니 형제가 중심이 되어 설립 당시부터 제품은 물론 점포, 고객 서비스에까지 디자이너의 의견을 반영하여 현재도 높은 브랜드 가치를 유지하고 있다.

2 비트라Vitra

1950년에 스위스에서 시작된 사무실 가구 브랜드다. 저명한 디자이너와의 협업, 인간공학의 연구, 제조 기술력을 기반으로 디자인성과 메시지성이 높은 사무실 가구를 수없이 많이 만들어왔다. 창의성과 선견지명으로 국제적인 평가가 높다.

3 마지스Magis

1976년에 창업한 이탈리아의 가구 · 가정용품 브랜드다. '일상용품이야말로 뛰어난 디자인으로'를 테마로 전 세계 디자이너들과 협업하고 있다. 플라스틱과 알루미늄 같은 소재를 중심으로 소재로 자유로운 디자인의 제품을 선보이고 있다.

4 비 앤드 비 이탈리아B&B Italia

1966년에 이탈리아 밀라노 북부에서 창립된 가구 브랜드다. 세계 최초의 저온 발포 몰드 우레탄의 일체성형 소파를 내놓는 등 최신 소재 연구 개발이 강점이다. 연구 개발R&D 부문과 디자이너가 긴밀하게 연계해서 가구를 제조한다.

5 유니버설 디자인 스튜디오, 맵 프로젝트Universal Design Studio, Map Project

2018년 6월에 두 사람은 디지털계 디자인 회사 아카AKQA에 두 회사 주식 과반수를 매각했다. 이 움직임은 자신들의 노하우를 쏟아부어 키운 디자인 조직을 그것을 필요로 하는 기업에 매각하는 새로운 비즈니스 모델로 관계자들에게 주목받고 있다.

6 아릭 레비Arik Levy

이스라엘 출신의 디자이너다. 1963년에 태어나 1995년에 디자인 스튜디오 엘L디자인을 설립하고 산업디자인, 프로덕트, 인테리어, 건축, 패키지, 디스플레이 등 다양한 분야에서 폭넓게 활동하고 있다.

7 피에로 리소니Piero Lissoni
이탈리아 브리안자 출신의 건축가이자 디자이너다. 프로덕트와 인테리어 디자인뿐만 아니라 대형 백화점 로고, 트레이드 마크와 같은 그래픽 분야에서도 폭넓게 활약하는 만능 디자이너의 원조라고 할 수 있다. '본질적이고 심플한'이 디자인 철학이다.

8 로열 덜튼Royal Doulton
1815년에 영국 런던에서 시작되었다. 처음에는 스톤웨어를 만들었지만, 1877년 이후에는 본차이나 기술을 도입하여 세계 최대 도자기 브랜드 중 하나가 되었다. 2015년에 로열 코펜하겐을 소유한 핀란드 기업 피스카스가 인수했다.

9 영국왕립예술학교Royal College of Art, RCA
영국 런던에 있는 왕립 디자인 · 미술 대학이다. 세계에서 유일하게 석사 · 박사 과정으로만 이루어진 미술계 대학원이다. 디자이너뿐만 아니라 청소기 등을 제조하는 영국 다이슨 창업자 제임스 다이슨 등 수많은 인재를 배출했다.

10 줄리오 카펠리니Giulio Cappellini
이탈리아 가구 브랜드 카펠리니의 아트 디렉터다. 넨도를 비롯한 수많은 디자이너의 재능을 발견하고 컬래버레이션을 진행했다. 카펠리니에게 발탁된 것은 톱 디자이너라는 증거라고도 한다.

11 글라스 이탈리아Glas Italia
1970년에 이탈리아 브리안자에 설립된 유리 소재 전문 가구 브랜드다. 유리판 가공이 강점이며 지금까지 서른 팀 이상의 디자이너와의 협업을 통해 문, 테이블, 의자, 선반 등 신작 가구를 정력적으로 만들어내고 있다.

정리

에드워드 바버와 제이 오스거비는 굉장히 균형감각이 뛰어나다. 상황에 따라 엉뚱한 아이디어를 내고 거기에 딴지를 거는 역할을 교대로 담당하는 독특한 관계다. 형제처럼 친밀한 관계지만 동시에 프로 디자이너 사이의 절묘한 거리감을 항상 유지한다.
이야말로 두 사람의 장점이며, 그렇기 때문에 세 조직에 독자성을 부여하면서도 서로 협력하도록 만들 수 있다.
두 사람이 만들어내는 디자인은 참신하면서도 일상에 자연스럽게 녹아들어 친밀함이 느껴진다. 그런 의미에서 앞으로 등장할 디자이너들 가운데 가장 내 생각에 가까운, 참고가 되는 부분이 많은 디자이너라고 생각한다.

_《엘르 데코》 2016년 8월호

바버 앤드 오스거비Barber&Osgerby

에드워드 바버Edward Barber와 제이 오스거비Jay Osgerby는 둘 다 1969년 영국에서 태어났다. 영국왕립예술학교 건축학과에서 만나서 1996년에 바버 앤드 오스거비를 설립했다. 가구 디자인에서 런던올림픽 성화봉 디자인 같은 공공 프로젝트까지 다양한 분야에서 활동하고 있다. 디자인 산업에 대한 기여를 인정받아 영국왕립예술협회 왕실산업디자이너RDI와 대영제국훈장 '오피서' 칭호를 받았으며, 2014년에는 엘르 데코 인터내셔널 디자인 어워드의 '올해의 디자이너'로 뽑히는 등 다수의 수상 경력을 자랑한다.

02 루카 니케토

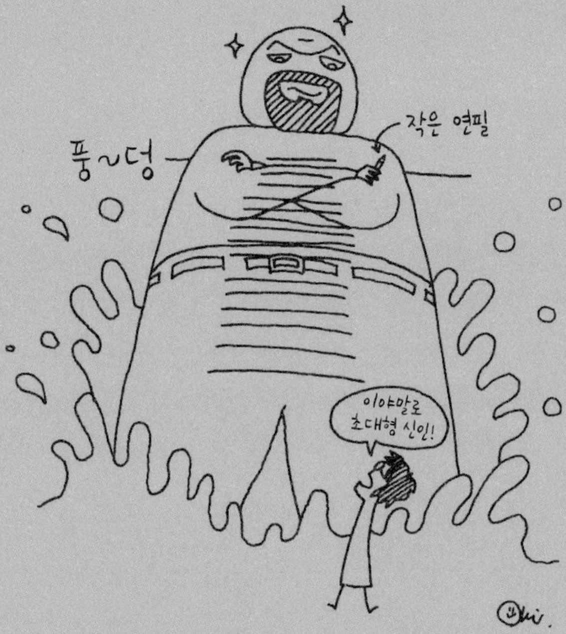

이탈리아 디자인계에 갑자기 이변처럼 등장한 루카 니케토.
2009년 엘르 데코 인터내셔널 디자인 어워드 신인상을
수상한 이후 일찍이도 누구보다 가능성이 높은 거장의
후계자 후보로 거론되고 있습니다. 루카 니케토라고 하면
'거구+빡빡머리+수염'이라는
꽤 임팩트가 강한 풍모가 가장 먼저 떠오릅니다.
흡사 베네치아 바다에서 나타난 '우미보즈(바다에 사는 요괴)'
같습니다.
인터뷰 당시는 내가 35세, 루카 씨가 36세로 체력과
경험을 골고루 갖춘 이른바 '전성기'인 나이기도 했지만
동시에 굉장히 '어정쩡한' 나이기도 했습니다.
무모한 행동을 할 정도로 어리지도 않지만
경험에 기대기에는 너무 미숙한 세대.
윗세대에게도 아랫세대에게도 압박을 받는 중간 세대로서
둘 다 왠지 모르게 고민과 고충을 안고 있었습니다. 그래서
이런 화제에서 대화를 시작했습니다.

공통점과 차이점의 '맞아, 있지, 있지'

오오키 같은 세대로서 루카 씨는 현재 디자인계의 상황을 어떻게 보고 있나요?

루카 니케토 (이하 '루카') 얼마 전까지는 하고 싶은 일을 그냥 했어요. 작년(2012년) 박람회에서 느꼈지만, 지금은 급속히 세대교체가 이루어지고 있어요. 38세 필립 니그로•[1]가 데 파도바•[2]에서 소파를 발표하고 29세 벤저민 허버트•[3]가 폴트로나 프라우•[4]에서 의자를 만들고.

오오키 루카 씨도 카시나•[5]에서 소파를 발표했죠.

루카 맞아요. 전통 있는 브랜드가 차세대 디자이너와 적극적으로 일을 하기 시작했어요. 이런 시대의 큰 물결과 함께 책임 같은 것을 느꼈어요. 앞으로는 디자인도 그렇지만 행동이나 발언 등 여러 면에서 우리 세대가 리더십을 가져야 할 것 같아요.

같은 세대일 뿐만 아니라 같은 클라이언트와 일을 하고 둘 다 다작을 한다는 '공통점'이 많았지만, 이야기의 화제는 점차 서로의 '차이점'으로 옮겨갔다.

루카 유럽의 디자이너와 일본의 디자이너는 어떤 점이

다를까요?

오오키 그러니까 우리 둘의 차이점?

루카 네.

오오키 색채 지각 방식이 결정적으로 다르지 않을까요? 해부학적인 것에 기인하는지 문화적인 측면이 영향을 준 건지는 잘 모르겠지만 극단적으로 말하자면 일본인에게 '빨간색'은 한 가지밖에 없지만 이탈리아인은 수십 종류의 빨간색을 식별하는 것 같아요. 그 대신 일본인은 다양한 종류의 '음영'을 세세하게 구분해요. 이것이 소재에 대한 감성과 조형에까지 영향을 끼치는 거 아닐까요?

루카 재미있는 이야기네요. 에토레 소트사스*6는 '하나의 형태에는 가장 적합한 색깔이 반드시 하나 존재한다'는 생각을 가지고 있었어요. 그래서 기하학적인 형상을 쌓아 올린 오브제 같은 거, 그의 작품에서 자주 볼 수 있잖아요?

오오키 있죠, 있죠.

루카 디자인할 때 예를 들어 위에서부터 '원통형→구형→원뿔형…'과 같은 순서로 쌓여 있다고 하면 '빨간색→오렌지색→검은색…'이라는 식으로 머릿속에 색과 그 순서가 확실히 정해져 있었다고 해요.

오오키 그거, 엄청난데요. 의미는 잘 알 수 없지만.(웃음) 일

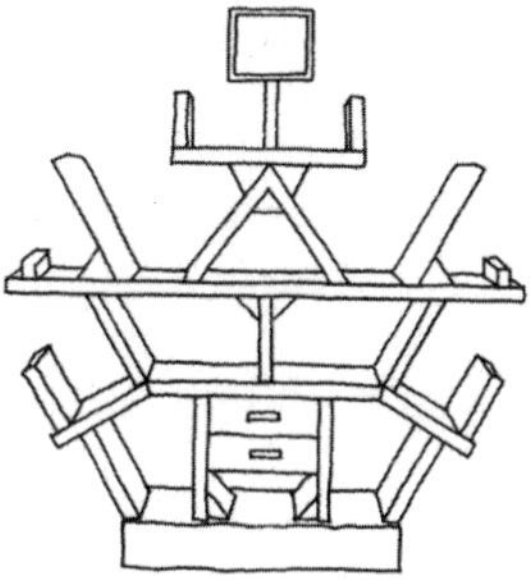

본인에게 그런 사고방식은 불가능할지도 몰라요.

루카 구라마타 시로[7]가 있잖아요. 그 부분은 어때요?

오오키 구라마타 시로의 작품에는 색채 표현이 많은데 그것이 그의 근간이라고는 생각하지 않아요. 어느 쪽인지 말하자면 빛이나 중력과 같은 사물의 '원리'에 관심이 있다고 할까? 멤피스[8]에도 참가했을 정도니까요. 이탈리아 디자인 영향을 받았을 것이고 색채에 대한 관심도 없지는 않았으리라고 생각하지만요. 그런데 '언어'와 '아이디어'라는 건 의외로 연결되어 있다고 생각하는데, 어떻게 생각하세요? 일본어로 물건을 만들 때와 영어로 생각할 때는 미묘하게 뉘앙스가 다른 거 같거든요.

루카 예를 들면?

오오키 음, 영어로 말을 하면 얼굴 표정이나 제스처 같은 비언어적인 커뮤니케이션이 꽤 많은데, 그와 함께 디자인도 조금 과장되게 표현되기도 하고….

루카 오오키 씨도 이탈리아인이 되는 순간이 있네.(웃음)

오오키 아니, 그게 아니라.(웃음)

루카 무슨 말인지 알 것 같아요. 지금 이렇게 영어로 대화를 하고 있지만, 2년 전에 스톡홀름으로 이사를 했을 때는 영어를 전혀 못했어요.

오오키 아….

루카 그런데 북유럽 업체와 영어로 거래를 시작하고 역시 이탈리아어로 생각할 때와는 아웃풋이 꽤 다르다는 생각이 들었어요.

오오키 이탈리아 기업과 북유럽 기업은 다르다고 생각하세요?

루카 전혀 달라요. 이러니저러니 해도 이탈리아 사람은 대충하는 부분이 있으니까요. 분위기를 타고 그냥 일을 진행해버리거나….

오오키 동감해요. 그런데 느낌에 따라 하는 것도 어느 정도 수준에 달하면 일종의 '기술'이라고 할까.(웃음) 그 압도적인 속도감은 매력적이죠. 섬유업계와의 관계도 있으니 패션업계 속도에 이끌려 연달아 새로운 콘셉트를 발표하고요. 반응이 조금이라도 나쁘면 생산을 중단하죠. 이건 이거대로 재미있다고 생각해요.

루카 문제도 있어요. 옷과는 달리 소파는 매 시즌 바꾸지 않으니까요. 패션과 같은 마케팅이나 광고 전략으로는 잘될 리가 없어요. 게다가 거의 매주 전 세계 어디선가는 가구 페어가 열리고, 브랜드도 디자이너도 미디어도 전부 휘둘리는 혼란스러운 상태니까요. 당연히 일반 소비자는 따라가기가 힘들어요.

오오키 업계 구조도 파탄에 이르렀다고 보나요?

루카 맞아요. 생각해보면, 지금까지 이탈리아 가구 브랜드 로열티는 도매가의 3퍼센트잖아요. 어느 시대의 3퍼센트냐는 거죠.

오오키 아킬레 카스틸리오니[•9]나 비코 마지스트레티[•10] 시대에서 변하지 않았다는 말이죠.

루카 맞아요, 그렇죠.

오오키 불경기로 상품이 안 팔려도 로열티 비율은 변하지 않는군요.

루카 맞아요.

오오키 그래서 세계 최고라는 몇 명을 제외한 대부분의 디자이너는 가구 디자인만으로는 먹고살기가 많이 어려워요.

루카 영국 디자이너들은 직접 브랜드를 만들거나 숍을 열거나, 나도 그렇지만 기업의 크리에이티브 디렉터를 하거나. 오오키 씨는 가구 이외에 공간 설계나 공업제품 디자인 등등 여러 가지를 하니까 다행이에요.

오오키 일본에는 '재주가 많아 하나에 집중하지 못하면 결국 대성하지 못한다'는 말이 있어요.(웃음)

타인의 작품을 보고 자신이 할 수 있는 일을 알다

오오키 스톡홀름을 거점으로 하고 있는데 북유럽 상황은 어떤가요?

루카 북유럽은 괜찮아요. 꽤 상황이 좋은 듯합니다. 오랜 시간 유럽과는 조금 떨어져서 독립된 상권을 꾸려나가고 있으니까요. 기업의 규모는 작지만 그만큼 견실하게 사업을 하고 있는 곳이 많아요. 큰 가구뿐만 아니라 잡화나 조명기구도 적절히 만들고, 인터넷이나 백화점 등 작은 판로도 많고요.

오오키 음, 그렇군요. 유럽 경제 위기의 영향을 크게 받지 않은 것도 크죠. 메종 에 오브제[11]에서도 북유럽 브랜드가 기염을 토했고 스톡홀름의 디자인 페어도 상상 이상으로 성황을 이루었어요.

루카 네. 디자이너에게도 북유럽은 지금 굉장히 좋은 곳이에요. 좋은 학교도 있고 미디어도 제대로 되어 있고요.

오오키 이탈리아 미디어는 업계에서 꽤 힘을 가졌다는 이미지가 있는데, 예전부터 스타시스템이란 것도 있고요. 패션의 맥락이긴 하지만 미디어가 디자이너나 브랜드를 밀어주는 것이 업계 전체를 활성화하는 거요. 부정적인 의견도 있겠지만 어떤 의미에서는 모두가 윈윈하는 관계로 이건 이거대로 성립된다는 생각도 들어요.

루카 다 예전 이야기예요. 지금은 그렇지도 않아요. 최근 몇 년간은 《엘르 데코》 영국판을 시작으로 영국 미디어가 영향력을 행사하고 있어요.

오오키 그래도 이탈리아의 디자인 잡지를 보면 루카 씨가 나오잖아요.(웃음)

루카 그 이야기, 오오키 씨한테는 듣고 싶지 않네요.(웃음) 나오기 시작한 건 정말 최근이에요. 스톡홀름으로 거주지를 옮기고부터. 해외에 거점을 두면 더 이국적인 인상을 주는 건지…. 어쩔 수 없는 일이지만 꼭 지원이 필요할 때에는 해주지 않으니까요.

오오키 작품의 미디어 노출은 어느 정도 신경 쓰세요?

루카 엄청 신경을 쓰고 또 중요하다고 생각해요. 부룰렉 형제도 작품 촬영은 꼭 같은 사진가에게 의뢰해요.

오오키 형제 중 한 명은 꼭 촬영 현장에 있다고도 하죠.

루카 맞아요. 클라이언트가 카탈로그 등에 사용하는 사진도 반드시 둘이 허가한 것만 사용할 수 있어요. 미디어 노출이란 그만큼 중요해요. 아무리 멋진 디자인이 있어도 전시 방법이나 사진에 클라이언트가 관심을 보이지 않으면 그 작품은 가치를 잃어버리니까요.

오오키 우리도 그런 의식이 있기는 하지만 좀처럼 음. 사진은커녕 실제 디자인의 완성품을 관리하는 것만으로도 엄청 힘들어요. 또 기업에는 기업의 논리가 있으니까 어디까지 디자이너가 개입해도 되는지 그 선에 대해서 항상 고민하는 것 같아요.

루카 그런데 평소에도 디자인 잡지를 읽나요?

오오키 엄청 읽어요. 제가 '디자인 오타쿠'잖아요. 같은 작품이라도 나라의 특색이나 편집부 경향에 따라 기사를 다루는 방식이 다르구나, 하면서 보죠. 별것 아닌 내용을 보면서 혼자 실실 웃기도 하고요.

루카 아, 나도 그런데.

오오키 이 디자이너가 그 기업이랑 일을 하면 이렇게 되겠다 하면서 망상의 세계로 들어가는 경우도 종종 있고요. 루카 씨가 카시나와 소파를 만든다는 이야기를 들었을 때는 '잘 되려나' 하는 생각을 처음에는 했었어요. 둘의 접점이 떠오르지 않는다고 할까. 이건 도박이라고 생각했어요. 엄청난 게 나오거나 대실패거나.(웃음) 뚜껑을 열어보니 전자였죠. 엄청나게 좋았어요. 정말 축하할 만한.

루카 진짜 기분 좋네요!

오오키 사이드테이블도 좋았어요. 확실히 소파를 돋보이게 만들어요. 그 작품으로 받아들이는 쪽에도 '루카의 세계관'이 각인된 느낌이에요.

루카 빈말이라도 듣기 좋네요. 우리 세대는 긍정적인 사고를 하잖아요. 동종업계 종사자에게 질투하지 않고 순수하게 평가하고 자신의 에너지로 바꾸어나가요. 좋은 의미의 '센 기질'도 겸비하고요.

오오키 의자 빼앗기 게임이 아니니까요.

루카 하지만 우리 윗세대에는 그런 생각을 하지 않는 사람도 많아요. 특히 이탈리아나 프랑스.

오오키 다른 사람의 좋은 작품을 보면 '나만 할 수 있는 일'을 재인식하고 그 범위 내에서 열심히 해야겠다는 생각이 들어요. 좋은 의미의 위기의식이라고 하면 될까요. 가장 잘하는 토양 위에서 정진하다 보면 경쟁이라는 개념은 싹트지 않을 거라고 생각해요.

루카 그래도 그건 자신에게 자신감이 없으면 불가능해요. 저도 처음 시작할 때는 힘들었거든요. 완성한

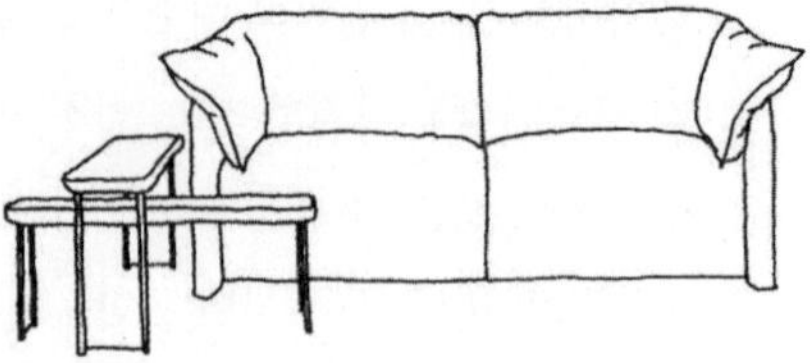

작품을 보고 '어떡해, 또 로스 러브그로브[•12]처럼 되어버렸네' 하는 생각도 하고요.(웃음) 빨리 내가 할 수 있는 일의 범위를 아는 게 중요해요. 동시에 어렵기도 하죠.

조금 화제가 다른 쪽으로 가는 것 같아서 최근 어떤 생각을 하는지 물어보기로 했다. 루카 씨는 스톡홀름에 거점을 두고 두 주 간격으로 베네치아와 스톡홀름을 왔다 갔다 하면서 디자인 활동을 하고 있다. 회사도 둘로 나누고 직원도 네 명밖에 되지 않는 작은 규모로 수많은 프로젝트를 가동하는 것은 어떻게 가능한 것일까?

오오키 스톡홀름에서 디자인 회사를 시작하고 나서 '딱 한 바퀴를 돈' 것 같은 느낌이 들어요. 그런데 베네치아의 회사와는 어떻게 커뮤니케이션을 하세요?

루카 거의 매일 출장을 다녀서 어느 쪽 회사에도 없으니까, 기본적으로는 메일과 스카이프로 매일 연락을 해요. 심야라도 호텔에서 눈을 비비며 디테일을 체크해요.(웃음) 직원과의 의사소통은 항상 큰 과제라고 할 수 있어요.

오오키 그건 우리도 마찬가지예요. 거기다 우리는 직원도 프로젝트 수 자체도 많으니까 한 사람 한 사람과 천천히 이야기할 시간을 좀처럼 만들기 어려워요. 아마도 서로에게 불만이 쌓인 부분이 있을 거라고 생각해요. 하지만 갑자기 전부를 한꺼번에 해소할 수단은 없기 때문에 그 부분에 절대 익숙해지지 않고 참을성 있게 조금씩 개선하는 방법 이외에는 길이 없는 것 같기도 하지만….

우리 세대는 윗세대에 비해 '캐릭터가 약하다'고 할 수 있어요. '비장의 무기'라고 부를 만한 스타일을 가진 디자이너가 적은 거죠.

루카 《디진》《디자인붐》*13 세대잖아요. 블로그의 세계에서 활동하는 것 같은….

오오키 정보의 파도를 파고 편집하는 것처럼 디자인을 하죠. 최종적인 아웃풋보다 과정이나 문제 해결에서 캐릭터성을 연출하려는 건지도 몰라요. 소재는 뭐가 되든 상관없고 그 뒤에 존재하는 아이디어나 콘셉트에서 가치를 느끼죠.

루카 비코 마지스트레티는 "디자이너가 아버지고 브랜드가 어머니다. 그렇기 때문에 부모가 다르면 아이도 다른 것이 자연스러운 일이다"라고 말을 했는데, 윗세대는 엄마가 다른데도 아이는 모두 같은 얼굴을 하고 있어요.(웃음)

오오키 부자연스럽다, 는(예시가 너무 이탈리아인스러운…).

루카 예를 들어 넨도는 클라이언트를 제대로 보고 있다는 생각이 들어요.

오오키 상대에 따라서 표현은 조율하죠. 유연성이야말로 이 세대의 특징일지도 모르겠네요. 그러니까 컬래버레이션 능력이 굉장히 뛰어나요. 젊은데도 모두 경험이 너무 많은 거 아닌가 하는 생각이 들어요.(웃음) 30대 초반 정도에 꽤 나이 든 사람들이 할 수 있는 디테일을 보여주기도 하죠.

루카 풋풋함은 없죠.(웃음) 《디진》《디자인붐》 세대의 특징이에요. 경험 부족을 정보와 지식으로 채우는.

오오키 그런데 한 바퀴를 돌아서 카스틸리오니나 마지스트레티의 세대와 공통된 부분을 느낄 때도 있어요.

루카 그건 새롭네요. '컬래버레이션 세대'의 복권.

오오키 카스틸리오니가 플로스를 설립하거나 도무스 아카데미[*14] 같은 교육의 현장에 알레산드로 멘디니와 에토레 소트사스가 함께하거나. 컬래버레이션 능력이 뛰어난 디자이너가 업계를 견인하는 시대가 다시 찾아올 가능성이 있다는 거죠. 디자인계의 비즈니스 모델이 더 이상 기능하지 않는다거나 세대교체라는 이야기가 나오기도 하지만 새로운 업무 방식이나 활동 방식을 진지하게 생각해야 하는 시기에 접어든 건지도 몰라요.

루카 어, 체 게바라 모자가 필요하겠는데. 혁명이다, 혁명!

오오키 그건, 좀….(땀)

루카 뭔가 같이 일을 할 수 있으면 좋겠어요. 소트사스와 구라마타처럼.

오오키 단체전 같은 건 어때요?

루카 오, 좋네요.

오오키 그런데 각자 작품을 가지고 오는 걸로는 조금 부족해요. 같이 무언가를 만드는 편이 재미있을 거 같아요. 박람회까지 이제 3개월 정도 남았는데 할 수 있을까요?

루카 그건 재미있을 거 같아요. 해요! 그러면, 결정! 시제품이라면 얼마든지 부탁할 제조업체, 공장을 알고 있으니까요.

오오키 재미있는 방법이 생각났어요. 일본에는 와카(和歌, 일본 고유의 정형시)의 윗구와 아랫구를 둘로 나누어서 읽는 렌가連歌라는 것이 있어요. 구 다섯 개로 이루어지는데, 위의 세 구를 한 사람이 읽고 거기서 영감을 얻어 다른 사람이 나머지 두 구를 창작하는 거예요. 그때그때 상황에 따라 달라지는 요소도 있지만 오히려 그것을 즐기는 게임 감각으로 만든다고 하면 될지…. 잘 해낸다면 하나의 뇌에서는 나오지 않을 재미있는 디자인이 탄생할 거예요. 본론을 말하자면 하나의 덩어리가 아니라 '군도'같이 세세하게 분해된 소파를 만들 수는 없을까요?

루카 베네치아 출신에게 '섬'이라는 모티브는 거절할 수 없는 유혹이에요.(웃음) 그렇다면 섬과 섬 사이에 아름다운 '다리'가 필요하려나?

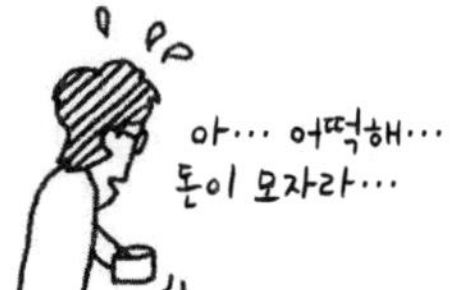
아… 어떡해…
돈이 모자라…

주

1 필립 니그로Philippe Nigro

프랑스 니스 출신의 디자이너다. 1975년 태어나 파리의 에꼴불르Ecole Boulle를 졸업한 후 미켈레 데 루키의 어시스턴트를 거쳐 독립했다. 대표작으로는 프랑스의 가구 브랜드 리네 로제Ligne Roset에서 발표한 '콩플뤼앙스Confluences' 등이 있다.

2 데 파도바De Padova

1956년에 이탈리아 밀라노에 오픈한 북유럽 가구 전문 쇼룸에서 시작했다. 그 후에 가구의 제조와 판매까지 하게 되었다. 2015년에는 이탈리아의 주방 · 욕실 용품 브랜드 보피Boffi의 산하로 들어갔다.

3 벤저민 허버트Benjamin Hubert

영국 출신 디자이너다. 1984년에 태어나 2006년에 영국의 러프버러대학을 졸업하고 '인더스트리얼디자인 앤드 테크놀로지' 학위를 취득했다. 다음 해에 런던에 스튜디오 '레이어Layer'를 설립한다. 항공기 제조사 에어버스를 위해 만든 좌석인 '무브Move'로 주목을 받았다.

4 폴트로나 프라우Poltrona Frau

1912년에 이탈리아 토리노에서 시작되었다. '펠레 프라우'라 불리는 가죽을 사용한 소파와 의자를 주력 제품으로 하며 고급 자동차의 최고급 시트 등도 만들고 있다. 이탈리아의 대표적인 고급 가구 브랜드로 현재는 카시나와 카펠리니를 산하에 두고 있다.

5 카시나Cassina

1927년에 이탈리아 밀라노 교외에 있는 메다에서 설립된 가구 브랜드다. 1950년대부터 외부 디자이너를 적극적으로 기용하여, 1957년에 발표한 지오 폰티의 '슈퍼레게라Superleggera'를 비롯한 수많은 명작을 만들어냈다.

6 에토레 소트사스Ettore Sottsass

오스트리아 인스부르크 출신 건축가이자 디자이너다. 1917년에 태어나

2007년에 타계했다. 올리베티Olivetti의 빨간색 타자기 디자인 등으로 유명하며 자극적인 색 사용과 기하학적인 형상을 복잡하게 조합한 포스터 모던 디자인을 주도했다.

7 구라마타 시로倉俣史朗

일본 도쿄 출신 디자이너다. 1934년에 태어나 1991년에 타계했다. 빨간 장미가 떠다니는 아크릴 의자 '미스 블랑쉬Miss Blanche'와 철망으로 만든 의자 '하우 하이 더 문How High the Moon' 등 당시의 최신 기술을 이용한 독창적인 작품으로 전 세계적으로 높은 평가를 받고 있다.

8 멤피스Memphis

1981년에 에토레 소트사스를 중심으로 결성된 다국적 디자이너 집단이다. 이들이 제안한 명쾌하고 다양한 색채와 기하학 형상을 복잡하게 조합한 스타일은 포스트모던의 대표로 한 시대를 풍미했고 1980년대 전 세계 디자인에 큰 영향을 끼쳤다.

9 아킬레 카스틸리오니Achille Castiglioni

이탈리아 밀라노 출신 건축가이자 디자이너다. 1918년에 태어나 2002년에 타계했다. 형과 함께 일을 시작했다. 1962년에 이탈리아의 조명 브랜드 플로스를 설립할 때 디자인 부문의 책임자가 된다. 교육에도 주력하며 이탈리아 디자인계를 이끌었다.

10 비코 마지스트레티Vico Magistretti

이탈리아 밀라노 출신으로 건축가이자 디자이너다. 1920년에 태어나 2006년에 타계했다. 밀라노폴리테크니코대학에서 건축을 전공한 후 부친의 디자인 회사에서 일을 시작했다. 도시계획, 건축, 가구 · 인테리어 · 공업 디자인 등 폭넓은 분야에서 활약하며 수많은 명작을 남겼다.

11 메종 에 오브제Maison et Objet

프랑스 파리에서 매년 1월과 9월에 개최되는 가구 · 인테리어 잡화 · 홈퍼니싱 · 선물 관련 상품 박람회다. 이탈리아 밀라노 가구 박람회 '살로

네 델 모빌레'와 독일의 프랑크푸르트 소비재 박람회 '암비엔테'와 함께 유럽의 3대 인테리어 박람회로 손꼽힌다.

12 로스 러브그로브Ross Lovegrove
영국 웨일즈의 카디프 출신 디자이너다. 1958년에 태어나 독일과 프랑스 등에서 활동을 하다가 현재는 런던에 거점을 두고 활약하고 있다. 자연의 다양한 조형에서 영감을 받은 유기적인 곡면을 다루는 '오가닉 디자인'의 일인자다.

13 《디진Dezeen》 《디자인붐Designboom》
둘 모두 건축과 디자인 분야의 정보를 전문적으로 다루는 온라인 매거진이다. 디자이너의 작업을 다른 미디어보다 먼저 보도하는 속도가 장점이기 때문에 특히 젊은 디자이너들에게 잡지 이상의 영향력을 가진 미디어로 주목받고 있다.

14 도무스 아카데미Domus Academy
1983년에 창립된 건축 · 디자인 대학원으로 원래는 이탈리아의 건축 · 디자인 잡지 《도무스》가 운영했기 때문에 '도무스 아카데미'가 되었다. 석사 과정 이상의 코스뿐이며 현역으로 활동하는 최고의 디자이너를 강사로 초빙하는 것으로 유명하다.

정리

이 잡담이 계기가 되어 실제로 루카 씨와 컬래버레이션 가구를 제작하게 되었다. 마치 잼 세션처럼 같은 리듬을 타며 즉흥적으로 새로운 멜로디를 더하고 더해 하나의 노래를 만드는 듯한 감각으로 작업을 했다. 도중에 이탈리아의 가구 브랜드에 보여주었더니 꼭 협력하게 해달라고 부탁하여 기술 검증과 시제품 제작을 하게 되었다. 클라이언트와의 협업을 통해 얻은 노하우 등도 전부 쏟아부어, 이 나이니까 실현할 수 있는 작품을 완성했다고 할 수 있다.

루카 씨의 풍부한 경험과 기술적인 재능은 혀를 내두를 정도다. 스케치를 할 때, 거대한 몸을 굽히고 미간에 주름을 잡고 서투른 듯 잡은 연필이 만들어내는 아름다운 라인 때문에 깜짝 놀란 적이 한두 번이 아니었다. 왠지 모를 불균형한 느낌이 루카 니케토라는 디자이너의 매력인지도 모른다.

_《엘르 데코》 2013년 6월호

루카 니케토 Luca Nichetto

1976년에 이탈리아 베네치아에서 태어났다. 미술학교를 졸업한 후 베네치아건축대학에서 공업디자인을 전공하고 1999년부터 베네치아 글라스의 공방에서 글라스 디자이너로 일을 시작했다. 2006년에 니케토 앤드 파트너스를 설립했다. 2008년에는 이탈레세Italesse의 크리에이티브 디렉터로 취임했다. 2009년에 엘르 데코 인터내셔널 디자인 어워드에서 신인상을 수상했다.

03 미켈레 데 루키

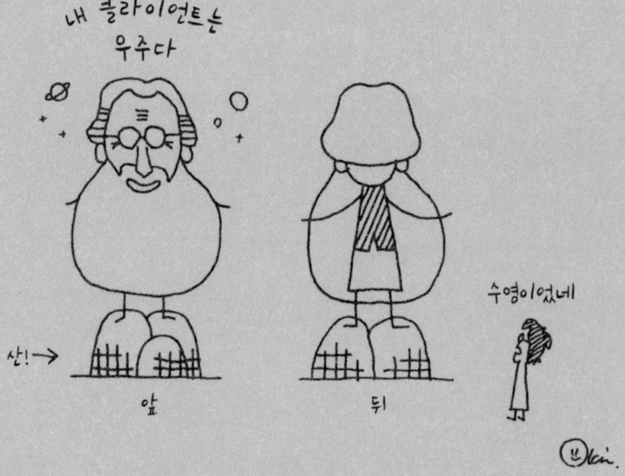

미켈레 데 루키 씨는 멤피스를 비롯한 수많은 디자인 운동에 참가하고 현대 디자인의 기초를 다진 사람입니다. 그 압도적인 존재감은 디자인계의 '살아 있는 전설'이죠. 오래된 빌딩의 모습을 그대로 간직하면서 나무의 온기가 느껴지는 공간으로 재탄생한 밀라노 시내의 사무실에는 약 서른다섯 명의 디자이너가 건축, 인테리어, 프로덕트, 그래픽 등의 작업에 열중하고 있었습니다. 직원은 개인적인 일도 할 수 있으며 미켈레 씨에게 조언을 얻기도 한다고 합니다. 사무실의 책상 조명은 당연히 전부 미켈레 씨의 대표작인 톨로메오Tolomeo로 통일되어 있었습니다. 스튜디오의 한쪽 구석에는 멤피스 시절에 디자인한 '퍼스트 체어First Chair'가 오도카니 놓여 있어 그냥 있어도 기분이 고조되어 한 번에 끓는 점에 도달한 것이 느껴졌습니다.

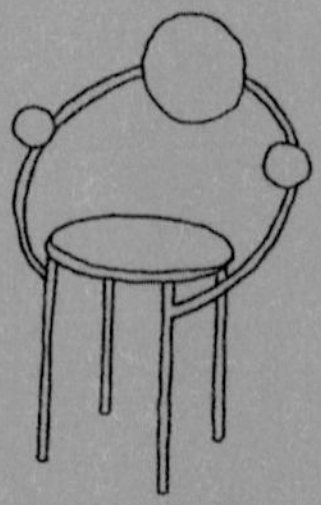

독특한 '간격'으로 만들어내는 함축적인 말

미켈레 데 루키 (이하 '미켈레') …. 오오키 씨.

오오키 네.

미켈레 …. 밀라노에도 회사가 있다고 들었어요.

오오키 네, 여기서 도보 2분 정도 거리에 10제곱미터 정도의 작은 주방과 화장실이 달린 변변찮은 공간이에요. 제 몸 사이즈에는 맞지 않는 감이 있지만 기능적으로는 충분해요.

미켈레 ….

오오키 (음?)

미켈레 … 후훗.

(사진작가) 여기서 두 분 사진을 좀 찍을게요. 네, 카메라를 보아주세요.

미켈레 …같이 위를 봅시다.

오오키 네? …네.

미켈레 같이 위를 보죠, 하늘이요. 미래를 보려고 하는 거예요. 미래를 보고 있으면 운명이 하늘에서 떨어지니까요. 아, 안경을 바꾸어 써볼까요?

오오키 네, 좋아요.

미켈레 사진 한 장에도 아이디어가 필요해요. '넨도는 콘셉트'니까. 저기, 저기….

오오키 네, 왜 그러시죠?

미켈레 이 산, 만든 거예요.

테이블 위에 놓여 있는 나뭇조각을 손으로 쓰다듬는 미켈레 씨의 표정이 굉장히 행복해 보였다.

오오키 산이요, 정말 아름답네요.

미켈레 그렇죠. '손으로 사고하기' 위해서 주말마다 나무를 깎고 있어요.

오오키 이건 만드는 데는 어느 정도 걸렸나요?

미켈레 음, 한 달이 걸렸어요. 엄청 나죠.(의기양양한 얼굴)

오오키 설계도 같은 것이 있나요? 아니, 설계도보다 처음 만들기 시작할 때 최종적인 형태의 이미지를 어느 정도 가지고 있나요?

미켈레 대충 이미지는 있지만 만들면서 변해요. 그것이 중요하다고 생각해요.

오오키 미야케 이세이 씨와 일을 같이 한 적이 있는데, 아직 디자인을 하던 단계였는데 "아름답다고 생각한다면 완성된 거지"라고 말을 하시더라고요.

미켈레 네, 네.

오오키 저는 건축을 전공해서 '계획한 대로 완성될 때까지 끝이 아니다. 그 이외의 것은 전부 불완전하다'고 생각했기 때문에 도중에 멈추거나 바꾸어도 된다는 사실에 충격을 받았어요. 미켈레 씨도 건축을 전공하셔서 어떤지 궁금했어요.

미켈레 변하는 건 재미있죠.

오오키 확실히 그걸로 괜찮다고 생각하니까 갑자기 어깨 힘이 빠지면서 자유롭게 디자인을 할 수 있게 되었어요. 그래서 지금도 미야케 씨에게는 신세를 졌다고 생각해요.

미켈레 미야케 씨, 보고 싶네요. 잘 지내겠죠?

산 이야기로 돌아가면, 이건 기능을 가진 디자인은 아니지만 자신의 창의성을 키울 수 있는 '먹이' 같은 거예요.

오오키 재미있는 표현이네요. 그런 활동이 발전해서 클라이언트와의 작업으로 이어지는 거네요.

미켈레 클라이언트는 안 돼요.

오오키 네?

미켈레 마케팅이나 상업주의는 창의성을 좀먹는 거니까요.

오오키 그래서 공방이나 장인과 직접 일을 같이하는 프로두치오네 프리바타*1를 만드신 건가요?

미켈레　맞아요. 클라이언트는 없는 편이 나아요. 이상적인 클라이언트는… 굳이 말하자면 '우주' 정도일까요.

오오키　네?

미켈레　'자연'이라든지, 아니면 '빛'? '우주'가 클라이언트라면 해결해야 할 과제의 난이도가 높겠죠? (씨익 웃으며) 그런 생각을 하게 해주는 클라이언트와 일을 하고 싶어요.

오오키　클라이언트가 주는 과제를 넘어선 큰 테마를 다루어보고 싶은 건가요? 혹시 지금 관심이 있는 테마가 있나요?

미켈레　사람의 상상에서 만들어지는, 끝없는 자연물 같은 것…. 요즘은 '기하학과 자연의 융합' 같은 걸 생각하고 있어요.

오오키　치환된 자연물을 다시 자연으로 돌려보내는 감각이네요. 인간이 흡사 필터 같은 역할을 하는 거 같아요.

미켈레　바로 그거예요. 그거 표현이 좋네요. '인간이 필터'…. 후훗.

오오키 미켈레 씨가 지금까지 한 일, 예를 들면 멤피스의 포스트모더니즘이라든지, 아르테미데[*2]와 만든 톨로메오와 같은 일과 지금 하신 이야기는 입장이 조금 다르다고 느껴지는데 테마는 갑자기 떠오르는 편인가요? 아니면 차곡차곡 쌓인 결과로 이끌려가는 건가요?

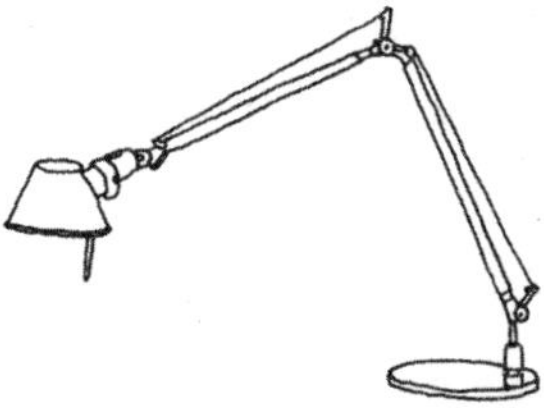

미켈레 시대 변화에 따라 테마도 변해요. 크리에이션은 '시대의 거울'이니까.

오오키 거울인가요.

미켈레 톨로메오를 만들었을 때는 대량생산 · 대량소비의 시대로 그걸 촉진할 혁신적인 기술과 디자인의 융합에 관해서 생각했어요. 멤피스는 모더니즘에 대한 저항으로 자유롭게 만드는 것을 시대가 필요로 했고요.

오오키 시대를 통해 테마를 발견하는 거네요.

미켈레 세상을 위해 무엇을 할 수 있을지를 생각하는 것이 디자이너가 할 일이니까요.

오오키 맞아요. 바보 같은 질문을 하나 해도 될까요? 건축가와 디자이너는 근본적으로 다르다고 생각하세요?

미켈레 완전히 달라요. 필요한 기술이 다르니까요. 그렇지만 최종적인 목적지는 같은데, 결국 인간이 생활하는 공간, 환경, 라이프스타일을 풍요롭게 만드는 거예요. 음, 역시 같은 건가.(웃음)

바보 같은 질문이라고 했는데 지금 생각 중인 중요한 테마 중 하나예요.

오오키 그렇다면 다음 테마는?

미켈레 조금 의외일지도 모르겠지만 아트. 갤러리나 경매와 같은 사업에 관심이 있는 건 아니고 작가가 될 계획도 없어요. 오히려 자신의 내면에서 솟아나는 '무언가'를 중시하는 크리에이션에 흥미가 있죠. 이 '무언가'가 다음 시대의 문제를 해결할 거라고 생각해요.

오오키 조금 다른 이야기인데, 디자인은 역시 스케치부터 시작하세요?

미켈레 네, 스케치요. 직접 백지 수첩을 만들어서 항상 가지고 다녀요. 그 수첩으로 스케줄도 관리해요. 선으로 칸을 나누고 날짜를 적어서. 자기가 직접 하는 게 중요해요. 하루라는 단위가 몸으로 느껴지니까요. 시간의 흐름을 두려워하지 않고, 그걸 느끼는 것으로 삶은 풍요로워져요.

오오키 멋진 말이네요.

미켈레 그리고 수첩은 부드럽지 않으면 안 됩니다. 주머니에 넣었을 때 아프니까요. 그리고 언제든지 스케치를 하고 싶을 때 하려고 출근할 때는 전철로 다녀요. 한 시간 반 정도 걸려요.

오오키 그러세요?

미켈레 종이는 조금 비치는 걸 좋아해요. 전날 그린 스케치를 따라 그려볼 수 있으니까요.

오오키 취향이 확고한 부분이 많네요.

미켈레 네, 그리고 수첩의 종이를 철한 부분, 종이를 폈을 때 접히는 그 부분이 싫어서요.

오오키 무슨 뜻이죠?

미켈레 그래서 무시해요. 스케치를 할 때도 스케줄을 기록할 때도 그 부분을 신경 쓰지 않고 종이를 사용해요. 그렇게 하면 종이의 크기가 배가 되니까 넓게 쓸 수 있어요.

미켈레 씨는 수첩을 '한 쪽'이라는 개념 없이 항상 '좌우 양쪽'을 한 장으로 사용하고 있었다.

미켈레 폭이 좁은 종이에 그리면 아이디어도 좁아져요.

이야기를 듣다 보니 여러모로 신경 쓴 부분이 여기저기서 눈에 띄었다. 벽 선반은 낮은 곳에 위치하고 좋아하는 것은 패널로 만들어 기대어 세워놓았다. 그래서 책장에 앉아 있어도 다양한 것들을 내려다볼 수 있다.

미켈레 더 이상 보고 싶지 않을 때는 이렇게 하면 돼요. 보세요.

이렇게 말하고 패널을 뒤집는 걸 보니 어디까지나 신체 감각을 중요하게 생각하는 것 같았다. 연필을 깎고 서류와 책도 전부 직접 정리하는 철저함을 보면 이런 하나하나가 그의 창의성으로 이어지는 것을 알 수 있다.

선반 위에 있는 간디의 목상이 신경 쓰여 그쪽으로 눈을 돌리니…

미켈레 가장 존경하는 사람은 간디예요. 서양의 옷을 벗어 던지고 인도산 직물을 걸치니 경제가 변했어요. 그런데 무엇보다도 큰 것은 국민의 '의식'이 변한 거예요. 결국 사람의 의식을 바꾸는 것이 크리에이션이에요. 형태가 아니라. 그런 형식이나 형태는 없어도 상관없어요.

오오키 사람의 의식을 바꾸는 게 가장 어려운 일일지도 모르겠네요.

미켈레 지금 넨도의 활동 내용을 보면 굉장히 좋다는 생각이 들어요.

오오키 감사합니다.

미켈레 이대로 하면 될 거 같아요. 계속 달리는 거죠. 그런데….

오오키 그런데?

미켈레 출장이 많은 건 문제예요. 몸에 좋지 않아요.

오오키 저도 그렇게 생각해요.(웃음)

미켈레 앞으로 무언가 같이 할 수 있으면 좋겠네요.

오오키 저도 그랬으면 좋겠어요.

미켈레 우리 사무실, 마음대로 써도 되니까. 이동이 귀찮으면 이사 오지 않을래요?

주

1 프로두치오네 프리바타Produzione Privata

미켈레 데 루키가 1990년에 설립한 브랜드다. 사람들의 수요 분석을 바탕으로 한 디자이너의 직감적인 발상과 장인이 가진 손재주에서 나오는 디자인이 특징이다. 일본에서는 분유리 조명 제품이 유명하다.

2 아르테미데Artemide

1959년에 이탈리아의 프레냐나 밀라네제에서 시작된 조명 브랜드다. 일찍부터 상업시설용 조명에 세련된 디자인을 도입해서 주목을 받았다. 아르테미데의 에르네스토 지스몬디 사장은 자신도 상품 디자인을 직접 하는 것으로 유명하다.

정리

몇 번이나 대화 도중에 미켈레 씨의 말을 어떻게 해석해야 할지 몰라 당황한 순간도 있었지만 아무래도 '손으로 사고한다'는 말과 상업주의에 대한 비판 정신에 그 비밀을 풀 힌트가 있다고 생각된다. 정보 과잉의 시대에는 밖에서 아이디어의 소스를 찾는 것이 아니라 본질적인 감정과 피부가 직접 느끼는 감각을 바탕으로 한 디자인이 중요하다는 의미일지도 모르겠다.

후일담으로 같이 차를 마시다가 루카 니케토 씨에게 들은 이야기가 있다. 어느 날 루카 씨의 사무실로 면식이 없던 미켈레 씨가 갑자기 전화를 걸어와 걱정하며 전화를 받았더니….

미켈레 오랜만에 진짜 이탈리아인 디자이너가 나타난 것이 너무 기뻐서 전화했어요. 고마워요.

루카 … 네?

미켈레 차오.(딸깍)

미켈레 씨는 정말 멋지다.

_《엘르 데코》 2013년 8월호

미켈레 데 루키 **Michele De Lucchi**

1951년 이탈리아 페라라에서 태어나서 1976년에 피렌체대학 건축학과를 졸업했다. 그 후에 스튜디오 알키미아에서 활동했다. 1981년에 에토레 소트사스 등과 함께 디자인 문화 운동 집단 멤피스를 결성해서 한 시대를 풍미했다. 1984년에 스튜디오 데 루키를 설립하고 1990년에는 자신의 브랜드 프로두치오네 프리바타를 시작한다. 현재도 이탈리아 디자인계 중진으로 정력적으로 활동을 이어가고 있다.

04 로낭과 에르완 부룰렉

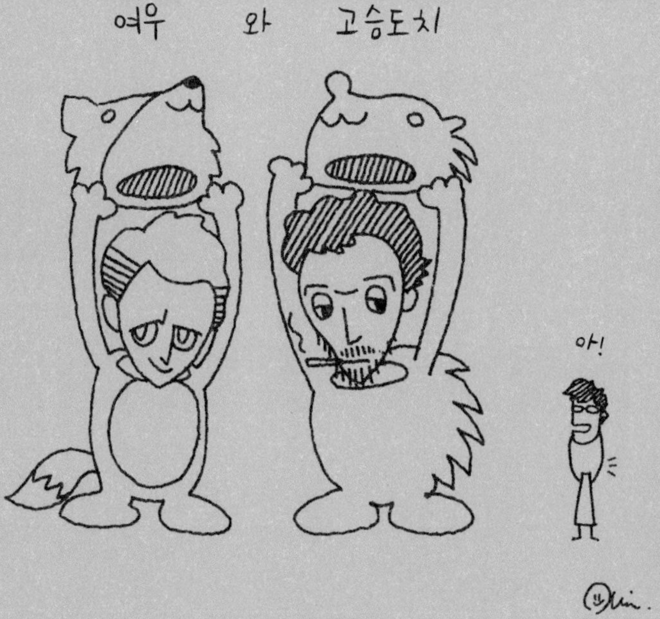

교통 정체에 갇힌 상태에서 30분이 지나고 오래된 동네 공장과 창고가 쭉 늘어선 지역의 일각에서 로낭과 에르완 부룰렉 형제의 회사를 발견했습니다. 동생 에르완 씨가 당장 끝내야 하는 일이 있어서 우선 형 로낭 씨가 회사를 안내해주었습니다. 오래된 창고를 개조해서 7년 전(2013년 취재 당시)부터 사용하고 있었는데, 직접 그린 스케치와 프린트한 캐드CAD 도면이 벽 한 면에 붙어 있었습니다. 스케치와 똑같은 거친 왁스 모형과 흑판에 그려진 실물 크기의 스케치를 보면 몇 번이나 평면과 입체를 오가며 최종 형태를 확인하고 있는지 알 수 있었습니다. 맹렬한 자유와 고집이 응축된 디자인의 오라가 사무실 구석구석에서 뿜어져 나왔습니다. 그런데 그때 하나 신경 쓰이는 것이….

고슴도치와 여우, 절묘한 균형을 자랑하는 두 사람

오오키 어? 그런데 회의실은 어디에?

로낭 ?

오오키 아니, 그…. 회의나 프레젠테이션 같은 건 어디서 하나요?

로낭 아, 그건 내 책상이나 에르완의 책상을 사용해요. 그걸로 충분합니다.(웃음)

아무래도 그런 부분은 전혀 신경 쓰지 않는 것 같았다.

로낭 아, 그런데 간단한 촬영을 할 수 있는 스튜디오라면 있어요. 굉장히 중요한 곳이에요.

음, 역시…. 그건 굉장히 신경을 쓰고 있었다. 이런 부분에서도 '그들답다'라는 생각이 드는 것이 참 신기했다. 사무실에는 어시스턴트 다섯 명과 매니지먼트 담당 직원 한 명, 부룰렉 형제 두 명, 이렇게 여덟 명이 일하고 있었는데 조직이 '관리가 쉬운' 규모로 운영되고 있다는 사실을 알 수 있었다.

로낭 원칙적으로 어시스턴트는 신규 채용만 해요. 우리도 다른 회사에서 일한 경험 없이 시행착오를 겪으며 지금까지 해왔어요. 그래서 어시스턴트도 이런 과정을 겪으며 성장해주길 바라요.

오오키 친절하게 가르쳐주는 게 아니라, 본인이 생각해서 움직여야 하네요.

로낭 맞아요. 회사를 시작했을 때는 모형을 만드는 방법도 도면을 그리는 방법도 전혀 몰랐어요. 지금도 우리가 하는 방식이 맞는 건지 잘 모르겠어요.

오오키 그건 저도 마찬가지예요. 반대로 아무도 가르쳐주지 않았기 때문에 성장한 부분도 크다고 생각해요. 실패도 정말 많이 했지만요. '잘 모르겠다'라는 부분을 어디까지 긍정적으로 받아들일 수 있는지가 중요할 거 같아요.

로낭 정답이네요.

오오키 넨도의 디자이너 육성 방침도 완전히 같은 생각이에요. 사실 그렇다기보다는 다른 방법을 몰라서 그래요.(웃음)

로낭 저도 마찬가지예요.

오오키 넨도와 가장 큰 차이는 프로젝트와 디자이너의 수일 거 같아요. 회사가 많은 경험을 쌓으려고 한 결과로 프로젝트 수가 늘어났고 그에 따라 직원 수도 늘어난 거 같아요.

로낭 우리는 이 정도 규모가 딱 좋아요. 반대로 이 이상으로 사람이 많아도 할 일이 없을 거 같아요.

오오키 좋을 거 같아요. 이 정도의 디자이너 수로 디자인을 하는 게.

로낭 그런데 공업제품의 설계나 인테리어 디자인 등의 경우에는 이 규모로는 도저히 대응하기 힘든 프로젝트도 있어요. 어쩔 수 없는 일이지만요.

오오키 부룰렉 형제의 디자인 회사는 최근 몇 년 동안 우수한 젊은 디자이너를 수없이 배출했잖아요. 콩스탕스 기세[*1], 이오나 보트랭[*2] 등은 데뷔한 지 얼마 되지 않아 바로 프랑스를 대표하는 디자이너가 되었어요. 도대체 이 공간에서 무슨 일이 일어나는 거죠?

로낭 들어오는 분들에게는 반드시 5년은 일해달라고 부탁하고 있어요. 그 이외에 특별한 건 없어요. 주말은 쉬고 늦은 시간까지 일하지 않으니 빈 시간을 사용해서 각자 자유롭게 활동해요.

견학을 마치고 두 사람의 방으로 갔다. 형 로낭의 책상 위에는 책이 산더미처럼 쌓여 있다. 한편 동생 에르완의 책상에는 모형 재료가 여기저기 어질러져 있다. 이것이 부룰렉 형제에 대해 알아보는 데 큰 힌트가 될 것 같다.

오오키 책밖에 없네요.

로낭 이래 보여도 넨도가 온다는 이야기를 듣고 일단 청소를 한 거예요. 보통 때는 더 심하거든요.

오오키 (웃음) 책 이야기가 나와서 그런데, 저는 두 분의 책을 이미 많이 가지고 있어요.

로낭 … 그러면 이건?

오오키 있어요.

로낭 (진지하게) 이건 없죠? 꽤 예전 건데.

오오키 엄청 많아요. 오늘 날짜로 '부룰렉 형제의 공식 팬'으로 인정받은 거죠?(웃음)

아쉬워하는 로낭을 뒤로 하고 책장을 보니 왠지 모르지만 책등에 흰색, 검은색, 파란색의 테이프가 붙어 있었다.

오오키 책을 색으로 나눈 건 의미가 있나요?

로낭 색? 사실 전 잘 몰라요. 아마 매니지먼트 담당 직원이 하는 거 같아요. 내게 정리능력이 없다는 사실을 알아보고.(멋쩍은 웃음)

오오키 매니지먼트가 잘되고 있는 거네요.(웃음)

형 로낭은 연구자 같은 분위기. 수줍어하면서도 냉정하고 논리적으로 설명해준다. '관심'과 '무관심'의 차이가 깜짝 놀랄 정도로 크다. 이때 동생 에르완이 작업을 끝내고 등장했다.

에르완 아, 정말 미안해요.

오오키 아니에요. 잘 보면 에르완 씨의 책상이 로낭 씨보다 더 넓지 않나요?

에르완 맞아요. 예전에는 책상을 같이 썼는데 지금은 따로 써요. 조금씩 레이아웃을 바꾸는 거죠. 깊은 의미는 없지만요. 제 책상은 '조인Joyn'의 다리에 앤티크 판을 올린 것뿐이에요.

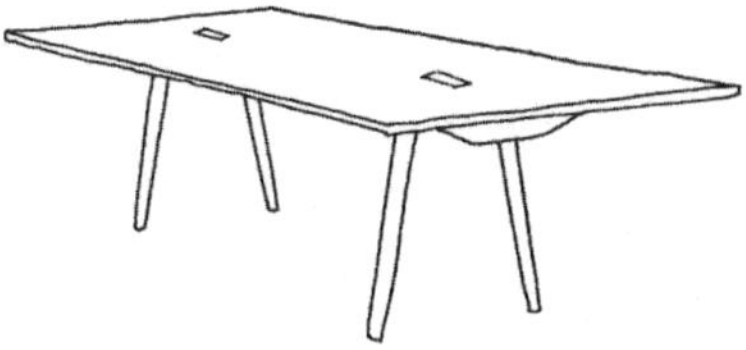

오오키 정말이네요. 멋져요.

에르완 그렇죠? 이 정도로 넓으면 일이 착착 잘되겠죠.

오오키 일이 착착….

에르완 저는 머신이니까요.

오오키 머신…. (네?)

에르완 뭔가를 시작하면 멈추지 않아요. 바느질을 시작하면 며칠이고 계속하고요, 컴퓨터도 목공 작업도 마찬가지예요. 이게 진짜 최고로 기분이 좋아요.

이렇게 말하며 에르완 씨는 손에 쥔 막대 모양 왁스를 기쁜 듯이 쭉쭉 늘리고 있었다. 이대로 왁스에 집중하면 어쩌지 하는 생각에 불안해하면서 로낭 씨를 쳐다보니 책장을 뒤지고 있었다. 위험하다, 위험해. 형제의 자유 시간이 되어버렸다는 생각을 하면서 이야기를 이어갔다.

오오키 아이디어는 항상 두 분이서 생각하나요?

에르완 맞아요. 누가 먼저 아이디어를 내는지는 상황에 따라 다르지만요. 항상 둘이서 이야기를 해요.

오오키 어시스턴트는 어느 단계부터 참여하나요?

에르완 서로의 아이디어가 어느 정도 정리되면 어시스턴트에게 형태로 만들어달라고 하는 것 같아요. 세 명 이상이 같이 생각하는 경우는 없는 거 같아요.

오오키 둘이서 생각하는 게 가장 좋은 것 같다는 말씀이죠.

에르완 맞아요.

아무래도 에르완 씨는 '아티스트' 기질이 강한 것 같

다. 직감적인 번뜩임과 그것에 바로 파고드는 집중력이 무기다. 항상 정신이 없는 건 그 반증일까?

오오키 싸우지는 않나요?

로낭 가끔은 싸워요. 둘 다 일에 빠져드는 타입이라서.

오오키 싸움이라고 해도 논의가 격렬해지는 정도겠죠. 서로 치고받고 싸우지는 않죠?

로낭 ….

에르완 ….

오오키 (있는 거야?) 어떤 인터뷰 기사에서 자신들을 '고슴도치와 여우'에 비유했는데 그건 어떤 의미인가요?

로낭 '여우는 많은 걸 알고 있지만 고슴도치는 딱 하나, 중요한 것을 알고 있다'는 말이 있는데, 예술가나 사상가는 크게 이 둘로 나눌 수 있다는 이야기에서 나온 말이에요.

오오키 에르완 씨는 스스로를 머신이라고 부르는 정도니까,(웃음) 어느 쪽이 고슴도치인지는 물어볼 필요도 없겠네요. 그런데 각자 하는 일의 범위라는 게 있을까요?

에르완 내용으로 일을 분담한다기보다는 다양한 업무를 나누어서 한다는 느낌일까요. 로낭이 대학의 워크숍을 간 동안 내가 마지스 본사에 가서 샘플 확인을 한다든지. 디자인이라는 건 단순히 모양을 만드는 것뿐만이 아니라 커뮤니케이션이 중요하다고 생각해요. 둘이 있으면 그 밀도가 높아지죠.

오오키 음, 그런 느낌이군요. 항상 정보를 공유하시는 거네요.

에르완 맞아요. 그리고 둘의 서로 다른 시점으로 디자인에 관해서 자세하게 검토할 수 있어요.

오오키 확실히 고슴도치와 여우라는 양쪽의 시점에서 동시에 생각하는 건 디자인의 정밀도를 높이는 데 유효하겠어요.

에르완 아, 그런데 결점도 있어요. 단점을 없애는 데는 효과적이지만 동시에 장점도 같이 지워버릴 수 있다는 거예요. 때로는 영감에 맡겨버리는 아슬아슬한 디자인도 필요할 거 같은데 둘이서 하면 이건 좀 어려운 것 같아요.

오오키 그렇다면 조만간 '솔로 활동'의 가능성도?

에르완 지금 당장 혼자 하는 일은 없을 거예요. 프로젝트에 따라서 서로가 하는 일에 조금씩 변화를 주면 재미있을 거 같다는 생각은 최근에 하고 있어요.

솔직히 조금 얕본 것도 사실이다. 장인의 기질이 강하다고 생각했기 때문에 사무실 모습도 예상할 수 있는 부분이 많았다. 그런데 둘의 가장 큰 무기인 균형감이 가장 큰 단점도 될 수 있다는 사실을 자각하고 이미 대책까지 생각하고 있었다. 이걸 알고는 소름이 돋았다. 이 둘에게는 '사각지대'가 없었다.

오오키 클라이언트와의 '균형'은 어떤가요?

에르완 수를 늘리지 않고 각 프로젝트에 집중할 수 있도록 하고 있어요. 신규 클라이언트와 일을 같이 할지 말지 몇 년에 걸쳐 검토하는 경우도 흔하고요.

로낭 엄선이라고 말한다면 듣기는 좋지만 실제로 사무실 규모가 작기 때문에 그렇게 할 수밖에 없는 것이 현실이에요.

오오키 이상적이에요.

로낭 넨도는 일부러 다른 길을?

오오키 아니에요. 저는 '그럭저럭' 괜찮은 수준의 것밖에 못 만들어요. 하지만 안정적으로 많은 '그럭저럭'을 계속 만들어내는 걸 잘하는 것인지, 200~300개의 프로젝트를 같이 진행하는 편이 마음이 편해요. 열 건으로 줄인다고 해서 그것이 서른 배 높은 수준의 결과로 나오지도 않고요.(웃음)

로낭 고슴도치와 여우 같네요.

에르완 그런데 같은 클라이언트와 지속적으로 하는 일에 장점만 있는 건 아니에요.

오오키 음? 질이 좋아지는 게 아니고요?

에르완 폐쇄적이 된다고 해야 할지, 매너리즘에 빠지게 돼요. 디자이너는 새로운 기술이나 사람과의 만남, 자극이 없으면 계속 성장하지 못해요. 이건 클라이언트에 대해서도 마찬가지예요.

오오키 네. 우리 회사의 유일한 장점이 그걸지도 모르겠어요. 좋든 싫든 경험치는 싫을 정도로 축적되죠.(웃음)

에르완 최근에 재미있었던 클라이언트는?

오오키 글라스 이탈리아? 두 분과 엄청 잘 맞을 거 같아요. 꼭 소개해드리고 싶어요.

에르완 글라스 이탈리아는 좋을 거 같아요. 2년 정도 전에 오퍼가 와서 고민 중이에요.

오오키 아, 그러세요….(땀)

사토 오오키, 체면이 말이 아니다!

오오키 공통의 클라이언트라면 한스그로헤[*3] 정도일까요? 두 분이 하신 '악소어[*4] 부룰렉'의 콘셉트는 굉장히 재미있다고 생각했어요. 수도꼭지나 세면대 레버를 세면대의 원하는 곳에 자유자재로 설치할 수 있는 그거요.

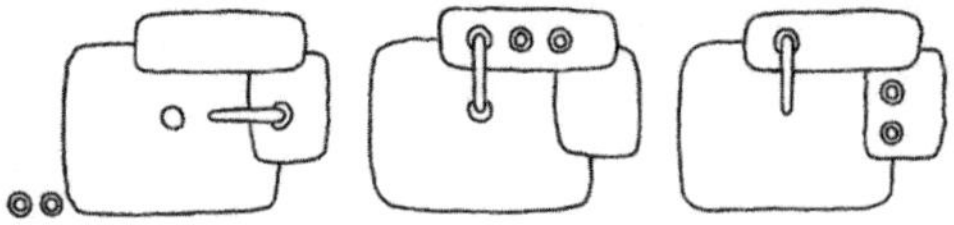

에르완 콘셉트는 좋았지만 타깃층이 맞지 않았어요. 최종 소비자뿐만 아니라 대리점이나 시공업자나 설계사나, 더 많은 사람에게 알렸어야 했어요. 아마도 광고전략상 실수도 있었던 것 같아요. 광고나 선전 방식이 한쪽으로 치우친 결과, 안타깝게도 매출은 마이너스.

프로젝트의 문제를 확실히 파악하고 냉정하게 분석하고 있다. 게다가 그것을 아무렇지도 않게 말하는 점도 대단하다. 진지하게 프로젝트와 마주했기 때문에 꾸미지 않은 말이 나오는 건지도 모르겠다.

로낭 드디어 찾았어요, 이 책은 없죠?

오오키 처음 보았어요.

완전히 승리했다는 표정의 로낭. 오늘 보여준 최고의 웃는 얼굴이었다. 그 책에 스케치를 해서 선물해주었다. 드디어 공식 팬 인증을 받았다.

에르완 그러고 보니 오오키 씨는 나이가 어떻게 되죠?

오오키 어, 올해(2013년) 서른다섯이에요.

에르완 와, 저는 서른여섯! 드디어 같은 세대와 만났네요. 감동적! 지금까지는 아이가 혼자 서성거리는 느낌이었거든요.(웃음) 기뻐요.

오오키 앞으로도 잘 부탁드려요.

에르완 네, 맞은편에 바가 있는데 거기서 다음에 한 잔 해요.

오오키 오케이.

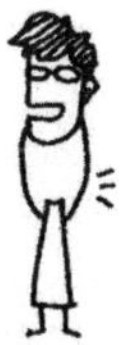

주

1 콩스탕스 기세Constance Guisset

프랑스 출신으로 1976년에 태어나 국립고등산업디자인학교를 졸업하고 불과 10년 만에 장식미술관에서 개인전을 개최했다.

2 이오나 보트랭Inonna Vautrin

프랑스 출신으로 1979년에 태어나 캠퍼 등과 일을 한 뒤 자신의 스튜디오를 설립했다.

3 한스그로헤Hansgrohe

1901년 독일 쉴타흐에 설립된 수전 브랜드로 샤워 제품의 세계 시장 점유율은 업계 최고다. 수많은 특허를 바탕으로 한 기술이 실현하는 기능성과 높은 품질, 디자인성을 모두 겸비한 제품을 세상에 선보이고 있다.

4 악소어Axor

독일의 수전 브랜드인 한스그로헤의 프리미엄 브랜드로 저명한 디자이너와의 협업을 통해 제품을 개발한다. 제품명은 '악소어 필립'처럼 브랜드명인 '악소어' 뒤에 디자이너의 이름을 붙이는 경우가 많다.

정리

부룰렉 형제와의 대화는 짧은 시간 안에 이루어졌지만 그 사이에 '균형 감각'이라는 말이 몇 번이고 머릿속을 스쳤다. 분명 둘만이 유지할 수 있는 균형감이 있고, 그들은 이 균형감을 깨면서 새로운 균형을 추구하는 정답이 없는 작업을 영원히 반복하는 걸지도 모른다.
균형을 깨고 다시 새로운 균형을 만들어낸 다음에는 무엇이 존재할까? 취재 후에 찾아간 장식미술관에서 개최된 부룰렉 형제의 개인전 '순간적인Momentane'에서 작품과 마주하는 관람객들의 밝은 표정을 보면서 답의 일부를 알 수 있었다. 부룰렉 형제 디자인의 진수가 농밀하게 응축된 전시는 정리되어 있었지만 딱딱하지는 않았다. 컬러풀하지만 안정감이 느껴졌다. 아이도 즐길 수 있는 요소가 있으면서도 전문가도 탄성을 내지를 만하다. 또다시 부룰렉 형제의 균형 감각에는 두 손을 다 들 수밖에 없었다.

_《엘르 데코》 2013년 10월호

로낭과 에르완 부룰렉 Ronan&Erwan Bouroullec
형인 로낭은 1971년, 동생인 에르완은 1976년에 프랑스 피니스테르주의 캥페르에서 태어났다. 1999년부터 함께 디자인 활동을 시작하여 현재도 전 세계의 제일선에서 활동 중이다. 2010년 엘르 데코 인터내셔널 디자인 어워드 '올해의 디자이너'로 뽑혔고, 2013년에는 베르사유 궁전의 가브리엘관에 크리스털로 된 샹들리에를 영구적으로 설치했다. 2015년에는 삼성전자에서 의뢰를 받아 가구 같은 분위기의 텔레비전 '세리프'를 발표했다.

05 톰 딕슨

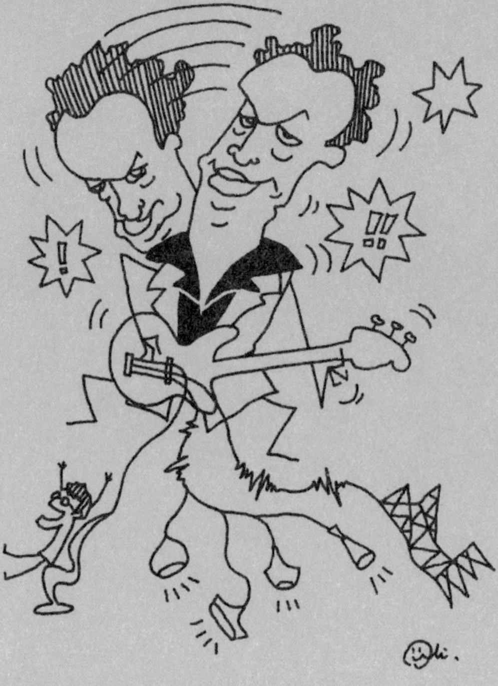

톰 딕슨이라고 하면 펑크록적인 반체제 정신으로 창작 활동을 하는 것으로 유명한, 디자인계를 휘젓고 다녀온 '폭군'입니다. 무엇보다 얼굴이 무서워요.(웃음) 파리 3구 북마레에서 스무 곳 이상의 매장을 세계 각국 디자이너가 손보는 재개발 프로젝트La Jeune Rue 발표회에서 옆자리에 앉은 그에게 어떻게 말을 걸어야 할지 망설였습니다. 그때 생각난 것이 메종 에 오브제에서 '올해의 디자이너'로 선정된 사실이었습니다. 이야깃거리를 찾은 저는 바로 축하 인사를 전했습니다.

디자인으로 새로운 '공간'을 만들다

오오키 …아, 그러고 보니 수상하신 거 축하드려요.

톰 딕슨 (이하 '톰') 음? (힐끔 쳐다본다)

오오키 아, 메종 에 오브제에서 디자이너….(땀, 땀, 땀)

우아아, 집에 가고 싶다.

톰 우아! (웃음) 아, 그거. 그런 걸 받으면 여러 가지로 귀찮아요.

오오키 확실히 취재 같은 걸로 힘드시겠어요. 밀라노 가구 박람회 전이라서 안 그래도 바쁜 시기인데.

톰 그래요. 오오키 씨는 메종 전시장에는 안 가나요?

오오키 미팅이 있어서 갈 거 같아요.

톰 그러면 차라도 마셔요. 차.

오오키 방금 바쁘시다고….

톰 남는 시간에 차나 마시자는 거죠.

오오키 아, 그러면 《엘르 데코》 일본판 연재용으로, 저와 '잡담'을 하는 건 어떠세요?

톰 응? 오오키 씨가 나를 취재한다고?

오오키 취재라고 할 거까지도 없는데, 그냥 잡담이에요. 알

맹이가 없는 대화라도 그대로 씁니다.(웃음)

톰 그건 재미있겠네요. 알겠어요, 그러면 내일.

이렇게 톰 씨와 메종 에 오브제의 전시장에서 잡담을 하기로 했다.

톰 최근에는 어떤 일을 하세요?

밀라노 가구 박람회에서 발표 예정인 작품과 최근 진행 중인 프로젝트에 관해서 짧게 이야기를 나누었다.

톰 꽤 바쁘시겠어요.

오오키 네, 아무리 저라도 조금 일이 많다는 생각이 들어요. 좀 줄이는 편이 나을까요?

톰 넨도는 어떤 브랜드와 일을 해도 브랜드 이미지를 한결같이 유지하니까 정말 대단해요. 보통은 브랜드에 휘둘려서 방향성이 산만해지거나 자신을 잃어버려서 엉망이 되죠.

오오키 그 부분을 크게 의식한 적은 없어요. '나다움'이라는 것을 지나치게 의식하면 이상한 부분에 힘이 들어가서 톱니바퀴가 제대로 돌아가지 않아요.

톰 잘 이해되지는 않지만 어쨌든 잘되고 있다면 그 방법으로 하면 되지 않나. 쭉쭉 해나가면 돼요.

오오키 네, 열심히 하려고요.

톰 상품의 질을 유지할 수 있다면 말이지.(씨익)

오오키 열심히 할게요.(땀, 땀, 땀)

톰 회사에 직원은 몇 명 정도 있나요?

오오키 서른 명 정도 있어요. 적지는 않지만 더 큰 규모의 회사도 있으니까요. 톰 씨의 회사는요?

톰 아흔여덟 명.

오오키 우아!

톰 그런데 디자인 업무를 하는 직원은 열 명 정도니까 넨도보다 훨씬 적어요. 우리는 제조도 하니까 영업이나 상품 개발, 생산 관리 등등 여러 가지를 해야 해요.

'톰 딕슨[•1]'은 디자이너 이름이기도 하지만 제조업체 이름이기도 하다. 이 잡담도 톰 딕슨의 부스 안에서 이루어졌다.

오오키 2014년의 '올해의 디자이너' 말인데요, 예년의 수상자처럼 설치 작품을 만들지 않는 이유가 있을까요?

톰 작품을 모으는 게 귀찮잖아요. 주최자 측에서는 상품을 판매하면 안 된다고 하고.

오오키 어제 메르시[*2]에 들렀는데 2013년 밀라노 가구 박람회에서 전시하신 아디다스의 설치 작품을 봤어요. 그걸 메종 에 오브제에 전시하지 않는 건 이유가 있나요?

톰 …아?

오오키 ?

톰 그런 방법이 있었네! 엄청 좋은 아이디어예요. 아, 젠장!

오오키 ….

톰 아디다스의 일은 정말 재밌어요. 아디다스, 또는 패션의 사고방식은 분명 공부가 되어요. 속도감이 엄청나죠. 샘플 재질이 마음에 들지 않는다고 하면 10분 후에는 소재가 바뀌어 있어요. 천뿐만 아니라 테이프와 종이를 사용해서 시제품을 쌓아 올리는 스타일은 자극적이었죠.

오오키 그건 진짜 부피가 큰 컬렉션이었죠.

톰 그렇죠? 처음에는 가방만 의뢰를 받았어요. 나에게 '가방만'이라니, 좀 그렇지 않아요?

오오키 아니, 가방은 안 되나요?(땀)

톰 안 되죠. 그래서 작은 상자 안에 제안할 것을 전부 접어서 넣었어요. 마술사처럼 가방 이외에 신발과 옷을 계속 꺼내서 테이블 위에 펼쳤더니 그걸 전부 상품화하기로 이야기가 되었어요. 결국 2년간 네 시즌으로 나누어 만들었어요. 엄청나죠?

오오키 좋아요. 그렇게 일하는 건 저도 좋아해요.

톰 감탄하고 있을 때가 아니지, 꼭 넨도도 하면 좋을 거예요, 패션 관련 일은. 넨도는 속도감도 좋고 스타일도 자리를 잡았으니까 좋은 화학반응이 일어날 거예요.

오오키 기회가 있으면 꼭 하고 싶어요. 그러고 보니 어제 재개발 프로젝트 발표회, 분위기가 정말 좋았죠?

톰 처음에는 현실적이지 않다는 생각이 들어서 반신반의했는데 이야기를 잘 들어보니 고용 문제, 농업의 활성화 문제, 빈민가 문제와 같이 모든 도시가 조금씩은 가지고 있는 문제를 정면에서 해결하려는 태도에 공감이 갔어요.

오오키 아마도 다른 디자이너도 그 점에서 가능성을 본 거 같아요. 사회에서의 디자인의 가능성을 발견했다고 할까.

톰 맞아요. 디자인을 통해 새로운 '공간'을 만든다는 점이 마음에 들었어요. 마이애미도 그래요. 한 번에 부동산을 사서 디자인 마이애미*[3]라는 이벤트를 통해 활성화시키는 것으로 부티크, 레스토랑, 호텔이 하나둘 생겨서 땅값이 한순간에 올랐어요. 부동산과 디자인이 이어져 새로운 공간이 만들어진 좋은 예죠.

오오키 밀라노 가구 박람회도 같은 맥락이라고 생각해요. 토르토나 지구도 람브라테 지구도. 브레라 지구는 조금 다를지도 모르지만요. 톰 씨가 기획하는 국립과학기술박물관MOST의 전시도 그렇죠. 전부 디자인을 통해 새로운 공간이 만들어지고 있는 거예요. 올해 MOST에서는 어떤 전시를 하시나요?

톰 올해는 안 해요.

오오키 정말요?

톰 피에라(밀라노 가구 박람회의 메인 전시장)에서 해요.

오오키 어어어, 정말요?

톰 네, 네.(씨익) 그게 제대로 된 리액션이죠. 원래는 메인 전시장인 피에라에서 하는 게 당연한 것이고 밖에서 하면 놀라야 하지만, 내 경우는 밖에서 하는 게 보통이니까요. 그렇게 놀라지 않으면 곤란하죠.(웃음) 그런데 밖에서도 해요.

오오키 MOST 이외에 다른 게 있나요?

톰 밴드.(씨익)

오오키 ?

톰 밴드, 밴드. 음악, 그러니까 이런.(베이스를 치는 흉내를 낸다)

오오키 원래 음악 활동을 하셨으니까, 원점으로 돌아가는 건가요?

톰 밀라노 가구 박람회는 결국 엔터테인먼트예요. 진지하게 장사를 하려고 해도 아무도 그런 기분이 아니에요. 지인과 밥을 먹거나 쇼핑을 하거나 관광을 하거나. 여기(메종 에 오브제)가 오히려 더 수주가 잘 되죠.

오오키 그렇군요. 음악과 디자인은 형태는 다르지만 같은 '표현'이니까요.

톰 아니, 그런 멋있는 건 아니에요. 엔터테인먼트라고 했잖아요. 그냥 즐기는 거!(웃음)

오오키 죄송해요.(땀) 반대로 언제부터 밀라노 가구 박람회는 그런 곳이 된 걸까요? 원래는 가구 견본시장이잖아요?

톰 뭐, 그런데 밀라노 가구 박람회는 이제 끝난 거 아닐까요? 인터넷 시대에 1년에 한 번 발표라니 이상해도 한참 이상한 일이지. 현대인은 한 달, 아니 일주일 단위로 무언가를 원해요. 그런데 1년에 한 번 모두 열심히 해서 큰소리를 내는 상황에서 뭐를 한다고 해도 효과는 미미하고, 해가 갈수록 사람들은 더 큰 자극을 원해요. 그런 의미 없는 것 말고 새로운 시스템을 생각해야 해요.

여기서도 다시 시점의 차이가 선명하게 드러났다. 밀라노 가구 박람회에서 무엇을 할 것인지가 아니라 박람회 자체가 가진 문제에 착목한 것이다.

음악 활동을 하다가 제조소매업으로 진출하다

오오키 애초에 음악을 하다가 디자인으로 진로를 바꾸신 계기는 뭔가요?

톰 그런데 나는 스스로 디자이너라고 생각한 적이 없어요.

오오키 네? 예전에 읽은 기사에서는 디제이와 밴드를 하다가 어느 날 오토바이가 고장이 나서 직접 용접해서 수리를 한 것이 계기라고….

톰 아, 나는 디제이는 한 적이 없는데. 클럽은 경영했지만. 그리고 용접은 취미, 취미예요. 그러니까 밤에 일을 하니까 낮에 할 일이 없었어요.

오오키 설마 용접이 '시간 때우기용'?

톰 맞아요.

오오키 그러니까 갑자기 줄리오 카펠리니 씨와 계약하고 명작인 '에스 체어S Chair'를 세상에 선보였다는 건가요?

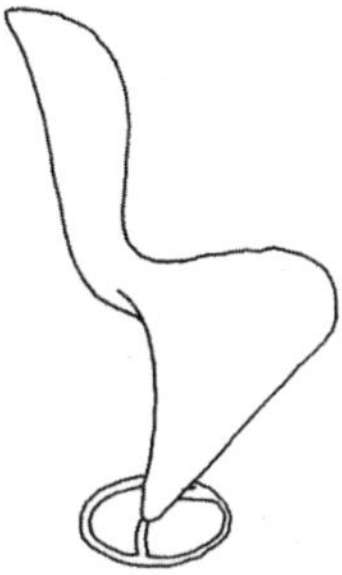

톰 그런 대단한 게 아니에요. 줄리오가 와서 그걸 상품화한다고 마음대로 가져간 거지.

오오키 남 일이 아니네요.(웃음)

톰 당시 이탈리아에는 거장의 제자 정도밖에 없었으니까 줄리오가 너무 심심했던 거죠. 네, 오늘은 '멘디니 제자 1호', 내일은 '소트사스 제자 3호', 뭐 이렇게 계속해도 달리 방법이 없잖아요. 그러니까 재스퍼 모리슨이나 네게 눈을 돌린 건 자연스러운 흐름이었던 거 같아요. 그런데 로열티 계약 금액이 적어서 실망했죠.

오오키 ….

톰 디자이너는 클라이언트에게 의뢰를 받아서 디자인을 납품하잖아요. 내 경우는 기본적으로 의뢰를 받아서 디자인을 하지는 않아요.

오오키 음?

톰 오리엔테이션이 싫으니까.

오오키 ….

톰 갑자기 화장실 제조업체 사장이 와서 화장실을 만들어달라고 해도, 그건 이야기가 다르니까.

아니, 아니, 아니, 이야기가 다르지 않은데.

오오키 셀프 프로덕션*4 선구자라기보다는 만들고 싶은 걸 만들다 보니 지금의 스타일이 되었다는 말인가요?

톰 셀프 프로덕션에서 진짜 선구자는 론 아라드죠. 내가 시작하기 2년 전부터 자신의 숍을 열어서 팔고 있었어요. 당시는 론을 몰랐지만요.

오오키 론 아라드는 셀프 프로덕션이라기보다는 리미티드 에디션*5이라는 느낌이 있는데요.

톰 아니, 당시에 론이 만든 건 전부 양산품이었어요. '로버 체어Rover Chair'라든지, 지금은 전 세계 미술관에 요란스럽게 컬렉션되어 있는 가구를 싼 가격으로 엄청나게 팔았어요.

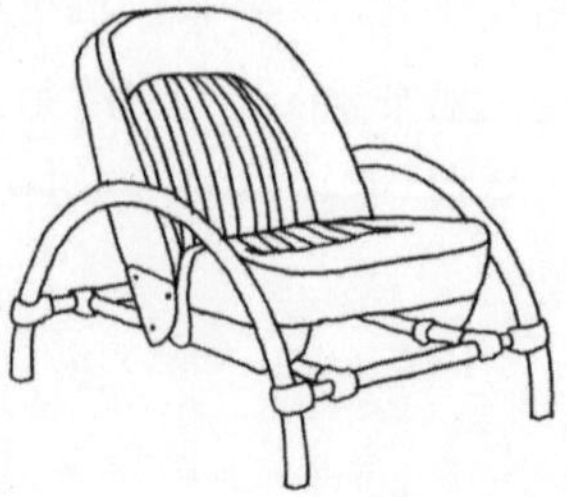

오오키 이야기를 듣고 있으니 톰 씨는 기존의 틀이 아니라 새로운 시스템 안에서 생각하는 것에 관심이 있는 것 같아요. 몇 년 전에 런던 트래펄가 광장에서 광고가 인쇄된 발포스티롤로 만든 의자 1천 개를 나누어주고 인터넷 배너 광고와 같은 과금 방식을 시험해보는 것 같은.

톰 아, 그거.(웃음) 광고의 새로운 구조라든지 사람의 반응을 보고 싶었어요. 부호가 돈을 가난한 사람들에게 뿌리는 이시카와 고에몬(전국시대에 부자들의 금품을 훔쳐 가난한 이들에게 나누어주었다는 대도) 같은 측면도 있었고요. 여러 가지를 했네.

오오키 아비타*[6]의 크리에이티브 디렉터도 하셨죠. 그런 것도 지금의 기반이 되었을까요?

톰 아비타보다는, 어느 쪽인지 고르자면 이케아. 이케아는 유일하게 비즈니스적으로 성공한 가구점이지만, 이케아가 아비타의 주주가 되고 아비타의 비즈니스 모델에 이케아적인 사고방식을 무리하게 집어넣으려는 사람들이 나타나서 결국 공중분해된 거죠. 저 나름대로는 열심히 했지만요.

오오키 그랬군요.

톰 그래도 그때 이케아의 사고방식을 알게 된 건 좋은 경험이었어요.

오오키 그 후에 아르테크[*7]의 크리에이티브 디렉터에 취임한 거죠.

톰 그건 투자회사가 클라이언트였기 때문에 아르테크를 인수한 쪽의 일원으로서 한 일이니까 이야기가 전혀 달라요. 동시에 톰 딕슨이라는 브랜드를 만들어서 그 투자회사가 아르테크와 합쳐서 1억 6천만 엔 정도 돈을 투자했지만 거의 아르테크에 써버렸죠.(웃음)

오오키 그래도 이 정도까지 확실하게 제조업체의 기능도 하는 디자이너가 톰 딕슨 이외에는 없어요.

톰 나는 확실히 '제조'와 '소매'에 중점을 두고 일하고 있어요. 그 부분에 관해서 잘 알지 못하면 디자이너도 할 수 없어요.

오오키 제조업체로서의 목표는요?

톰 이상적인 건 라이선스 비즈니스예요. 시장별로 특성이 있어서 모든 곳에 적합한 상품 제조 같은 건 불가능하니까요. 나라별로 기획해서 제조부터 판매까지 하는 것이 자연스럽다고 생각해요.

그러다 가끔 떠오르는 디자인 아이템을 투입해서 내 색깔도 내는 거죠. 예를 들어 일본이라면 조명기구 규격이 다를 것이고, 약간의 흠도 반품할 정도로 섬세한 국민성이라면 이 시스템이 딱 맞을 거라고,

뭐 이런 이야기를 계속해도 《엘르 데코》의 지면상 다 싣지는 못하려나.(웃음)

오오키 아니에요, 괜찮습니다.

톰 연재는 몇 회까지?

오오키 글쎄요.

톰 언제까지 해요? 1년?

오오키 그것도 잘….

톰 그렇군. 오오키 씨도 대충대충 하네요.

설마 이 사람에게 그런 말을 들을 줄이야….

톰 사실 나도 예전에 《엘르 데코》 영국판에서 대담 연재를 했어요. '나이 든 디자이너 한정'으로요.(웃음) 그때 깨달은 건 물건이 팔리는 시대에는 새로움을 제공하는 디자이너를 필요로 하지만, 이제는 그런 시대가 아니라는 것.

그런데 지역에서 제조해서 재고를 가지고 수주해서 배송하는, 이런 구조만 남은 건 이상해요. 그러니까 사람들이 원하는 것에 귀를 기울여서 새로운 시스템을 구축할 필요가 있어요.

오오키 지금의 '스타시스템'이라든지, 그걸 동경하는 학생이나 젊은 디자이너를 보면 이상하다는 생각은 안

하세요?

톰 아? 스타시스템? 디자인 업계에는 없지 않나, 세상 사람들이 잘 모르니까. 필립 스탁 정도? 애플의 조너선 아이브[*8] 같은 사람, 아무도 얼굴도 모르잖아요. 지금 그 사람이 이 전시장 안을 걸어 다녀도 알아보는 사람은 열 명 중에 한 명 정도? 디자인 업계 인간밖에 없는 여기서도 그럴 거예요. 그런 것보다 어떻게 하면 사회와의 접점을 늘릴 수 있을지, 디자인이 어떻게 사회에 기여할 수 있을지 진지하게 생각해야 해요. 아까 이야기로 돌아가면 나는 그 재개발 프로젝트가 진짜 기대돼요. 농업을 디자인이 구한다면 그건 진짜 멋지겠죠!

주

1 톰 딕슨Tom Dixon

2002년 톰 딕슨 본인이 만든 가구 · 잡화 · 조명 · 향수 브랜드다. 전통적인 디자인과 현대적인 스타일을 융합한 디자인이 특징이다. 2015년 7월에 일본에도 매장을 오픈했다.

2 메르시Merci

2009년 프랑스 파리에 문을 연 라이프스타일 셀렉트숍이다. 아동복 브랜드 봉쁘앙의 창업자인 마리 프랑스 코엔이 만든 곳으로 독자적인 시점에서 구성한 상품 라인업과 이벤트로 디자인 업계에 큰 영향을 주고 있다.

3 디자인 마이애미Design Miami

2005년에 시작된 빈티지 또는 한정 생산 가구 등의 거래가 이루어지는 페어다. 미국 플로리다주 마이애미에서 매년 12월에 개최된다. 최근에는 렉서스나 루이비통 등 많은 브랜드가 참가해서 기업 가치 향상의 장으로 활용하고 있다.

4 셀프 프로덕션Self Production

프로덕트 디자이너가 직접 상품 기획 · 디자인을 해서 자신의 책임하에 제조 · 재고 관리 · 판매를 하는 사업 방식이다. 패션과는 달리 프로덕트 분야에서는 디자이너가 직접 브랜드를 만드는 경우가 드문 편이다.

5 리미티드 에디션limited edition

디자이너가 양산품이 아니라 아트딜러 등을 경유해서 자신이 디자인한 작품을 판매할 경우에는 희소가치를 높이기 위해 판매 개수를 한정한다. 이런 작품을 리미티드 에디션이라고 한다. 양산이 어려운 실험적인 작품이 많다.

6 아비타Habitat

1964년 영국 런던에서 젊은 층을 대상으로 오픈한 가구점에서 시작되었다. 그 후에 몇 번의 인수와 매각을 반복한다. 현재는 영국 자본의 사업체와 그 이외에 유럽 · 아시아 지역의 사업을 맡은 프랑스 자본의 사업체가 있다.

7 아르테크Artek
핀란드에서 1935년에 시작된 가구 브랜드다. 창업자 중 한 명인 디자이너 알바 알토가 개발한 자작나무를 독자적인 기법으로 구부려 가공하는 기술을 사용한 가구가 대표적인 제품이다. 최근에는 많은 저명한 디자이너와 협업하고 있다.

8 조너선 아이브Jonathan Ive
영국 런던 출신 디자이너로 2019년까지 애플 최고디자인 책임자였다. 1967년에 태어나 런던의 디자인 회사 탠저린을 거쳐 1992년에 애플의 인하우스 디자이너가 되었다. 아이맥iMac 이후에 애플의 디자인을 총괄했다.

정리

톰 딕슨이라는 사람은 일관적으로 '사회와의 접점'을 추구해온 디자이너인지도 모른다. 그렇기 때문에 디자인이나 제조 자체보다 그것을 둘러싼 '시스템'을 만드는 데 더 흥미가 있는 것 같다. 디자인을 실현하기 위한 플랫폼부터 만들어서 디자인 자체에 영향을 미칠 수 없을지를 생각하는 시각이 다른 디자이너와는 크게 다르다고 느꼈다.

디자인 업계라는 마음 편한 새장에서 뛰쳐나와 새로운 시스템을 항상 생각해온 결과 '이단아' '아웃사이더' '과격파'로 여겨졌지만, 사실은 디자인 정도에 따라 매진해온 존재로 보였다. 너무 진부한 말이지만 역시 사람이나 물건은 겉만 보고 판단해서는 안 된다. 이렇게 생각하니 그의 얼굴도 그렇게 무서워 보이지 않아서 신기했다. 아니, 이건 거짓말이다.

_《엘르 데코》 2014년 4월호

톰 딕슨 Tom Dixon

1959년에 튀니지에서 태어났다. 음악 활동과 클럽 운영을 하면서 용접 기술을 활용한 오브제를 제작하는 등 디자이너로서는 특이한 이력을 가지고 있다. 아비타와 아르테크의 크리에이티브 디렉터도 담당했다. 2002년에 자신의 이름과 똑같은 브랜드 톰 딕슨을 만든다. 가구, 조명, 향수, 홈인테리어 제품 등을 취급하며 도쿄에도 매장이 있다. 2014년에는 메종 에 오브제의 '올해의 디자이너'에 선정되었다.

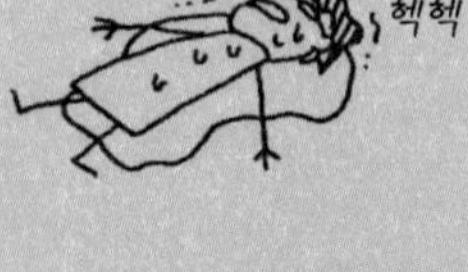
아, 진짜
무서웠다
헉헉
헥헥

06 파트리시아 우르퀴올라

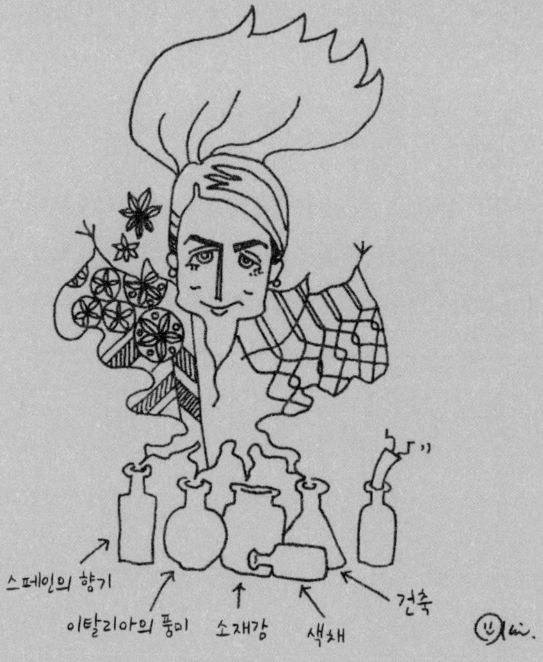

아킬레 카스틸리오니부터 비코 마지스트레티, 피에로 리소니를 거쳐 독립. '거장 죽이기'라는 말이 딱 들어맞는 호화찬란한 경력을 앞세워 초일류 브랜드에서 히트작을 연달아 내놓는 파트리시아 우르퀴올라 씨. 섬세한 소재 사용, 그래피컬한 표현, 스페인의 뿌리가 느껴지는 대담한 색채감각 등 '여성적'이라는 말에는 다 담지 못하는 생명력 넘치는 작풍으로 유명합니다. 밀라노 중심부에서 조금 떨어진 곳에 있는 자택 겸 회사에 찾아가보았습니다.

일도 사생활도 모두 이어져 있다

파트리시아 우르퀴올라(이하 '파트리시아')

이거 좀 봐줄래요? 여덟 살(2014년 취재 당시)인 딸 소피아가 그린 그림! 예쁘죠?

오오키 여덟 살이라고 생각하기 어렵네요.

파트리시아 우리 딸은 학교에서 돌아오면 '다녀왔습니다'라는 말도 한마디 안 하고 사무실의 모형실에 조용히 들어와서 버린 목재를 가지고 놀아요!

오오키 최고의 놀이터네요.(웃음)

파트리시아 맞아요. 딸에게 무언가를 만드는 건 전혀 특별한 일이 아니고 일상의 일부예요.

오오키 소피아는 언어를 몇 개나 구사한다고 들었는데 맞나요?

파트리시아 소피아에게는 당연한 일이에요. 엄마가 스페인인이고 아빠가 이탈리아인이잖아요? 회사에서는 영어도 사용하고. 자연스럽게 사용하게 되었어요.

오오키 천재라는 소문도….

파트리시아 아니에요. 평범해요.

아무리 생각해도 '평범한 아이'는 아니다.(땀)

오오키 어떻게 '엄마'와 '디자이너' 사이에서 균형을 잡고 계시나요? 파트리시아 씨는 출산이나 육아 등의 공백이 전혀 느껴지지 않고 쭉 승승장구하는 게 정말 대단해 보여요.

파트리시아 분리하지 않는 것이죠.

오오키 분리하지 않는다?

파트리시아 회사와 집을 같이 사용하는 것도 그런 이유에서예요. 밤늦게까지 엄마가 돌아오지 않는 이유를 아이는 이해할 수 없어요. 설사 머리로는 이해했다고 해도 마음으로는 절대 이해하지 못해요. 그렇지만 회사와 집이 같이 있다면 부모가 열심히 일하는 모습을 직접 볼 수 있어요. 그렇게 되면 왜 내가 늦은 시간까지 돌아오지 않는지 딸도 나름대로 이해할 수 있죠.

얼마 전에도 지방 호텔 설계 일이 공사가 최종 단계에 들어가서 현장에 가서 몇 주간 있어야 했어요.

오오키 어떻게 했어요?

파트리시아 현장에 딸을 데리고 갔어요. 그랬더니 딸이 골프 카트를 운전해서 공사하던 사람들을 칠 뻔했어요.(웃음)

오오키 그건 큰일 날 뻔했네요.(웃음)

파트리시아 지난주에도 뉴욕 출장에 데리고 가서 회의 이외의 시간에는 센트럴파크에서 둘이 눈싸움을 하면서 놀았어요. 사생활과 일의 경계를 만들지 않고 합치면 잘될 거라고 생각해요. 왜냐하면 우리가 하는 일은 사생활과 분리할 수 없잖아요? 기쁘거나 슬픈, 이런 일상적인 감정이 전부 표현되니까요.

비 앤드 비 이탈리아의 창업자인 피에로 암브로지오 부스넬리 씨가 돌아가셔서 오늘이 장례식이었어요. 돌아가셨을 때는 제가 뉴욕에 있어서 귀국 후에 바로 남편과 딸과 함께 부스넬리 씨의 부인께 갔어요. 그랬더니 가족 모두가 "지금부터 회의를 합시다"라고 하는 거예요. 그때부터 네 시간 가까이 진행 중이던 프로젝트에 대해서 평소 하던 대로 회의를 하고 마지막에 부인과 차를 마셨어요. 일반적인 감각이라면 '이런 때에 적절하지 못한 행동'이라고 생각할지도 모르겠지만요.

이것이 디자인 업계에 종사하는 사람의 일상이에요. 부스넬리 씨가 가장 기뻐할 일을 가족이 한 거예요. 일상의 일부로 디자인을 계속 해나가는 것이 중요하다고 생각해요. 절대 둘을 분리해서는 안 되어요.

놀이와 일, 직장과 가정, 생과 사, 이 사이의 균형을 어떻게 유지하는지가 아니라 전부 받아들여서 어떤 일이 일어나도 변하지 않는 일상의 일부로 디자인을 계속 하는 것. 이것이 디자이너의 인생이라는 사실을 새삼스럽게 다시 생각하게 되었다.

오오키 지금의 이야기와는 조금 다르지만 저의 경우는 온종일 디자인에 관해서 생각하는데, 그래서 사생활과 일의 경계가 사라진 상태죠. '차가운 사람'이라는 시선으로 바라보는 사람도 있어요. 워커홀릭 같은 느낌은 아니고 단순히 디자인을 좋아하는 거죠.

파트리시아 그걸로 좋다고 생각해요. 넨도가 지나치게 다작을 한다고 비판하는 사람도 있지만 나는 바보 같은 이야기라고 일갈해버려요.

자신이 납득할 수 있는 페이스로 퀄리티를 유지할 수 있다면 사람들에게 이러쿵저러쿵 말을 들을 이유는 없는 거죠. 오히려 이런저런 핑계를 대면서 많이 못 만드는 디자이너가 게으른 거예요. 그러니까 그대로 계속하세요. 언젠가 인생에서 슬픈 일이 생기거나 정신적으로 괴로운 시기가 찾아오면 그때 조금 쉬면 되니까요. 그때까지는 이대로 전부 다 발로 차서 쫓아버리면 되어요!

바스타(이탈리아어로 '이상!'이라는 뜻)!

오오키 그 정도로 확실하게 말해주시니까 뭔가 든든하네요. 사람들이 파트리시아 씨를 좋아하는 이유를 알겠네요.

파트리시아 그래요? 미움받는 일도 꽤 많은데요? 지금처럼 생각한 건 전부 말해버리니까요.(웃음)

오오키 그 말도 무슨 말인지 알겠어요.(웃음)

디자인계에서 빛나기 위해서 알아두어야 할 것

오오키 다른 이야기지만 최근에 젊은 여성 디자이너들이 주목을 받고 있잖아요. 선배로서 어떻게 보세요?

파트리시아 여성이 디자인을 일로 삼는 건 정말 힘들어요. 그래서 그룹으로 하거나 둘이서 유닛으로 하거나 매니지먼트를 확실히 해주는 조직에 들어가지 않으면 어려워요. 최근 나온 친구들도 대부분 그런 식으로 하지 않나요?

디자이너는 디자이너라는 사실만으로도 최전선에서서 많은 책임을 지고 강풍을 맞아요. 그러니까 혼자서 조직을 책임지고 관리하면서 가정 살림도 꾸리는 건 불가능해요.

오오키 여성이라서 불리하다고 느낀 적은 있나요?

파트리시아 젊은 시절에는 있었어요. 가구나 인테리어는 꽤 오래된 업계잖아요. 남성사회 안에서 클라이언트는 디자이너에게 예산을 맡기게 돼요. 그러니까 디자이너는 '투자의 대상'이 되는 거예요. 그렇게 되면 역시 젊은 여성은 믿음직스러워 보이지 않아요. 어쩔 수 없는 일일지도 모르죠. 나는 조직의 일원으로 디자인 경력을 쌓고 늦게 독립한 것이 결과적으로 다행이라고 생각해요.

오오키 계기는 뭐였나요?

파트리시아 독립한 계기는 피에로 리소니예요. 밑에서 일을 했는데 "슬슬 혼자서 해봐도 좋을 것 같은데"라고 등을 떠밀었죠. 나중에 들은 이야기로는 내심 피에로는 저를 프로덕트 디자인 부문의 책임자로 생각했던 모양이에요. 그때 해보라고 부추기는 일이 없었다면 지금도 리소니 사무소에 있었을지도 몰라요.

지금은 남편이 매니지먼트를 해주니까 자유롭게 일하고 있어요. 아이가 태어난 것도 좋은 방향으로 작용한 거 같아요. 남편은 사람들을 챙기는 걸 좋아하는 성격이니까. 나뿐만 아니라 아이가 생긴 뒤에는 남편도 더 안정적으로 일을 하고 있어요. 남편에게 나는 '멋진' 존재예요, '멋진 트러블' 쪽이지만. 딸도 마찬가지지만 딸은 '멋진 멋쟁이'.(웃음) 회사 여성 직원들에게도 항상 말해요. 결혼하라고! 아이도 낳으라고! 오오키 씨는 싱글?

오오키　아, 네. 돌싱이에요.(땀)

파트리시아　(기쁜 표정으로) 저도예요. 실패가 무서워서 결혼을 못하겠다는 사람도 있지만 결혼하고 싶다고 생각하면 그냥 하면 돼요. 결혼이 일에 좋은 영향을 줄지 아닐지는 아무도 몰라요. 상대방이 싫어지면 이혼하면 되죠. 일도 '이거다'라는 생각이 들면 일단 해보는 거예요.

오오키　불안은 없나요? 젊은 디자이너나 학생들 이야기를 들어보면 필요 이상으로 미래에 관해 불안해한다는 느낌이 들거든요. 앞이 보이지 않으니까 그런 걸까요?

파트리시아　앞이 보이지 않는다는 것과 불안해하는 건 관계가 없어요. 저는 오히려 앞이 보이지 않아서 동기부여가 되었어요. '순수한 모험가'라고 해야 할까요. 젊은 사람들에게 해줄 수 있는 말은 자신의 성질을 잘 이해해야 한다는 거예요. 조직 안에서 활약할 수 있는 사람과 혼자서 하는 편이 더 나은 사람이 있는데 그 판단을 잘못하는 사람들이 많아요.

저는 완전히 조직형이에요. 데 파도바에 있던 시절도 진짜 행복했어요. 매일 웃는 얼굴이었죠. 피에로 밑에서 일하던 시기도 진짜 자유로웠어요. 피에로라는 층이 하나 있지만 반대로 말하면 층이 있다는 것뿐이고 그 덕분에 고생하지 않아도 되는 부분이 많아요. 책임자가 가지는 '결단의 자유'는 유일무이한 것일지는 몰라도 고통스러운 부분도 분명히 있어요. 자신의 위에 한 층이 더 있으면 좀 더 자유롭게 사람으로서 강하게 빛날 수 있어요.

오오키 파트리시아 씨는 왜 디자이너가 되고 싶다고 생각했나요?

파트리시아 친척 중에 건축가가 많았고 아버지도 엔지니어였기 때문에 자연스럽게 무언가를 만들게 되었어요. 건축학과에 진학했지만 마드리드 대학은 이론만 가르쳤어요. 바로 질려서 당시 사귀던 남자친구가 밀라노에 간다고 하니까 따라갔죠.(웃음)

오오키 그렇군요.(웃음) 그리고 밀라노폴리테크니코대학에서 카스틸리오니 씨를 만난 거군요.

파트리시아 네. 카스틸리오니 선생님은 컵, 펜, 의자를 디자인한다고 했는데, 건축을 공부한 사람이 보면 그런 시시한 건 왼손으로도 할 수 있다는 느낌이었어요. 그런데 실제로 해보니까 재미있어서 완전히 푹 빠졌죠. 당시 카스틸리오니 선생님에게는 전시 공간 등의 의뢰도 많았는데, 그런 영역에서 건축적인 사고방식과 능력을 충분히 발휘할 수 있다는 사실을 안

건 큰 발견이었죠.

오오키 그런 쪽의 사고방식 변화는 저도 굉장히 비슷해요. 건축과 디자인은 뭐가 다르다고 생각하세요?

파트리시아 있죠, 제가 좋은 거 하나 알려드릴게요. 혹시 '프로제티스타progettista'라는 말을 아세요?

오오키 처음 들었어요.

파트리시아 건축가는 '아키텍트', 가구나 공업제품을 디자인하는 사람은 '디자이너'잖아요? 이탈리아어로 프로제티스타라고 불리는 직업이 있는데, 가까운 미래를 예측하고 프로젝트를 실현하는 사람을 이렇게 불러요. 그래서 저는 프로제티스타예요. 오오키 씨도 마찬가지죠. 이건 이탈리아어에만 있는 아름다운 단어예요. 중요한 건 항상 미래를 똑바로 바라보는 것. 그리고 그것을 반드시 실현하는 것.

업무로 보면 건축가와 디자이너의 차이는 클라이언트와의 관계성 아닐까요? 대립하는지, 아니면 옆에서서 같은 방향을 바라보는지. 프로젝트에 문제가 생겼을 때, 건축가는 클라이언트에게 어떻게 좀 해달라는 말을 듣고, 디자이너는 함께 해결하자는 말을 들어요. 이게 가장 큰 차이예요. 지금 사내 직원이 서른 명 정도 있는데 다섯 명은 매니지먼트를 담당해요. 프로덕트 부문은 직원 네 명과 일주일에 몇 번 정도 오는 조형사 아저씨뿐이에요. 이 이외에는 전부 공간 디자이너. 프로덕트 부문은 적은 수로 꽤 많은 프로젝트를 맡고 있어요.

오오키 그건 잘 알고 있어요.(웃음)

파트리시아 그러니까 그만큼 클라이언트 쪽이 움직여준다는 거죠. 저는 클라이언트와 같이 걸어간다는 그 감각이 좋아요. 제게는 클라이언트에게 위압적인 그런 스타 디자이너 기질은 없는 거 같아요. 그들을 이해하고 싶고 무엇보다 제 자신이 즐기고 싶어요. 감정이 그대로 드러나는 편이지만 그것도 포함해서 전부 스트레이트로 생각을 보여주고 싶어요.

오오키 확실히 프로젝트를 전부 디자이너가 통제하는 건 어렵기 때문에 자신의 생각에 공감해주는 사람의 존재가 상황을 좌우하는 것 같아요.

파트리시아 물론 잘되지 않는 경우도 있지만 그럴 때는 '나에게 문제가 있다'고 생각해요.

오오키 좀처럼 잘되지 않는 거죠. 대단해요. 파트리시아 씨는 프로젝트 수도 수지만 클라이언트와 장기적으로 양호한 관계를 유지하는 것 같아요.

파트리시아 모로소*1의 파트리치아 씨와는 오래된 사이예요. 모로소에서 발표한 '로 랜드Lowland'라는 소파를 통해서 업계에 제 존재를 알릴 수 있었어요. 그래서 다소 번

거로운 일이 생겨도 파트리치아 씨와는 계속 일을 하고 있어요. 오오키 씨에게도 그런 사람이 있겠죠?

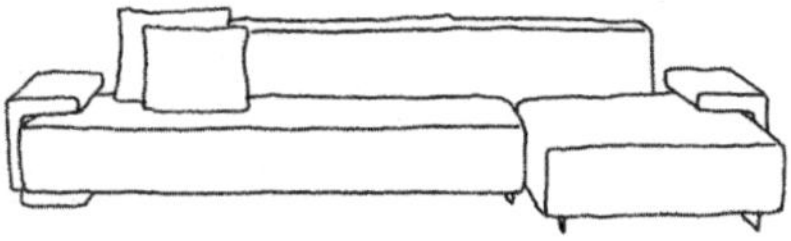

오오키 줄리오 카펠리니 씨는 '이탈리아의 아버지'라고 부를 수 있는 존재예요.

파트리시아 그렇죠? 그러면 저와 파트리치아는 '자매'인가. 그런데 오오키 씨도 비슷한 스타일로 일하고 있죠? 클라이언트와의 관계를 잘 구축하는 타입의 디자이너라고. 여기저기서 그런 소문을 들어요.

오오키 좋은 이야기면 좋겠네요.

파트리시아 당연히 좋은 이야기죠! 저도 넨도를 항상 재미있게 보고 있어요.

오오키 정말이요? 감사합니다.

파트리시아 일본의 디자인과 이탈리아의 디자인은 아무리 멀리 가도 만날 일이 없는 '평행선' 같은 관계예요. 그래서 이탈리아인은 일본의 디자인에 관심을 가지고 동경해요. 반면, 본질적인 부분을 이해하지 못하거나 정신적인 거리가 있기도 해요.

음, 숭고한 예술을 즐기는 것 같은 눈으로 보는 건

지도 몰라요. 그걸 교묘하게 이용하는 디자이너도 있지 않나요? 누구라고 말하지는 않겠지만.(웃음) 예를 들어 나는 남미의 문화와 조국의 문화에 존재하는 '교점'을 이용해서 디자인을 만들어내고 사람들의 공감을 불러일으킬 수 있어요. 항상 교점을 발견해서 디자인을 하고 있다고 할 수 있죠.

그런데 넨도의 재미있는 점은 평행하는 두 개의 선을 그대로 '겹친다'는 점에 있어요. 유머, 아이러니, 일상성과 같은 요소를 사용해서 '점'이 아니라 '선'으로 이탈리아인과 공감하고 만나죠. 그래서 이탈리아인이 넨도 디자인을 보면 예전부터 좋아하던 것을 발견한 것처럼 자연스럽게 받아들일 수 있어요.

나는 좋은 건 너무 좋고, 싫은 건 죽을 만큼 싫어요. 넨도의 디자인은 너무 좋아요! 바스타!

주

1 모로소 Moroso

1952년에 의자의 산지라고 하는 이탈리아 우디네에 설립된 가구 브랜드다. 모로소의 아트 디렉터인 파트리치아 모로소 체제에서 파트리시아 우르퀴올라, 로스 러브그로브 등 다양한 색깔을 가진 디자이너를 기용하고 있다.

정리

다양한 요소를 '선'으로 파악하고 그 선을 교차시켜서 불꽃튀는 폭발력을 가진 화학반응을 일으킨다. 이를 위해서는 일상의 다양한 일을 분리해서는 안 된다. 자신의 적성을 알고 상대방을 이해해야 한다. 일단 무조건 해본다. 하고 싶은 말은 확실히 하고 항상 미래를 내다본다. 그리고 무엇보다도 자신이 즐기는 것이 중요하다는 사실을 파트리시아 씨와의 대화를 통해 강렬하게 느꼈다. 분명히 '프로제티스타(가까운 미래를 내다보고 프로젝트를 실현하는 사람)'라는 말은 이 사람을 위해 존재하는 것이다. 파트리시아 씨와 내 디자인이 어느 지점에서 만나는 일은 없을지도 모르지만, 언제까지나 아름다운 '평행선'을 함께 그려나가고 싶다고 생각했다.

_《엘르 데코》 2014년 6월호

파트리시아 우르퀴올라 Patricia Urquiola

1961년에 스페인 오비에도에서 태어났다. 마드리드공과대학 건축학과를 졸업한 다음 밀라노폴리테크니코대학에서 아킬레 카스틸리오니에게 가르침을 받았다. 그 후에 데 파도바에서 비코 마지스트레티와 제품 개발에 종사했고 피에로 리소니 사무소를 거쳐 2001년에 독립했다. 현재는 밀라노를 거점으로 가구, 공간, 호텔 프로젝트 등 다양한 디자인을 선보이고 있다. 2015년에 카시나의 아트 디렉터에 취임했다.

07 필립 스탁

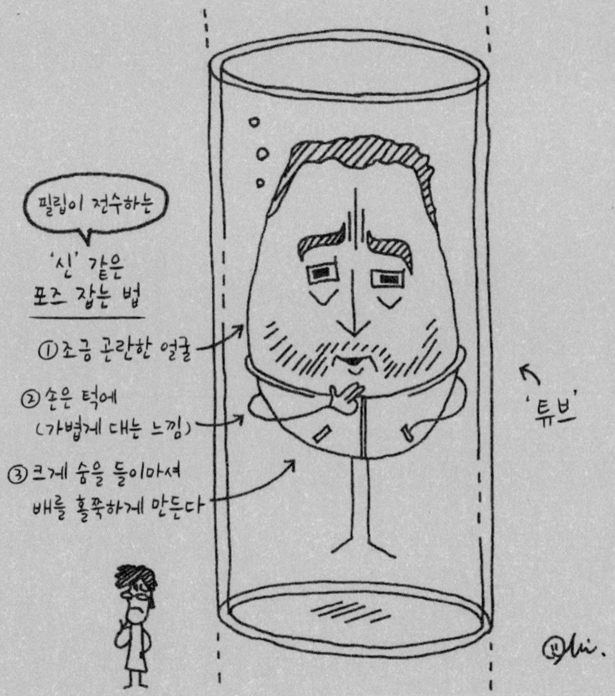
필립이 전수하는
'신' 같은
포즈 잡는 법
①조금 곤란한 얼굴
②손은 턱에
(가볍게 대는 느낌)
③크게 숨을 들이마셔
배를 홀쭉하게 만든다
'튜브'

'킹 오브 디자인' 또는 '디자인계의 신'이라는 추앙을 받으며 압도적인 존재감을 드러내는 필립 스탁 씨. 그는 독특한 스타일을 추구하며 유일무이한 포지션으로 군림해 왔습니다. 에펠탑이 보이는 회사로 찾아가니 안쪽 방에서 '카하하하' 하는 웃음소리가 들려왔습니다. 그 문 안에 '신'이 있다고 생각하니 자연스럽게 심장박동이 빨라지기 시작했습니다. 그리고 문이 열렸습니다.

디자이너는 자신의 영혼과 목숨을 바치고 또 바치는 직업

필립 스탁 (이하 '필립') 오, 왔어요? 핫초코 마실래요? 난 마실 건데.

오오키 (갑자기 핫초코?) 아, 감사합니다. 오늘 잘 부탁드려요.

필립 음? 녹음기는?

오오키 안 써요, 녹음기는. 적당히 그냥 느낀 걸 쓰고 있어요.(웃음)

필립 틀림없이 잊어버릴 거예요, 그렇게 하면. 우리 걸 빌려드릴게요.

오오키 …. 감사합니다.

잡담 상대에게 녹음기를 빌린 건 이번이 처음이다.

필립 저는 디자인계 동향 같은 건 잘 모르지만 넨도에 관해서는 알고 있어요. 어디서든 이름을 들을 수 있으니까.

오오키 농담을 그렇게.(웃음)

필립 그러면 이야기를 하기 전에 하나만 말해둘게요.

오오키 뭐 어떤 걸?

필립 확실히 지금, 세계 넘버원은 넨도예요.

오오키 아니에요, 정말. 혹시 만나는 사람들에게 항상 그렇게 말하시는 건.(웃음)

필립 아니에요. 뭐랄까, 내가 갑자기 인기를 얻기 시작했을 때와 비슷하다고 해야 할까. 40년 전에 '파리에 이상한 녀석이 있어' 하고 전 세계가 떠들어댈 때와 상황이 비슷한 거 같아요. 솔직히 넨도의 작품에 대해서 잘 알지는 못하지만요. 아, 정말 업계에 대해서는 잘 모르니까 기분 나빠하지는 말아요.

오오키 당치도 않아요.

필립 그런데 좀 화나는 일이 있었는데 바카라Baccarat의 체스 세트.

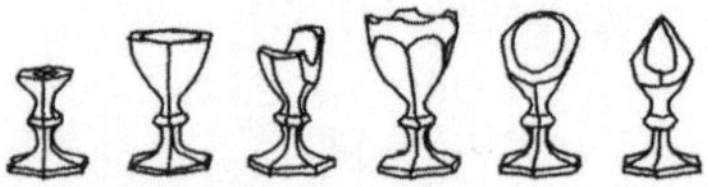

악소어의 '램프 샤워'.

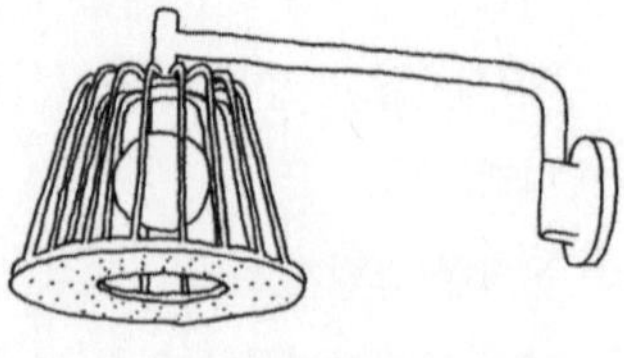

오오키 네? 네? 네? (땀)

필립 그거, 옛날에 내가 같은 아이디어를 제안했었는데

기술적으로 불가능하다는 말을 듣고 포기했어요. 그런데 어디서 뭐하는지도 모르는 넨도가 아무렇지도 않게 하고 있으니까 진짜 열이 받은 거지. 악소어 사장과는 절연.

오오키 아니, 그게…. 죄송해요.

필립 괜찮아요. 오오키 씨가 잘못한 건 없죠.(웃음) 절연 상태도 석 달로 끝났고요.(웃음) 내가 기본적으로는 좋은 사람이니까.(웃음)

오오키 아, 네.

필립 그래도 나와 같은 아이디어를 내다니 오오키 씨는 재능이 있네요.(웃음)

오오키 감사합니다. 필립 씨는 어떤 클라이언트와도 좋은 관계를 맺고 계시잖아요. 가족처럼 친밀하다고 할까….

필립 좋은 관계를 맺고 있죠. 특별히 사장과 빈번하게 식사를 하거나 휴일에 함께 시간을 보내거나 하지는 않지만요. 아, 가끔 사장과 섹스를 하는 정도? 농담이에요, 농담.

오오키 ….(옆에 앉아 계신 분이 아마도 부인이었던 거 같은데…)

필립 그냥 열심히 일을 해온 것뿐이죠, 40년 이상. 지금도 논스톱으로 일하고 있어요. 일만 계속 하니까 비는 시간이 생기면 뭘 해야 할지 전혀 모르겠어요.

(아내) 얼마 전에 저녁 시간이 되어서 아이에게 "아빠 어디 있어?"라고 물으니까 "아빠는 자"라고 바로 대답했어요. "벌써?"라고 다시 물으니까 "아, 아니다. 아빠는 일하는 중"이라고.

오오키 항상 자거나 일하거나 둘 중 하나니까요.(웃음)

필립 바로 그거예요.

오오키 남 일 같지 않네요.(웃음)

필립 이 일은 얼마만큼 자신과 대립할 수 있는지가 제일 중요해요.

오오키 그렇죠.

필립 괴테의 《파우스트》에서 주인공이 악마에게 자신의 영혼을 팔잖아요. 마찬가지로 크리에이션의 세계에 발을 들이고 계속 노력하다 보면 어느 순간 알게 되어요.

오오키 뭘 말이죠?

필립 자신의 영혼과 인생 그 자체를 팔아버린 걸 말이죠. 디자이너라는 건 자신의 영혼을, 생명을 바치고 또 바치는 직업이에요. 분명 생명을 바쳐서 생명을 획득하는 거예요. 그래서 시시한 작품을 보면 비판 전에 '아, 이 녀석은 평소에 멋진 카페 테라스석에서 차나 마시고 있겠구나' 하는 생각이 들어요.

오오키 예시가 극단적이네요.(웃음)

필립 나도 카페에 앉아서 지나가는 귀여운 여자들을 곁눈으로 보기는 해요.

갑자기 험악한 얼굴을 하며

필립 모든 것에는 대가가 있어요. 무언가를 얻고 싶다면 그에 상응하는 대가를 치르는 게 당연해요. 안타깝게도 이 세상에 거저 얻을 수 있는 것은 하나도 없어요.

오오키 필립 씨의 지금까지의 공적을 생각하면 어느 정도 희생해왔을지 상상만 해도 소름이 돋아요.

필립 디자인이란 끈질기게 검증하고, 실패하고, 개선하고, 이것을 계속 반복하는 거예요. 마치 우리에 갇힌 것 같은 상태잖아요? 그러니까 한쪽 발은 우리 안에 두고 다른 한쪽 발은 카페에 두는 건 불가능하다고 생각해요.

오오키 최근에는 일과 생활의 균형을 중요하게 생각하는 디자이너도 많지 않나요?

필립 음, 그런가요. 그런 사람들의 디자인 수준을 생각하면 대부분 한쪽 발은 카페에 두고 있다고밖에 생각되지 않아요.(웃음)

오오키 그런데 평소에는 아이디어는 어떻게 생각하세요?

필립 아이디어는 생각하는 게 아니에요.

오오키 무슨 뜻이죠?

필립 아이디어는 논리가 아니에요. 일을 순서대로 생각하는 논리는 다른 사람에게 설명할 수 있지만 아이디어는 그런 게 아니에요. 내 경우는 대각선 방향으로 직선으로 쏘는 거예요. 답을. 순간적으로 말이죠. 순간이동 같은 느낌이려나.(웃음)

오오키 순간이동이요….

필립 'A→B→C→D'가 아니라 A에서 갑자기 D로 가버리는 느낌.

오오키 그러니까 설명이 불가능하다는.

필립 그런 식으로밖에 생각하지 못해요. 직감은 매일 현관에 자동적으로 도착해요. 택배처럼.

오오키 하.(쓴웃음)

필립 최근에 어떤 브랜드에서 커피테이블 디자인을 의뢰받았는데, 저는 커피테이블을 싫어해요. 그래도 여덟 개 정도를 40분 만에 삭 만들었어요.

오오키 네?

필립 뇌는 특정한 움직임을 반복하면 뇌 자체가 그 기능을 포맷화해요. 그러니까 내 뇌도 '직감력'에만 특화되게 바뀌었죠.

오오키 나이가 들면 쇠퇴하기도 할까요?

필립 아니, 오히려 속도가 빨라져요. 그래서 뇌가 특화되면 다른 건 아무것도 못하게 됩니다. 나는 주유소에서 기름도 못 넣어요.

오오키 특이한 사고 능력은 일상생활에 도움이 안 된다는 말씀인가요?

필립 맞아요. 일하는 것 이외에는 완전히 바보예요. 일상적인 일은 전부 자신의 범주에서 벗어나는 거죠.

오오키 그러면 취미도 없나요?

필립 없어요. 어떤 것에도 관심이 없죠. 관심이 없으니 욕망도 없어요.

오오키 갑자기 불안해지거나 하지는 않나요? 아니면 주위 사람이 난처해하거나.

필립 솔직히 주변 사람은 곤혹스러울 거 같아요. 하지만 나는 악의는 없고, 음, 나는 '여기에는 없어요'니까요.

오오키 여기에는 없다?

필립 나는 멋진 인생을 보내고 있어요. 하지만 나는 그 인생을 살고 있지는 않아요.

오오키 그렇다는 건?

필립 육체는 분명 여기에 있고 정신도 여기에 있어요. 하지만 절대 이 장소에서 살지는 않아요. 항상 '다른 장소'에서 사고하고 살아요. 내 인생은 계속 그랬으니까요. '다른 장소'는 현실 사회와는 절연된 장소예요.

오오키 거기에서 돌아오고 싶다는 생각은 안 하세요?

필립 불가능하죠. 음, 어떻게 말하면 좋을까. 반투명 튜브에 들어가 있는 느낌이라고 할까요?

오오키 튜브?

필립 그래요. 가끔 누군가가 튜브 밖에 나타나도 어렴풋이 존재를 알 수 있는 정도로 자신의 목소리가 상대방에게는 들리지 않아요.

오오키 항상 그 튜브 안에?

필립 네, 아마도 죽을 때까지 튜브가 없어지는 일은 없을 거예요. 자서전을 쓴다고 한다면 제목은 '튜브'로 결정이네요.(웃음)

오오키 그렇다면 기쁨을 느끼기도 하나요?

필립 아니요. 기쁨은 '여기', 그러니까 실제 사회의 가치관이니까요. 하지만 행복하고 기분 좋게 살고 있어요. 집도 있고 차, 오토바이, 비행기, 배도 있으니까요. 예쁜 아내와 아이들도 있고 우수한 직원들에게 둘러싸여 있죠.

오오키 (벽에 장식된 박제된 소머리를 가리키며) 멋진 소도.

필립 네, 멋진 소도.(웃음) 그런데 그런 것들은 기쁨과는 관계가 없어요. 비유하자면 그 모든 것을 텔레비전 안에서 일어나는 일처럼 바라보는 느낌이라고 하면 될까요. '푸후훗' 하고 웃으면서 말이죠.

디자인계의 '신'은 무슨 생각을 할까?

오오키 기쁨은 아니라고 한다면 일을 통해 얻을 수 있는 만족감과 달성감은요?

필립 그건 일시적으로는 있어요. 강심제 주사 같은 거라고 할까요. 프로젝트가 끝나면 그 순간에는 우리에서 나올 수 있으니까요. 하지만 바로 다시 우리로 들어가야 해요. 그러니까 끝났다고 확신하는 경우는 드물어요. 항상 의문이 남죠.

오오키 완전히 만족하는 경우는 없다는 말씀인가요?

필립 없어요, 절대.

오오키 그 정도까지 인생을 디자인에 바치면서 '디자인이 싫다'고 말하는 건 왜죠?

필립 애초에 디자인 자체에는 가치가 없어요. 나는 디자인 자체가 아니라 그것이 인류에게 어떤 영향을 미치는가 하는 점에 관심이 있어요. 알랭 수숑의 노래 중에 '나는 마리를 사랑하는 게 아니야. 그녀가 가진 비밀을 사랑하고 있어'라는 가사가 나오는데 그런 느낌일 것 같아요. 철학적, 정치적, 사회적 콘셉트에 관심이 있어요.

어쨌든 사회에는 무서울 정도로 많은 문제가 쌓여 있으니까요. 디자인은 작은 힘이지만 어떤 형태로든 인류 진화에 기여하지 않으면 안 됩니다. 그렇게 생각하지 않으세요? 예쁜 디자인을 만들어놓고 만족하는 부류가 너무 많아요.

오오키 그럴지도 모르겠네요.

필립 디자인은 간단해요. 2분만 있으면 의자 정도는 디자인할 수 있어요. 간단하게 좋은 디자인이 되고요.

오오키 (쓴웃음)

필립 간단하게 잘 만들 수 있으면 그 자체에 대한 관심은 사라져요. 그러니까 예쁜 의자를 만들어놓고 기뻐하고 있어서는 안 됩니다. 너무 낮은 차원이죠. 목표가 너무 낮아요. 아니, 상상을 한번 해보세요. 죽고 나서 염라대왕 앞에서 "넌 일생 동안 무엇을 해냈느냐"라는 질문에 "의자를 디자인했습니다"라고 대답하면, 염라대왕이 "푸하하, 진짜 웃긴다"라고 할 거예요. "아, 그리고 램프와 화장실 청소용 솔도요"라고 말한다면 "다른 할 일은 없었어?" 하고 끝날 거예요.

오오키 한 번은 물어보고 싶었는데, '신'이 된다는 건 어떤 기분인가요?

필립 그런 건 존재하지 않아요.

오오키 거리에 걸어 다니는 사람들에게 아는 디자이너의 이름을 물어보면 아마 전부 '스탁'이라고 대답할 거예요.

필립 그건 아마도 나 이전에는 디자이너라는 직업이 없었기 때문이에요. 당시 밀라노에는 열 명 정도의 디자이너밖에 없었어요. 내가 일을 시작했을 때는 "디자이너입니다"라고 말해도 "그런데 당신 프랑스 사람이잖아요"라고 할 정도였으니까요.

오오키 그렇게 생각하면 디자인의 기원전과 기원후 사이에 서 있는 필립 씨는 역시 '신'이에요.

필립 뭐 그렇게 해석한다고 하면요. 그런데 세계 최고의 미인이 있다고 해도 만약 거울이 없다면 어떻게 될까요?

오오키 자신이 미인이라는 사실을 모르겠죠.

필립 맞아요. 저에게도 거울이 없어요. 특별히 거울을 찾는 것도 아니고 거울에서 도망치는 것도 아니에요. 모든 것은 창밖의 비나 바람 같은 거죠. 미디어에서 뭐라고 하거나 누군가가 칭찬을 해주어도 특별한 생각이 들거나 하지는 않아요.

오오키 타인의 평가는 '튜브 밖'의 가치관이니까 그런 건가요?

필립 네, 그렇죠. 아마도 자신의 객관적인 평가를 알 수 있는 가장 좋은 방법은 많은 사람과 만나보는 거예요. 하지만 저는 혼자 있는 걸 좋아해서 파티나 회식도 가능한 한 피하는 편이에요. 그게 가끔 문제가 되기도 하지만…. 그런데 오오키 씨는 나이가 어떻게 되죠?

오오키 서른여섯이에요. 필립 씨는 서른여섯에 어떤 걸 생각하셨어요?

필립 돈도 없고 클라이언트도 없고 일도 없고. 낡은 아파트를 빌려서 주워온 매트리스에서 자고 제대로 된 식사도 못하는 생활을 했죠.

오오키 젊은 시절부터 인기가 많았던 것 같은데 좀 의외예요.

필립 열일곱 살 정도부터 미디어에는 많이 노출되었지만 마흔세 살까지 제대로 돈은 벌지 못했어요.

오오키 불안하지는 않았나요?

필립 그저 시대가 따라오길 기다릴 수밖에 없었어요.

오오키 지금의 젊은 디자이너는 꽤 상황이 좋다고 생각하세요?

필립 단연 상황은 좋지만 사실은 위험하다고 생각해요. 너무 간단하게 아이디어가 상품이 되고 누구나가 간단히 '스타'가 되고 있죠.

필립 자유로운 창의성을 가지는 것이 중요해요. 알레시[*1]를 위해서 내가 디자인한 레몬스퀴저, 혹시 아세요?

오오키 '주시 살리프Juicy Salif'. 당연히 알죠.

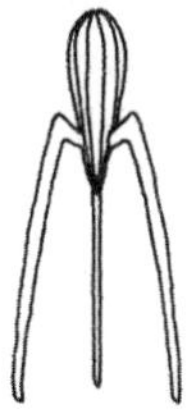

필립 처음에는 버터를 넣는 용기를 디자인해 달라고 알레시 사장에게 부탁을 받았어요. 그런데 버터를 넣어서 뭐 어쩌자는 건지 하는 생각이 들었어요.(웃음) 레스토랑의 식탁보에 레몬을 짜는 그림을 그려서 그 식탁보를 그대로 알레시에 보냈어요. 그랬더니 대히트. 지금까지 알레시를 먹여 살리는 상품 중 하나죠.

주

1 알레시ALESSI

1921년에 이탈리아 오메냐에 설립된 잡화 브랜드다. 금속제품을 만드는 공방으로 시작했다. 1955년쯤부터 저명한 디자이너를 기용하기 시작해서 금속 이외에 플라스틱 등을 사용한 독창성 있는 다채로운 아이템을 발표했다. 전 세계 70개국에서 제품을 판매하고 있다.

정리 밀라노 가구 박람회에서 사람들이 모여 있으면 '분명 필립 스탁이 있겠지'라고 생각할 정도의 구심력. 매력적인 성격과 날카로운 발상력. 그리고 40년 이상 최고의 자리를 넘겨주지 않는 끝없는 에너지. 흉내를 내려고 해도 절대 불가능하며 같은 것을 하려고 하면 오히려 그것이 바로 그가 노리던 바다.

필립 스탁이 말하는 '튜브'는 언뜻 답답해 보이지만 사실은 외부 소음이 차단되어 자신과 대화하고 직감을 갈고닦을 수 있는 곳일지도 모른다. 어쩌면 튜브 안에는 멋진 카페도 마련되어 있어서 가끔은 눈으로 귀여운 여자를 따라가고 있을지도 모른다. 누구보다도 많이 생명을 바치고 누구보다도 많이 생명을 다시 얻는 필립 스탁이라는 사람이 나에게는 누구보다도 행복한 크리에이터로 보였다.

_《엘르 데코》 2014년 8월호

필립 스탁 Philippe Starck

40년 이상 디자인계의 제일선에서 달리고 있는 크리에이터, 디자이너, 건축가다. 수많은 상징적인 오브제와 호텔 등을 만들었고 최근에는 지속 가능한 디자인도 적극적으로 선보이고 있다. 부인인 재스민과 함께 전 세계를 돌아다니며 파리, 부라노, 남서 프랑스에서 살고 있다. 일본에서는 1989년에 준공된 아사히맥주그룹 본사 빌딩 옆 '슈퍼드라이홀'의 설계로도 유명하다.

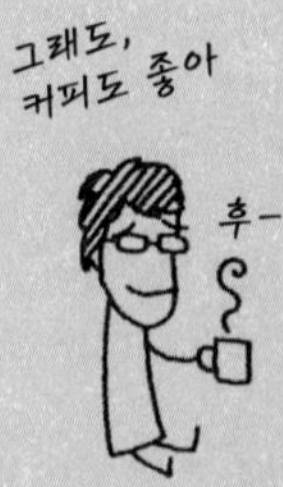
그래도,
커피도 좋아
후-

08 장 마리 마소

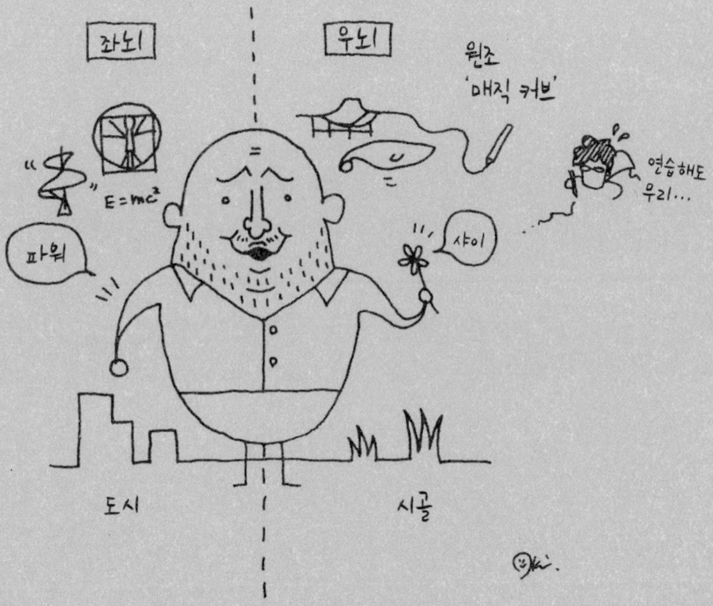

장 마리 마소라고 하면 굳이 말하지 않아도 다 아는 프랑스를 대표하는 최고의 디자이너 중 한 사람입니다. 관능적인 조형에 이지적인 디테일을 덧붙이는 작품은 마치 프랑스 요리 같습니다. '엘레강스'라는 말은 그를 위해 존재한다고 해도 과언이 아닙니다. 하지만 본인의 비주얼은 그것과는 정반대로(라고 말하면 실례지만) 매력적인 곰 같은 분위기를 풍깁니다. 파리 중심부에서는 거리가 있는 그의 스튜디오에 도착해서 거대한 하얀 물체가 엄청난 스피드로 다가온다고 생각했더니 스쿠터를 타고 출근 중인 장 마리 마소 씨였습니다.(웃음) 그가 "어, 오랜만!"이라고 하자, 마소 씨. "오랜만이에요. 잘 지내셨죠?"라고 대답하는 직원. 어? 사내 직원인데 도대체 왜? 그 답은 잡담 안에 있습니다.

풍요로운 자연에 둘러싸인
남프랑스 시골 마을에서 하는 디자인

오오키 장 마리 마소 씨는 처음부터 디자이너가 되려고 생각하셨나요?

장 마리 마소 (이하 '장 마리') 원래는 발명가가 되고 싶었어요. 다빈치처럼 하늘을 나는 새로운 장치를 만들거나 하는. 공학계열 대학에 진학했는데 생각보다 너무 좁은 전문 분야에 특화되어서 전원이 쥐색 작업복을 입고 제도대를 보고 있는 거예요. 비행기 날개 안을 흐르는 방열용 액체의 유로 설계를 묵묵히 하는 데 질려버렸죠. 그때 우연히 신문에서 디자인학과의 광고를 봤어요. 즐거워 보이는 반바지 차림의 형들과 함께 비행기와 모빌의 그림이 있었죠. 그래, 그래, 바로 이 느낌! 이라고 생각했어요.(웃음)

오오키 직감적으로 느낀 거죠.

장 마리 맞아요. '디자인'이 뭘 하는 건지는 몰랐지만 지금보다 백만 배는 나을 거라고 생각했어요.

오오키 그러면 원래는 공학계열이었던 거네요.

장 마리 맞아요. 지금도 비행기나 행글라이더를 조종하는 걸 좋아해요. 다이빙이나 스키도 좋아하고. 전반적

으로 가벼운 취미가 많아요. 흔히 말하는 '운동신경 좋은 돼지'인 거죠.(웃음)

오오키 졸업 후에는 뭘 하셨어요?

장 마리 교수님 아틀리에에서 5년 정도 일하고 독립했어요. 정확히 말하면 고립된 거죠.(웃음) 거의 일이 없어서 혼자 아무거나 만들었어요. 그러다 아르마니 향수 일을 했어요. 그때 파죽지세였던 필립 스탁이 프로덕트 이외에 건축과 탈것까지 디자인하는 모습을 보고 엄청나다는 생각을 했어요. '그래! 필립처럼 가구 디자인으로 높은 평가를 받으면 빌딩이나 자동차 디자인 일도 할 수 있겠구나!' 하고 생각했어요.(웃음) 사부작거리며 가구 스케치를 그려서 줄리오 카펠리니 씨에게 보냈더니 바로 상품화를 해준 거죠. 이런 느낌?

오오키 보통은 그 반대로 하잖아요. 건축 프로젝트부터 파생된 가구를 상품화하는 경우가 일반적인 거 같은데. 그런데 결과적으로 멕시코의 스타디움을 설계하셨어요.

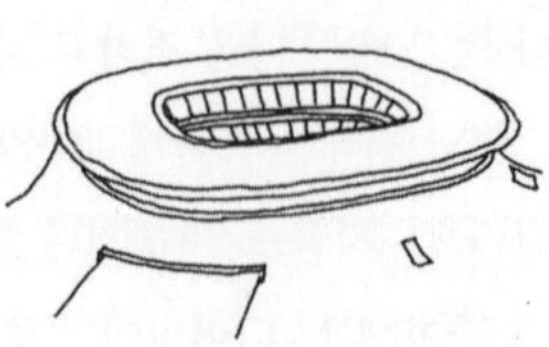

거기에다 도요타자동차에서 자동차 콘셉트 디자인 등도 하셨으니까 무서울 정도로 시나리오대로 된 거네요.

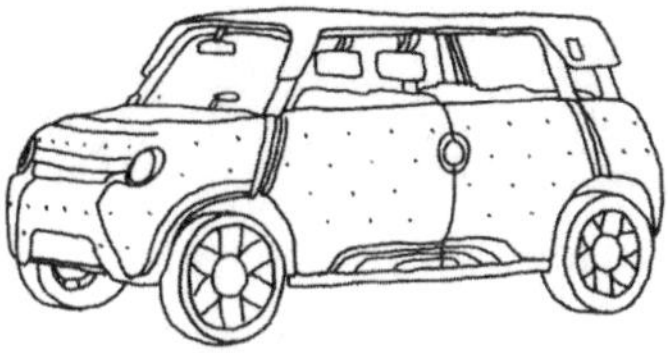

장 마리 그런가요. 그런데 가구는 진짜 간단하지 않아요? '흥 흥 흐~응♪' 하는 느낌.

오오키 흥, 흥, 흐~응?

장 마리 피아노를 연주하기 전에 손을 푸는 것처럼, 이렇게 따라리라 따라리라 따라리라 따라리라….

오오키 자, 잠시만요.

장 마리 절대 대충한다는 의미는 아니에요. 무자각이라고 해야 할지, 손이 마음대로 움직인다고 해야 할지. 반대로 이상하게 의식하면 제대로 안 되더라고요.

오오키 음, 무자각…. 제 감각과는 너무 달라서 받아들이려면 시간이 걸릴지도 모르겠어요.(웃음) 그런데 평소에는 어떤 식으로 일하세요?

장 마리 한 달에 사흘 여기로 출근하고 있어요.

오오키 한 달에 사흘? 주 사흘이 아니라요?

장 마리 한 달에 사흘!

오오키 (아연실색)

장 마리 시간이 천천히 흐르는 남프랑스 시골에 살면서 가끔 파리로 나가서 미팅이나 취재를 해요. 클라이언트가 남프랑스에 있는 집으로 오는 경우도 늘었고요. 직원 일곱 명도 두 주에 한 번 정도 여기로 출근해서 가끔 회의를 하죠.

오오키 그 정도로 이렇게 많은 프로젝트를 한다는 건 진짜 대단한데요.

장 마리 의외로 잘 돌아가요.(웃음) 예전에는 필요 이상으로 열심히 해야 한다는 의식이 있어서 매달 멕시코에 출장을 가서 미팅만 하고 돌아왔어요. 그래서 결국 멕시코 일은 아무도 모른 채 끝이 났죠. 굉장히 후회하고 있어요. 내 마음대로 만들어낸 이상한 죄책감과 싸우고 있었던 걸지도 몰라요.

오오키 죄책감.

장 마리 회사에서 일하는 직원이나 집에서 아이들을 돌보는 아내에게 떳떳하지 못하다는 생각을 하면서 디자인을 하는 건 그만두어야겠다는 생각을 어느 날 한 거예요.

오오키 자유롭게 원하는 대로 사는 것이 일에 긍정적인 영향을 끼친다는 건가요?

장 마리 맞아요.

오오키 일의 양도 줄이는 방향으로?

장 마리 꽤 줄였죠.

오오키 일하는 사흘 이외의 날은 어떻게 지내세요?

장 마리 수백 년 이상 산 나무 아래서 뒹굴면서 아이디어를 생각해요. 아이폰으로 스케치한 걸 사진으로 찍어서 직원에게 보내고 완성된 컴퓨터그래픽CG을 보고 '완전 다르네' 하는 날들이죠.(웃음) 파리에서는 교통 정체에 시달리고 줄을 서서 점심으로 먹을 걸 사고 허둥지둥하죠. 아이가 없었을 때는 그걸로도 괜찮았어요. 파리는 멋진 도시고 자극이 넘치니까요. 그런데 오오키 씨는 아이가 있나요?

오오키 아니, 없어요. 독신이에요.

장 마리 음, 그렇군(만족스러운 웃음).

오오키 왜, 왜 그러시죠?(땀)

장 마리 이렇게 예의 바르고 섬세한 것 같은 남자들이 전 세계에 여자친구를 두고 칭기즈칸급으로 숨겨둔 자식이 많지, 알지 알아.

오오키 아니, 완전히 다른데요.(땀)

장 마리 이 온화한 느낌에 마음을 열어버리는 거지. 홀라당 하고.

오오키 아니, 제 말 듣고 계세요?

장 마리 살면서 감이라는 거에는 자신이 있어요, 제가. 알 것 같아요.

오오키 저기요….

장 마리 그래서 무슨 이야기였죠?

오오키 아이 이야기….

장 마리 맞다! 육아 환경이나 가족과 보내는 시간을 생각하면 파리가 아닌 편이 더 좋겠다고 생각했어요. 이게 바로 이 직업의 특권이잖아요? 좋아하는 시간과 장소를 골라 일할 수 있는 몇 안 되는 직업이죠.

파트리시아 씨는 사생활과 일을 융합하고, 필립 씨는 일에 전부를 바치는 입장이었다. 장 마리 마소 씨는 사생활에 충실하는 것을 우선시하는 타입이다. 삼인삼색으로 어느 것이 정답이라고는 말할 수 없을 것이다. 다만 세 사람의 공통점은 ①자기 자신을 잘 이해하고, ② 거기서 자신의 적성에 맞는 속도감, 환경, 라이프스타일을 확실히 이미지화해서, ③주위에 휘둘리지 않고 그 이미지를 제대로 실현하는 것이다. 여기에는 분명 무언가 디자이너로서 또는 사람으로서 행복한 삶의 힌트가 있을 것 같다는 생각이 들었다.

오오키 하지만 쉽게 할 수 있는 결정은 아니에요. 많은 디자이너가 동경하는 삶의 방식이고 가족은 정말 행복할 거예요. 제 경우는 이 제트코스터 같은 상태에서 어떻게 하면 속도를 줄일 수 있을지, 아니 애초에 감속해야 하는지 어떤지도 잘 모르겠어요. 한마디로 말하면 착란 상태죠.(웃음)

장 마리 그건 그것대로 좋다고 생각해요. 넨도는 지금 커브를 도는 곳에서 밖에서 인코스로 한 번에 속도를 높여서 확실히 치고 나가야 할 때니까. 그걸 즐겨야 하지 않을까요?

오오키 …. (차?)

현란한 손동작과 함께

장 마리 이렇게 안쪽에서 휘익 하고 가속이 붙는 느낌!

오오키 … 저기, 여보세요.

장 마리 안쪽에서 휘익!

이걸 세 번 더 반복

장 마리 무슨 이야기를 하고 있었죠?

오오키 아니, 아무것도 아니에요…. 그런데 이건 신작 식기 컬렉션인가요? 2014년에 발표한 크리스토플[*1]의 컬렉션과는 또 다르네요. 그런데 그거 진짜 예뻤어요.

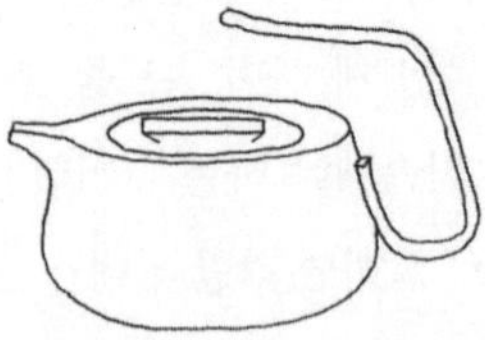

장 마리 기분 좋네요.(웃음) 어? 넨도는 크리스토플과는 아직 일한 적이 없나요?

오오키 네, 아직이요.

장 마리 크리스토플은 진짜 추천해요. 기술력과 도전 정신이 진짜 뛰어나서 자극도 받고요.

오오키 외부에서 볼 때도 그렇게 보여요. 그래서 이건?

장 마리 아, 맞다. 이건 에어프랑스 비즈니스클래스용 식기. 시제품이라서 가장자리 처리 같은 게 아직 제대로 되지 않았어요. 보여주기가 부끄럽네요.

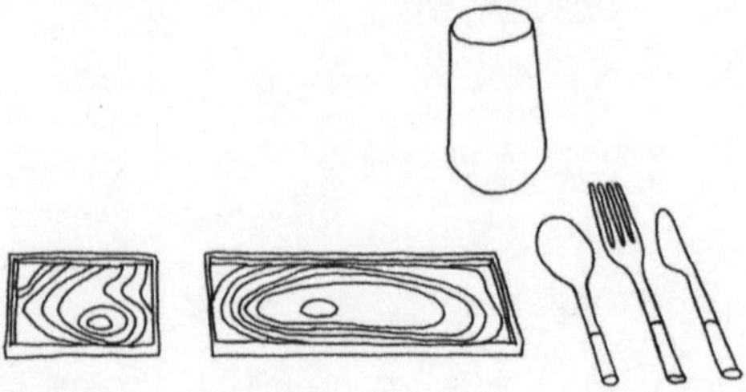

일련의 말이나 행동에서도 디테일에 대한 집념이 느껴진다.

오오키 접시의 윗면이 지도의 등고선처럼 보여요.

장 마리 비행기 창문으로 지상을 내려다보는 듯한 식기로 만들었어요. 여기 그릇을 쭉 놓고 여기에 샐러드가 있으면 상공에서 본 밭과 빌딩숲 같지 않나요?

오오키 재미있을 것 같은 일이에요.

장 마리 그렇지도 않아요. 항상 열다섯 개 정도의 노동조합과 업자의 승인을 받으면서 진행해야 해요. 승무원 조합은 식기를 가벼우면서도 잘 쓰러지지 않는 모양으로 해달라고. 서빙이 힘들면 혼이 나요. 식기를 씻는 업자, 요리를 만드는 업자는 또 다른 이야기를 하고요. 하아.

오오키 꽤 제약이 많네요.

장 마리 그래도 이 정도의 틈(손가락으로 2센티미터 정도를 표시하며)만 있으면 무한한 창작의 자유가 생기니까요.(웃음) 이건 퍼스트클래스용. 비즈니스클래스가 '하나의 트레이' 디자인이라면 이쪽은 '하나의 테이블'이라는 느낌.

오오키 예쁘네요. 퍼스트클래스는 어려울지도 모르지만 다음에 에어프랑스 비즈니스클래스를 타면 사용해볼게요!

장 마리 아…. 그것도 죄책감이죠? 무언가 내가 잘못하는 거라고 생각한 거죠. 그러면 안 돼요! 퍼스트클래스를 타면 얻는 것도 있고, 이동 중 피로를 생각하면 오히려 득이 될지도 모르잖아요. 이런 발상도 때로는 필요해요. 모든 게 다 일의 거름이 되니까요. 다른 사람과 똑같은 경험을 해서 다른 걸 만들어내는 건 어려우니까요.

오오키 조금씩 고칠게요.(땀) 그런데 컵 손잡이 하나만 떼어 놓고 보아도 '마소의 선'이네요. 이런 선을 긋는 사람은 장 마리 씨 이외에 없을 것 같아요. 상표 등록도 할 수 있지 않나요?(웃음)

장 마리 그런 말을 들으면 기쁜 것 같기도 하고 아닌 것 같기도 한, 사실은 미묘해요.

오오키 네? (조금 화가 난 것 같기도?)

장 마리 카펠리니의 의자가 화제가 된 것도 원인이라고 할 수 있는데, 그건 단순히 아름다운 곡선을 보여주고 싶었던 것이 아니라 체중이 실리는 부분은 우레탄을 두껍게, 하지만 가장자리는 얇게, 이런 식으로 성형 우레탄의 기술적인 시행착오에서 태어난 조형이에요.

오오키 그렇군요. 저도 의식하지 못했네요, 죄송해요.

장 마리 아니요, 아니요, 결국 그런 부분은 세상에 알려지지 않고 눈에 띄기 쉬운 '매직 커브(마법의 곡선)'만 혼자 앞으로 튀어나갔죠.

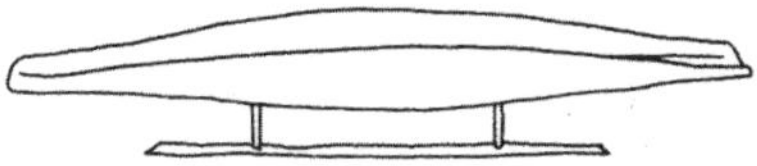

오오키 그것 때문에 모든 클라이언트가 매직 커브를 원하게 되었다는, 그런.

장 마리 맞아요. 하지만 그건 그것대로 받아들이는 부분도 있어요. 아까 이야기는 아니지만 그것도 나니까.

오오키 분명히 항상 두 사람의 장 마리 마소가 있는 거예요. 무자각 상태에서 아름다운 곡선을 만들어내는 마소와 공학적으로 아이디어를 구축해나가는 발명가 마소, 이렇게요.

장 마리 그럴 수도 있겠네요.

오오키 환경도 파리의 속도와 에너지를 즐기는 부분과 남프랑스의 생활을 만끽하는 부분이 있어서 양쪽을 오가는 것으로 균형을 유지하는 거죠. 항상 대극적인 요소가 있어서 자석 두 개처럼 거기서 에너지를 만들어내는 것 같은….

장 마리 어? 그럴지도 모르겠네요. 재미있는 이야기예요.

오오키 앞으로 해보고 싶은 프로젝트 같은 게 있나요?

장 마리 지금까지 없던 걸 만들고 싶어요. 새로운 탈것이라든지, 에너지를 만드는 장치라든지. 사실 지금 바로 그런 걸 시작했는데, 출자해줄 클라이언트를 찾고 있어요.

오오키 그렇다는 건 클라이언트에게 의뢰받은 걸 디자인하는 것과는 조금 다른 업무 절차가 되겠네요.

장 마리 네. 가구의 로열티로 회사 운영비 정도는 충분히 해결할 정도가 되었으니 슬슬 진짜 하고 싶은 일을 하려고 해요.

오오키 디자이너로서 새로운 국면에 접어든다고 할 수 있겠네요.

장 마리 그렇게 되면 좋겠지만.(웃음) 뭐, 지금까지는 진짜 수동적이었으니까요. 영업 같은 건 한 번도 해본 적이 없거든요. 이렇게 보여도 제가 좀 수줍음이 많아요.(웃음)

오오키 곰 같은 외모에 내면은 사실은 수줍은…. 여기서도 또 양면성이 드러나네요.(웃음)

장 마리 다음에 오오키 씨를 카운슬러로 고용할 테니까 조금 더 나에 관해서 분석해주세요.(웃음)

주

1 크리스토플 Christofle

1830년에 프랑스에서 시작된 실버웨어 브랜드다. 크리스토플의 제품은 프랑스 왕 루이 필립에게 주문을 받아 왕실 납품 허가를 받는 등 유명한 역사상 인물들에게 사랑받았고 현재도 세계 최고 호텔과 레스토랑 등에서 사용되고 있다.

정리

굉장히 매력적인 웃는 얼굴로 나를 맞아준 장 마리 씨. 파트리시아 우르퀴올라 씨가 다른 두 가지 요소를 '교차'시켜 불꽃 같은 에너지를 방출하는 데 비해 장 마리 씨는 다양한 것을 두 가지로 '분리'시켜 에너지를 발산하는 디자이너다. 해석에 따라서는 부룰렉 형제가 둘의 인력으로 균형을 유지하고 때로 그 균형을 깨서 무언가를 만드는 작업을 혼자서 하고 있다고 할 수도 있다. 앞으로 그의 안에서 분리된 요소는 거리가 좁혀질 것인가, 아니면 더 벌어질 것인가. 사실 아직 그 누구도 장 마리 마소의 진짜 모습을 보지 못한 것일지도 모른다. 그러고 보니 대담을 하며 적극적으로 추천해준 크리스토플과는 2017년에 일을 함께 할 기회를 얻었다. 지금 생각해보면 그것도 무언가의 인연인지도 모른다.

_《엘르 데코》 2014년 10월호

장 마리 마소 Jean-Marie Massaud

1966년에 프랑스 툴루즈에서 태어났다. 발명가가 되고 싶었지만 대학에서 디자인의 길을 걷게 된다. 아시아와 프랑스를 거점으로 활동하다가 1994년에 자신의 스튜디오를 설립했다. 랑콤, 바카라, 르노와 같은 기업의 디렉션과 디자인을 담당했다. 2000년에 다니엘 푸제와 함께 스튜디오 마소를 설립한다. '디자인과 자연계의 공생'을 테마로 프로덕트부터 스타디움 등 건축까지 다채로운 활동을 선보이고 있다.

09 구마 겐고

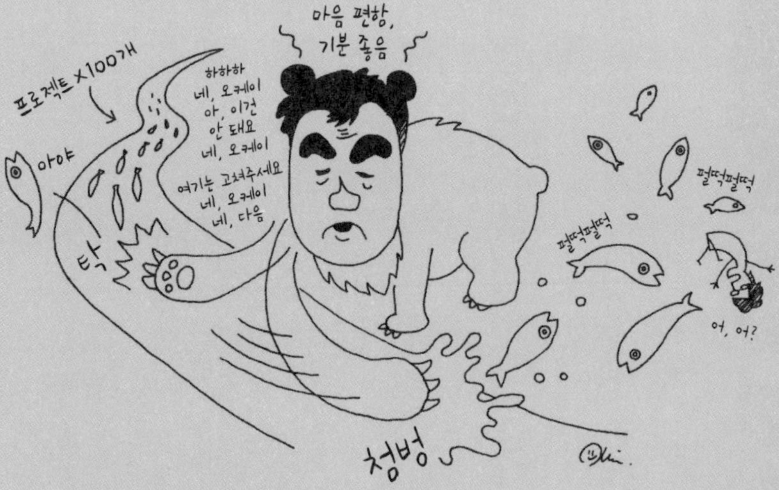
마음 편함,
기분 좋음
프로젝트 X100개
하하하
네, 오케이
아, 이건
안 돼요
네, 오케이
여기는 고쳐주세요
네, 오케이
네, 다음
아야
탁
펄떡펄떡
펄떡펄떡
어, 어?
첨벙

일본에서 긴자의 가부키좌, 아사쿠사문화관광센터, 신국립경기장과 같은 화제의 건물을 설계하고 해외에서도 영국 빅토리아 앤드 앨버트 박물관의 던디 분관을 비롯한 수많은 프로젝트를 담당한 구마 겐고 씨. 세계를 석권한 압도적인 속도와 에너지는 어떻게 만들어질까요? 잡담 장소가 된 아오야마의 회사 옥상에 있는 유리로 된 미팅룸은 시야가 탁 트여서 기분 좋은 공간이었습니다. 구마 씨와는 몇 년 전에 인사를 한 번 나눈 정도가 다였기 때문에 점점 더 긴장이 되었습니다. 검은 정장 차림으로 자세를 바로 하고 구마 씨의 등장을 기다리고 있으니….

일본과 해외 차이와 서로 다른 환경에서의 디자인

구마 겐고 (이하 '겐고') 안녕하세요.

티셔츠가 묘하게 귀엽다!

오오키 바쁘실 텐데 인터뷰에 응해주셔서 감사합니다.

겐고 기대하고 있어요.

오오키 사실 저도 대학에서 건축을 공부해서.

겐고 와세다였나?

오오키 네. 후루야 노부아키*1 선생님 밑에서 배웠어요.

겐고 아, 후루야 씨. 와세다는 폭넓게 인재를 키우는 거 같아요. 아주 좋은 일이죠.

오오키 기본적으로는 방임주의예요. 학생 수도 쓸데없이 많고…. 아, 쓸데없다고 말하면 안 되지만, 200명 이상 있어요.

겐고 그런 경우는 드문 거 같은데.

오오키 그런 것 같아요. 해외의 건축계 학교는 어떤가요?

겐고 예를 들어 멕시코라면 1학년이 1천 명 단위로 입학을 해서 도중에 점점 줄어서 최종적으로는 한 명의 지도 교수가 열 명 정도 학생을 보는 합리적인 규모가 되죠. 그 정도의 수가 아니면 설계 같은 건 가르치기 어려워요. 그러니까 마지막까지 200명을 가르치는 와세다는 꽤 자유로운 분위기라고 할까, 가르치지 않는 건가?(웃음)

오오키 세세한 부분까지 지도하는 분위기가 아니라 할 일을 휙 던져주고 상위 몇 명만 보아주는 정도죠. 그래서 다양한 인재를 배출하는 건지도 몰라요. 겐고 씨도 교단에 서시죠?

겐고 게이오기주쿠대학 쇼난후지사와 캠퍼스에서 1년을 가르치고 히요시 캠퍼스에서 7년, 그 다음에는 도쿄대학. 그런데 나는 기본적으로 일방적으로 가르치는 스타일은 별로 선호하지 않아요.

오오키 강연 같은 건 어떤가요? 연락이 많이 올 것 같아요.

겐고 강연이란 건 하나의 '연예'예요. 노래방과 마찬가지죠. 화면에 흘러나오는 가사를 따라가는 것처럼 파워포인트에 따라 말하면 되니까 특별하게 생각할 건 없어요.(웃음)

놀랄 정도로 열려 있는 사람이어서 그런지 금방 '구마 월드'에 빨려 들어가는 나를 발견할 수 있었다.

오오키 그런데 해외에서는 영어로 강연을 하시나요?

겐고 네, 영어로 해요.

오오키 뉘앙스가 변할 수도 있다는 이유로 일본어로 말하고 통역을 하는 분도 적지 않죠.

겐고 저는 오히려 반대예요. 영어가 더 말하기 편해요. 역시 일본어로 말하면 신경을 쓰게 되니까요.

오오키 꽤 분위기를 살피시나요?

겐고 의외로 그런 편이에요. 이걸 '자연스러운 건축'이라는 식으로 말하면 '어디가 자연인지?' 하고 말하지는 않을까, 하고.

오오키 (웃음)

겐고 일본인 특유의 심보가 고약한 '폐쇄적인 시선'이 있잖아요. 해외에서도 일본어로 말을 하면 '일본인인 나'가 등장해서 신경을 써요. 상대는 외국인인데도. 영어라면 부끄러워할 필요 없이 뭐든 말할 수 있고 심술궂은 공격도 없어요. 일단 잘 못해도 '와와와' 하는 느낌이죠.(웃음) 유럽에는 그런 문화가 있다고 생각하지 않나요? 디자인을 어떤 식으로 사회가 받아들여야 한다는 기본적인 입장이 거기에 드러난다고 생각해요. 일본이라면 '분위기를 띄워도 될까'와 같은, 묘한 불편한 느낌이 있어요.

오오키 실제로 해외에서 작품을 전시하면 일반인들도 자신의 의견을 확실하게 말하지만, 일본이라면 "전시 축하드려요" 같이 묘하게 이쪽을 신경 써주는 느낌이죠. 그러면 영어와 일본어로 디자인할 때는 태도나 방법 같은 게 달라지나요? 저는 영어로 아이디어를 생각하면 '외국 느낌의 디자인'이 되는 것 같거든요. 조금 변화가 크다고 해야 하나, 보통 때라면 제대로 밟았을 브레이크를 조금 덜 밟는 것 같은 거죠.

겐고 저도 그런 것 같아요. 건축의 경우는 두 가지가 있어요. 해외의 직원과 소통할 때는 역시 논리적으로 설명할 수 없는 감각적인 뉘앙스는 전달이 어려워요. 게다가 그 장소의 '물질'을 사용해서 만들어야 하기 때문에 아무래도 제약이 생겨요. 저는 그런 제약을 즐기는 게 낫다고 생각하는 편이에요. 나는 내가 일본에서 만드는 것, 중국에서 만드는 것, 프랑스에서 만드는 것이 전부 달라서 지적을 받기도 해요. "겐고 씨가 프랑스에서 만든 건 어쩐지 '구마 프랑스식'이네요" 하고 말이죠.

오오키 그런 말을 들으면 괜찮으세요?

겐고 '역시, 그 말 그대로예요'라고 생각해요.(웃음) 달라도 괜찮아요. 가부키좌를 설계했을 때 들은 이야기인데, 무대에 따라서 가부키도 달라진다고 해요. 도쿄의 가부키좌는 무대 폭이 넓어서 오사카나 교토와는 전혀 다르다고 해요. 연기도 달라진다고 하고요. 그건 누군가에게 세세하게 지시를 받는 것이 아니라 배우들이 그곳에 서면 자연스럽게 그렇게 된다고 해요.

오오키 재미있는 이야기네요.

겐고 가부키를 좋아하는 사람들은 그런 차이를 즐긴다고 하더라고요.

오오키 야구도 그래요. 기본적으로는 점수를 겨루는 스포츠니까 모든 요소가 엄밀하게 규격화되어야 하지만 야구장에 따라서 벽의 높이나 외야 넓이가 다르기도 해요. 투수는 그에 따라 공을 던지는 방식을 바꾸기도 하는데 그것과 비슷한 이야기네요.

겐고 중국에서 '대나무 집'을 만들었을 때 지름 6센티미터 두께의 대나무를 6센티미터 간격으로 쭉 세우는 디자인이었는데 완성된 건 진짜 엉망진창이었어요.(웃음) 대나무가 흐물흐물하게 구부러졌고 두께도 제각각이었죠. 현장에 상주하던 우리 직원이 "현장에 와서 시공사에 다시 만들라고 화 좀 내주세요" 하면서 울고 난리가 났죠.

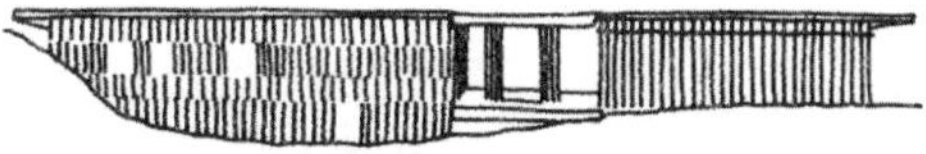

오오키 "화 좀 내주세요"라니…. 곤란한 상황이네요.

겐고 그래서 현장에 가보았더니 상황이 정말 심각했어요. 그런데 잘 살펴보니 묘하게 귀엽다는 생각이 들더라고요. 그래서 "괜찮네. 여기서 싸우기보다는 이걸로 괜찮다고 말하자"라고 말했어요.

오오키 "이 멍청이들!" 하고 화내시지 않은 거네요.(웃음)

겐고 아마 다시 만들어도 똑같이 될 거라고 생각해요.(웃음) 그렇다면 그 차이를 역으로 즐기려면 어떻게 해야 할지 생각하는 편이 낫다고 생각했어요.

오오키 저도 그렇게 생각해요. 유연한 판단으로 그 작품이 탄생한 거네요.

잠시 명작의 배경에는 언제나 재미있는 스토리가 있다고 감탄하고 있었더니 진짜 탄생 비화는 지금부터였다.

겐고 당시 중국은 건축가에 대한 존경은커녕 건축가가 어떤 직업이고 우리가 무엇을 위해 있는지조차 이해하지 못했어요. 그래서 '대나무 집' 현장에 상주하던 우리 직원이 괴롭힘을 당하기도 하고. 인도네시아에서 온 국비유학생이었는데 현장으로 가는 방법도 마련해주지 않아서 매일 베이징 시내에서 만리장성까지 버스를 타고 다녔어요.

오오키 정말요? 너무 힘들었겠어요.

겐고 애초에 설계료가 너무 낮았는데, 경비를 포함해서 100만 엔이었어요. 상주하는 비용은커녕 교통비도 안 나왔죠. 그런데도 그 학생이 "선생님, 이 일 하고 싶어요. 꼭 제가 여기 있고 싶어요"라고 하는 거예요. 상주하는 건 무리라고 했지만 배를 타고 가겠다고 하면서 말을 안 듣는 거예요. 제이아르JR 패스가 있으니까 그걸로 도쿄에서 고베까지 공짜로 가서 고베에서 배를 타면 1만 엔밖에 들지 않는다고 가겠다고 했어요.

오오키 (말문이 막힘)

겐고 베이징에서 1박에 500엔인 호텔을 찾았다고 하길래 "그 정도로 계산까지해서 가고 싶은 거라면 가라"라고 했어요. 그래서 베이징 시내에서 버스를 타고 현장을 다닌 거예요.

오오키 와, 진짜 눈물 날 거 같아요(눈물).

겐고 처음에는 현장에서 엄청나게 괴롭힘을 당했다고 해요. 여기는 이렇게 해달라고 부탁하면 무슨 말을 하냐고 집에 가라고 할 정도였지만 시간이 점점 지나면서 친해져서…. 그런데도 대나무 두께가 다르니까 전부 교체하도록 나보고 말해달라고 하는 거예요. 그 녀석이.

오오키 아니, 진짜 말이 안 나올 정도예요. 겐고 씨의 부드러운 사고방식과 담당자의 예사롭지 않은 열정이 화학반응을 일으켜서 탄생한 건축이네요. 제가 보기에는 정말 이상적인 설계 형태인 거 같아요.

꾸미지 않은 자신을 보여주는 것이 교육으로 이어진다

여기서 겐고 씨 사고의 '유연성'에 더 깊이 파고들어 보기로 했다. '변화를 받아들여서 그것을 살린 설계'와 '꺾이지 않는 중심이 있는 설계'의 균형에 대한 생각은 평소에 나도 시행착오를 겪고 있는 테마인 만큼 아주 궁금했다.

겐고 저는 '강약 조절'이라고 생각해요. '뭐가 되어도 괜찮은 부분'과 '절대 양보할 수 없는 부분'이 둘 다 있잖아요.

오오키 있죠, 있어요.

겐고 에이A라도 괜찮고 비B라도 괜찮을 때는 무리하게 판단하지 말고 어느 쪽이든 괜찮다고 솔직하게 말하면 됩니다. 그렇게 하다가 가끔 싫다고 말하면 클라이언트 입장에서는 '이건 정말 싫은가 보네' 하고 생각하게 되죠.

오오키 제 경우는 '아니, 그건 괜찮은데 왜 이건 안 되는 거지?' 하고 주위 사람들을 혼란스럽게 만든다는 생각도 들어요. 제 안의 판단 기준을 잘 설명하기 어려워요.

겐고 설명하기 어렵죠. 음, 보스는 조금 '악동'인 편이 나아요. 그러면 스트라이크존이 조금 비뚤어져도 용서받을 수 있어요.(웃음)

오오키 저 사람이라면 어쩔 수 없지, 뭐 이런 느낌이요.(웃음)

겐고 맞아요. 직원이 엄마처럼 보스를 따뜻하게 지켜보아주는 거예요. 저는 학생일 때 하라 히로시[*2] 선생님 연구실에 있었는데, 선생님은 굉장히 어려운 말을 쓰는 건축가예요.

오오키 문장도 난해해요.

겐고 그런데 같이 마작을 하면…. 아, 같이 마작을 하는 목적은 학생에게 돈을 뜯어내기 위해서, 학생도 이기려고 하지 않으니까 결국 선생님이 이기게 되어 있어요. 아주 드물지만 실수로 선생님이 지는 경우가 있는데 그때는 엄청 기분이 안 좋아져요.(웃음)

오오키 최악이잖아요.(웃음)

겐고 그런데 마작을 할 때는 꾸미지 않은 진짜 하라 히로시의 모습이 나오니까. 그런 천진한 선생님을 보면 이런 엉망인 아저씨도 이렇게 재미있는 걸 생각하는구나, 그렇다면 나도 뭐라도 되지 않을까 하는 마음이 들어요. 이게 진짜 교육이라고 생각했어요.(웃음) 그러니까 저도 학교에서는 되도록 그렇게 하려고 해요.

오오키 '나, 진짜 엉망이다'라는 느낌으로요?

겐고 맞아요. 하라 연구실에서 재미있는 건축가가 나오는 건 아마도 그 때문일 거예요. 선생님이 진짜 내 모습이 드러날 수 있게 해주니까 용기가 나요.

오오키 아, 드러내 보이는 거, 제가 약한 부분이에요.(땀)

겐고 선생님 공모전을 도울 학생을 모집하잖아요, 그때 마감 직전이 되면 왠지 모르게 선생님도 모형 만들기에 참가하는 거예요. 쭉 마츠토야 유미의 노래를 열창하면서 선생님도 커터칼로 재료를 자르는 거예요.(웃음)

오오키 (폭소) 그건 곤란한데요.

겐고 이 아저씨가 왜 이러지 하면서.(웃음) 모형도 특별히 잘 만드는 것도 아닌데, 단순 작업으로 잘 못해도 되는 부분, 예를 들면 나무를 심거나 지형을 만드는 아무래도 좋은 걸 계속하는 거예요. 그런데 그 풍경을 바라보고 있으면 나도 모르게 감동하게 되는 거예요. 아, 건축가는 이렇게 바보같이 건축을 좋아하는 괴짜구나. 잘난 척을 하는 게 아니라. 그래서 나도 학생을 대할 때 어려운 말보다는 오히려, 어렵기는 하지만, 건축만은 사랑하는 모습을 보여주려고 노력해요.

오오키 그걸 보고 실망하는 사람은 없나요?

겐고 너무 실망해서 연구실에 오지 않는 학생도 있어요. 그건 그것대로 괜찮아요. 그런 녀석은 어차피 대단한 사람은 되지 못해요.(웃음)

오오키 그런데 겐고 씨는 회사에서 그렇게 많은 프로젝트를 어떻게 진행하세요?

겐고 보텀업의 체크 방식으로 해요. 중요한 건 "어떻게 되고 있어?"라고 내가 먼저 물으면 안 된다는 것, 그러니까 위에서 아래가 아니라 아래에서 위로 올라와야 한다고 항상 말해요. 어떻게 되고 있느냐고 묻는 건 지나치게 간섭하는 부모뿐이에요.(웃음) 그러면 부모가 말하지 않으면 공부하지 않는 아이와 마찬가지라고 혼내는 거죠.

오오키 그렇군요. 체크 시간은 정해져 있나요?

겐고 지금은 일본에 있는 시간이 반이 조금 안 되는데요, 일본 사무실에 있을 때는 거의 체크하다 시간이 다가요. 스케치를 하거나 원고를 쓰는 건 비행기에서만 하니까 사무실에 있을 때는 계속 체크.

오오키 쭉 돌아보는 건가요? 아이디어는 언제 생각하세요?

겐고 돌아보면서 그때마다 아이디어를 내는데, 그때 다른 프로젝트가 떠오를 때가 있어요. 어? 이 디테일, 그거랑 비슷한데, 그러고 보니 그건 어떻게 되었지 하고 말이죠. 그러면 바로 담당자에게 전화를 걸어 확인해요. 이런 식으로 하나의 자극이 있고 그에 대한 리액션이 나오는 형태로 생각을 해요. 방에 틀어박혀 있으면 아이디어는 떠오르지 않으니까 계속 걷는 거예요.

오오키 반사적으로 아이디어가 떠오르는 거네요. 그런데 그건 굉장히 우수한 직원이 없으면 불가능해요.

겐고 뭐 나름대로 우수하죠.(웃음) 서로 생각하는 걸 얼마만큼 공유할 수 있는지가 중요해요. 그래서 회의는 프로젝트 팀 전원이 같이하고 있어요. 직접 손을 움직이는 가장 젊은 친구들과 회의를 해요. 그리고 제가 일상적으로 어떤 걸 느끼는지 블로그에 기록하고 있어요.

오오키 사실 우리 사내에서도 그런 요청이 굉장히 많아요.

겐고 하는 게 좋아요. 출장을 가서도 호텔에서 '이걸 설계한 사람의 사고방식이 엄청 특이하고 재미있다'처럼 블로그에 쓰는 거죠.

오오키 자신의 호불호를 공개하는 것이 무서워요. 무언가를 만드는 사람이 '이게 좋아'라고 자주 말하다 보면 모순이 생길 거 같아요.

겐고 생기죠.

오오키 가치관도 엄청 빨리 바뀌잖아요. 어제까지 싫었던 것이 갑자기 좋아지기도 하고.

겐고 있죠. 그런 일은 자주 있어요.(웃음)

오오키 그렇게 되면 어린 친구들은 당황해요.

겐고 맞아요. 우리도 그렇게 당황하는 경우가 많이 생겨요. 그건 그것대로 참고.(웃음) 그게 어떤 의미로는 교육이 된다고 생각해요.

오오키 아, 그 부분이군요. 이 업계에는 최종적으로 독립해서 자신의 이름을 걸고 일을 하고 싶어 하는 사람이 많은데 겐고 씨는 인재 확보는 어떻게 하세요?

겐고 저는 자유롭게 맡겨요. 무리하게 잡지도 않고 내쫓지도 않아요. 그렇지만 회사에는 경험을 쌓은 인재가 필요하고 오래 일한 직원은 오래 일한 만큼 도움이 되죠. 에피소드를 하나 소개하자면, 파인애플 케이크를 만드는 써니힐이라는 회사가 있어요.

오오키 아오야마 매장, 엄청난 걸 만드셨죠.

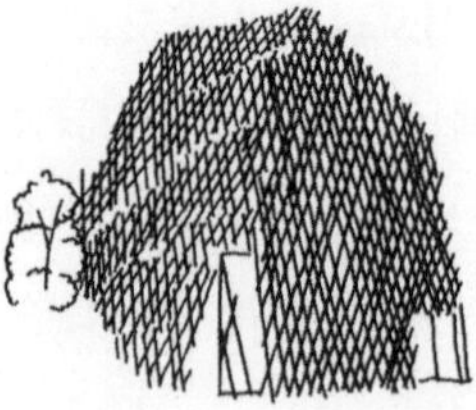

겐고 그 현장 담당자가 써니힐 재팬의 사장이 되었어요.

오오키 정말요?

겐고 저도 정말 놀랐어요.

오오키 놀라는 정도가 엄청났을 거 같은데요.

겐고 프로젝트가 끝나고 대만 사장이 온다고 하길래 고맙다는 인사를 하려고 오나 보다 생각했는데, 겐고 씨 회사 설계자를 우리 사장으로 데려오고 싶다고 하니까.

오오키 어떤 의미에서는 궁극적인 인재 육성 아닌가요?(웃음)

겐고 놀랐지만 "이제 됐으니까 넌 그만 가라, 사장이 되어야지" 하고 보냈어요. 디자이너는 사실 사회를 잘 들여다보지 않으면 불가능한 직업이잖아요?

오오키 맞아요.

겐고 좋은 디자인을 하는 사람은 어쩌면 경영자로도 재능이 있을지도 모른다고 다시 한번 생각하게 된 계기였죠.

오오키 일을 받아들이는 기준 같은 것이 겐고 씨 안에 있나요?

겐고 어떤 새로운 일이 들어오면 그걸 그냥 즐기면서 해버리는 경우가 꽤 있어요. 다 하고 나서 후회한 적도 가끔 있지만요.(웃음) 하지만 일단 한 번은 즐겨보는 것.

오오키 재미있게 즐기는 게 굉장히 중요하다고 생각해요.

겐고 재미있어 하면 세계가 넓어지잖아요, 자기 세계가.

오오키 정말이에요. 그것도 어떤 종류의 재능이라고 생각해요. 재미있게 즐기는 사람은 어떤 일도 즐겁게 할 수 있지만, 어떤 일도 그다지 즐기지 못하는 사람도 있다고 생각해요.

겐고 맞아요. 정말이에요. 능력이라고 생각해요. 그게 바로 자신이 감당할 수 있는 능력이죠.

오오키 이 일은 무조건 거절하려고 인사를 하러 가면 대부분 받아들이고 돌아와요, 제 경우는. 귀찮은 성격이죠.(웃음)

겐고 좋은 성격이에요, 그건.

오오키 그래서 사람을 만나는 게 무서워요. 만나버리면 일을 한다고 해버리니까.(웃음)

겐고 그게 디자이너에게 잘 맞는 성격이에요.(웃음)

오오키 무엇이든 즐기는 겐고 씨는 앞으로 하고 싶은 일이 있나요?

겐고 아니, 특별히 없어요. 오는 일은 거절하지 않고.(웃음) 재미있는 이야기가 오면 거절하지 않고 해야겠다고 생각해요. 그것도 어느 정도 나이가 되면 그렇게 하기 싫어지기도 하거든요. 일을 고르게 된다든지. 역시 디자인은 자기 안에서 점점 끓어올라서 새로운 경지에 오르기는….

오오키 한계가 있죠.

겐고 맞아요. 한계가 있어요. 하지만 새로운 상대가 있으면 새로운 발상이 가능해요. 그래서 새로운 상대가 일을 의뢰하면 아무리 작은 일이라도 가능하면 하려고 해요. 그 일을 통해 조금이라도 새로운 내가 만들어진다면 그걸 지금까지의 나, 평소 내 영역에도 무언가 반영할 수 있을 거라고 생각해요.

오오키 겐고 씨는 옛날부터 그랬나요? 아니면 좌절이나 고생 같은 경험을 하고 이런 사고방식이 나에게 맞다고 생각하게 된 건가요?

겐고 그건 성격이 예전부터 그랬던 것 같아요. 하라 연구실에 들어가서 집락集落 조사를 한 것도 당시에는 조금 빗나간 거였어요. 안도 다다오*2 씨가 나올 때쯤이에요. 반듯하고 정리된 느낌이 전성기를 맞은 시대였어요.

제가 갔던 아프리카의 어수선하고 정리되지 않은

것이 어떻게 내 미래로 이어질지 당시에는 전혀 몰랐어요. 그런 입장이 결과적으로 지금의 내 일의 방식으로 이어질 거라고는 꿈에도 생각하지 못했죠. 그래서 앞으로의 일에 어떻게 연결될지는 몰라도 어쨌든 일단 그곳에 발을 내디뎌보는 것이 젊은 사람에게는 중요하다고 생각해요. 그곳에 직접 가보고 그곳 사람들과 만나보면 분명 다른 세계가 펼쳐질 거예요.

오오키 이렇게 생각이나 입장이 비슷할 거라고는 생각하지 못했어요. 정말 기분 좋아요. 기회가 있으면 꼭 일도 같이 해보고 싶어요. 겐고 씨 안의 '새로운 세계'를 발견하는 데 제가 도움이 되면 좋겠습니다.(웃음)

겐고 정말 그런 기회가 있으면 좋겠어요. 오늘 정말 재미있었습니다.

주

1 후루야 노부아키古谷誠章

일본 도쿄도 출신 건축가다. 1955년에 태어났다. 와세다대학 창조이공학부 교수다. 주요 작품으로는 와세다대학 오쿠보캠퍼스 신연구동 하이테크 리서치센터(스즈키 마코토와 공동 설계), 야나세 다카시 기념관, 지노 시민관 등이 있다.

2 하라 히로시原広司

일본 가나가와현 출신 건축가다. 1936년에 태어났다. 도쿄대학 명예교수다. 주요 작품으로는 사쿠라시립 시모시즈초등학교, 아와즈 기요시 저택, 우메다 스카이 빌딩, 교토역 빌딩, 삿포로돔, 도쿄대학 생산기술연구소, 에치고 쓰마리 교류관 키나레 등이 있다.

3 안도 다다오安藤忠雄

일본 오사카부 출신의 건축가다. 1941년에 태어났다. 도쿄대학 특별명예교수다. 주요 작품으로는 스미요시 나가야, 바람의 교회, 포트워스 현대미술관, 오모테산도힐즈, 지중미술관, 21_21 디자인사이트DESIGN SIGHT, 국제어린이도서관 등이 있다.

정리

학생 때는 건축의 세계가 그냥 너무 두려워서 어쩔 줄을 몰랐다. 며칠이고 밤을 새워 만든 모형이 '이 바보 같은'과 같은 말과 함께 날아가 버리는 일도 한두 번이 아니었다. 하지만 그건 잘하기 위해서는 어쩔 수 없는 일이라고 내 자신에게 반복해서 되뇌었다.
겐고 씨와 만나고 그 당시 내게 '15년 후의 건축의 세계는 조금 다른 풍경이 되어 있을 거야'라고 말해줄 수 있을 것 같아 마음이 후련해졌다. 유연성을 무기로 내세우면서도 그 때문에 생기는 모순과 주위의 오해를 두려워하는 내게 "그걸로 괜찮다"라고 다정하게 말해주는 겐고 씨의 너그러운 마음에 감사한다. 또 한 걸음 더 성장하는 계기가 생긴 것 같은 기분이다. '분위기를 읽고' '신경을 쓰고', '악동'이 되는 것이 일본의 디자인을 세계적으로 발전시키고 있는 걸지도 모르겠다. 끝없는 매력을 가진 겐고 씨와의 잡담을 통해 이런 것들을 다시 한번 생각하게 되었다.

_《엘르 데코》 2014년 12월호

구마 겐고隈研吾

1954년에 일본 요코하마시에서 태어났다. 1990년에 구마 겐고 건축도시설계사무소를 설립했다. 컬럼비아대학 객원 연구원을 거쳐 게이오기주쿠대학(2001), 2009년부터는 도쿄대학 교수로 재직 중이다. 목재를 사용한 '일본和'이 떠오르는 디자인이 특징으로 주요 작품으로는 대나무집, 네즈미술관 등이 있다. 코로나19로 2021년으로 미루어진 도쿄올림픽 · 패럴림픽의 주경기장이 될 신국립경기장의 설계 디자인도 담당했다. 저서로는 《자연스러운 건축》 《지는 건축》 등이 있다.

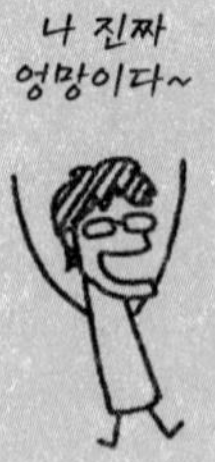
나 진짜
엉망이다~

10 알프레도 헤베를리

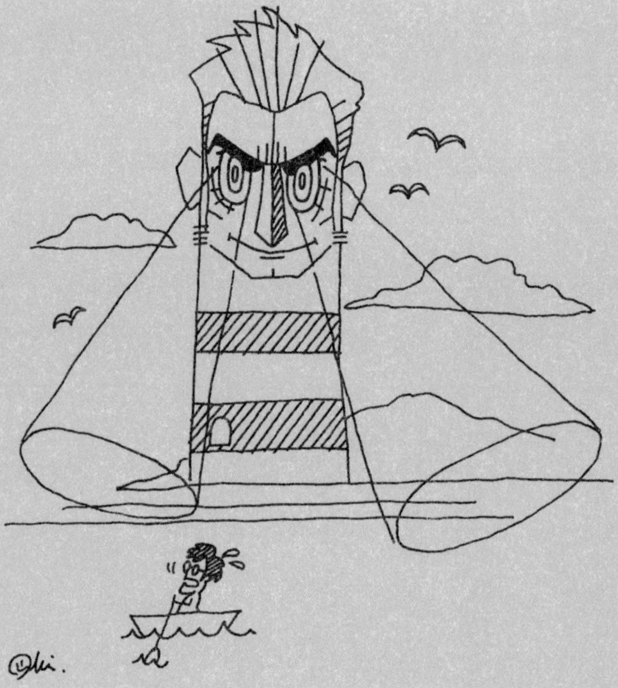

스트라이프 무늬가 특징적인 이딸라•[1]의 식기 '오리고Origo', 신나는 분위기의 캠퍼•[2] 매장, 조지 젠슨•[3]의 식기 컬렉션 등으로 유명한 알프레도 헤베를리 씨. 심플한 형태와 컬러풀한 색감, 때로 유머가 느껴지는 작풍으로 북유럽이나, 프랑스와도 조금 다른 독특한 기품과 좋은 품질이 느껴지는 디자인이 반짝반짝 빛납니다. 도쿄 미나미아오야마에 있는 덴마크의 텍스타일 브랜드 크바드라트•[4] 쇼룸에서 신작 텍스타일 '디스프레이'를 선보이기 위해 일본을 방문한 헤베를리 씨에게 작품이 어떻게 탄생하는지 물어보았습니다.

스위스에서 디자인을 배우고 이탈리아 공기를 동경하여

오오키 알프레도 씨는 아르헨티나에서 태어나서 열네 살에 가족과 함께 스위스로 이주했다고 들었는데, 아버지 일 때문인가요?

알프레도 헤베를리 (이하 '알프레도') 아르헨티나에서는 운전사와 가정부가 있는 부유한 생활을 했지만 정치 상황이 불안해지면서 가족이 폭동과 시위 등의 대상이 되었어요. 신변의 위험을 느껴서 스위스로 가게 되었어요. 거의 도망친 거죠.

오오키 정말 큰일을 겪으셨네요.

알프레도 형제가 넷인데 어느 날 가족회의를 했어요. "아르헨티나에 돌아가고 싶은 사람?" 하고 물었을 때 손을 든 건 부모님밖에 없었어요.(웃음)

오오키 설마 진짜 다수결인가요?

알프레도 4 대 2로 결정. 지금 쉰이니까 스위스에 산 지 벌써 35년이 돼요. 대학 때부터 사귀던 여자친구와 결혼해서 아이도 둘을 낳고 행복하게 살고 있어요. 최근에는 스위스 그랑프리 오브 디자인상도 받았어요. 정말 명예로운 일이죠. 아니, 보통은 나이가 든 사람이 과거 공적을 인정받아서 받는 건데, 저는 일단 아직 현역으로 활동하고 있으니까.

디자인계 굴지의 '꽃미남'으로 유명한 알프레도 씨는 온화하고 신사적이다. 상대방을 꿰뚫어보는 것같이 날카로운 눈빛이 인상적이었지만 갑자기 장난스러운 표정을 보이는 등 '댄디' 그 자체였다.

오오키 대학에서는 어떤 공부를 하셨나요?

알프레도 바우하우스[*5]계의 딱딱한 이론만 배우는 디자인 교육이죠. 스위스는 건축이 강하니까 그 영향도 많이 받았어요. 가끔 답답해져서 아르헨티나가 그리워지면 밀라노로 나가서….

오오키 라틴의 공기를 마시러 가는 건가요?

알프레도 맞아요. 저는 정말 밀라노라는 도시가 좋아요. 당시에는 인터넷도 없고 디자인 잡지도 《도무스》《인테르니》《아비타레》[*6] 정도였어요. 어쨌든 정보에 목말라 있었어요. 밀라노 시내에 있는 카시나 쇼룸에 가면 학교에서는 절대 가르쳐주지 않는 멋진 것들이 넘쳐났어요. 자노타[*7]에도 흥분했죠. 이제까지 본 적이 없는 기발한 디자인의 의자가 놓여 있고 그 옆에 엄청 주름진 얼굴로 웃고 있는 카스틸리오니의 사진이 있었는데, 진짜 대단하다, 즐거워 보인다, 라는 생각이 들었어요.

오오키 밀라노 가구 박람회에도 가셨나요?

알프레도 갔어요. 그런데 정보가 없으니까 어디에서 어떤 전시를 하는지 전혀 몰라서.(웃음) 어쩔 수 없이 역이나 광장에서 지나가는 사람들에게 물어보고 어떤 전시가 재미있는지 정보를 입수해서 달려가서 전시를 보았죠. 그때 우연히 전시장에서 서서 이야기를 하다가 친해진 사람이 동갑이자, 당시에 신인 디자이너였던 콘스탄틴 그리치치예요. 지금도 친하게 지내요.

오오키 우아.(웃음)

알프레도 정말이지 '독일'이라는 느낌의, 한 번 결정하면 옆으로 눈도 돌리지 않고 돌진하는 건 지금도 변하지 않은 거 같아요. 그런 식으로 밀라노를 오가다가 어느 날 정말 엄청난 전시를 보게 되었어요. 그게 바로 구라마타 시로. 오오키 씨도 잘 아는 줄리오 카펠리니가 기획한 전시로 정말 엄청난 충격을 받았어요. 눈앞에 펼쳐지는 광경이 무엇 하나 이해되지 않았지만 맹렬히 감동하는 내가 거기 있었죠. 투명한 아크릴 의자에 빨간 장미가 들어가 있는….

오오키 '미스 블랑쉬'군요.

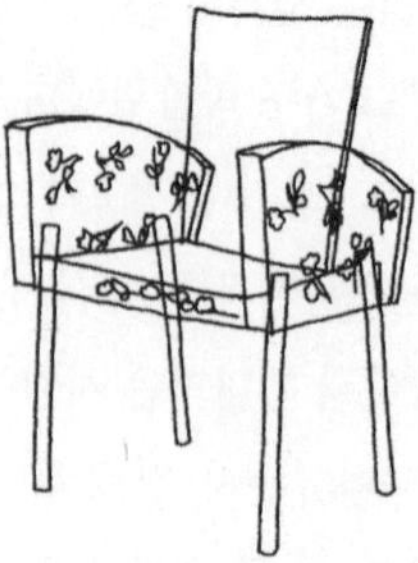

알프레도 맞아요. 의미는 전혀 몰랐지만 형용할 수 없을 정도로 아름다웠어요. 마치 머릿속에 뻥 하고 큰 구멍이 뚫린 것 같은 감각이라고 할까. 그런데 이걸 학교 선생님께 말했더니 그런 건 디자인이 아니라고 일축해버렸죠. 하지만 내 안에서 설명하기 힘든, 해소되지 않는 감정이 사라지지 않아서 비트라 본사로 찾아갔어요.

오오키 네? 학생이 갑자기?

알프레도 네. 거기서 당시 아직 젊고 머리가 어깨까지 오던 롤프 펠바움(후에 비트라 사장과 회장을 역임)을 만나서.

오오키 그거 분명 지어낸 거죠.(웃음)

참고로 지금은 대머리다.

알프레도 음, 지금 좀 각색하긴 했죠.(웃음) 그래서 롤프에게 구라마타 씨의 연락처를 물어보았어요. 그랬더니 며칠 후에 사무실 연락처가 적힌 종이 한 장이 왔어요. 아무것도 아닌 학생에게 그렇게까지 해주다니 지금 생각해도 놀라워요. 롤프와는 그때부터 계속 알고 지냈는데, 몇 년 전에 드디어 의자를 같이 만들었어요.

오오키 이어지는 거네요. 젊은 시절 행동력이 그 후의 경력으로.

알프레도 그렇네요. 그래서 제 작품 사진을 슬라이드 다섯 장에 넣고, 그걸 가로로 긴 상자 안에 옆으로 쭉 예쁘게 담아서 "절대로 폐를 끼치지 않을 테니 인턴으로 채용해주세요"라는 내용의 편지와 같이 보냈어요. 그랬더니 3주 후에 "너무 고맙지만 우리 회사 사무실은 너무 좁아서 하나하나 책상을 접지 않으면 사람이 드나들기 힘들 정도예요"라는 유머가 섞인 답장이 도착했어요. 결국 일본어로 클라이언트와 커뮤니케이션이 불가능하다는 이유도 있어서 인턴 이야기는 실현되지 않았죠. 그 후에 구라마타 씨와 직접 만나서 이야기할 기회가 있었는데, "이렇게 우수한 디자이너가 될 줄 알았다면 그때 불러서 책상을 접지 말고 그대로 사무실에 가두어놓았으면 좋았을 텐데" 하고 유머러스하게 말해주어서 정말 기뻤습니다.

오오키 알프레도 씨의 성격, 거기서 나오는 작풍은 역시 아르헨티나에서 태어나서 자라고 스위스에서 교육을 받은 것과 관계가 있다고 생각하나요?

힐끗

오오키 역시 지금 질문은 철회할게요. 같은 질문을 미디어에서 질릴 정도로 많이 받으셨을 듯 해요. 사실 저도 비슷한데 열 살에 도쿄로 이사하기 전까지 캐나다에서 살았어요. 그래서 알프레도 씨의 기분을 왠지 알 것 같아요.

알프레도 눈치가 빠르시네요. 인터뷰용으로 준비된 문장을 평소대로 읽으려고 했어요.(웃음)

오오키 (땀) 그런데 아무리 생각해도 알프레도 씨 디자인은 순수한 스위스 디자인이라는 틀에 딱 들어맞지 않는다는 느낌이 들어요. 아르헨티나인의 디엔에이DNA 때문인지 어떤 다른 요소가 들어간 것 같아요.

또 힐끗

알프레도 어떤 부분이 스위스 같지 않나요?

오오키 예를 들어 이딸라의 '오리고' 색 사용이라든지…. 캠퍼 매장 인테리어에도 독특한 색 조합이 보이고 크바드라트의 텍스타일은 언뜻 북유럽 스타일로 보이지만 어딘가 라틴 느낌이 나요.

알프레도 음, 색이요. 확실히 스위스인의 색 사용에서는 볼 수 없을지도 모르겠네요. 이건, 학교에 조금 특이한 선생님이 계셨는데, 그 선생님 영향을 많이 받았어요. 미술사 수업이었는데 "한 달 동안 색 이외에는 아무것도 보지 마"라고 말하셔서 색에만 집중해서 미술 작품을 계속 감상했어요.

오오키 엄청 재미있는 수업이네요.

알프레도 그랬더니 일상생활에서 보이는 모든 것을 색으로 지각할 수 있게 되었어요.

오오키 그러니까 일상에서 색을 추출해서 그것을 자신의 디자인으로 치환하는 재능을 단련한 거네요. 그 능력이 알프레도 씨의 아이디어 밑바탕에 있을 것 같아요. 학교 교육으로 디자인 능력을 키운다는 데에 회의적인 저에게는 눈이 돌아가는 이야기예요.

알프레도 모든 아이디어는 일상생활 속에서 얻어요. 일상을 관찰하는 것이 중요해요. 이 눈으로 말이죠.

오오키 별일 없는 것 같은 일상에서 디자인 소재를 발견하는 건 저도 마찬가지예요. 단지 저는 알프레도 씨처럼 '눈의 힘'으로 아이디어를 하나씩 낚아 올리는 것이 아니라 천천히 바다 밑에 망을 설치하는 타입이에요.(웃음)

알프레도 (웃음)

오오키 눈의 힘이라고 하니까 어떤 잡지에서 알프레도 씨의 아틀리에 사진을 봤는데 벽 한 면에 일상적인 도구, 잡화, 완구와 같은 정말 다양한 것이 장식되어 있던 기억이 나요. 어쩌면 알프레도 씨는 일용품을 모으면서 동시에 아이디어를 수집하는 것이 아닐까 하는 생각을 했어요.

알프레도 정말 그럴지도 몰라요. 저는 무엇이든 관찰해요. 오늘도 처음에는 오오키 씨가 조금 긴장했네, 지금 이렇게 대화를 하면서 점점 편안해지는 것 같네, 하면서 말이죠.

오오키 그런가요.(땀)

알프레도 사실은 이 '눈'도 학교에서 단련한 거예요.

오오키 정말요?

알프레도 이것도 정말 특이한 수업인데 '어떤 거라도 괜찮으니까 2유로 이내로 자신이 흥미를 가진 것을 구입해서 모두의 앞에서 프레젠테이션을 하는 거'예요. 이걸 1년 동안 매주 계속했어요.

오오키 정말 재미있는 수업인데요?

알프레도 수업을 계속하면서 내 눈도 점차 '재미있는 걸 찾아내는 눈'이 되어갔어요. 2유로 이내라는 설정이니까 찾는 것도 자연스럽게 일상적인 것이 되었고요. 슈퍼나 벼룩시장, 거의 쓰레기더미 같은 곳에서 계속 재미있는 물건을 찾아내는 거예요.

오오키 확실히 '눈'이 단련되겠어요.

알프레도 이딸라의 오리고도 그렇지만 그렇게 관찰하는 데서 아이디어를 끌어내는 경우가 많아요.

오오키 오리고는 알프레도 씨의 초기 대표작이고 롱셀러 상품이기도 하죠. 무엇보다 스트라이프 무늬의 색 사용이 특징적이었어요.

알프레도 사실 그 디자인은 색부터 정한 게 아니라 형태부터 시작한 거예요. 먼저 일반 가정에 있는 식기 크기를 철저하게 조사했어요. 그 결과, 필요 이상으로 사이즈의 종류가 많다는 사실을 발견했죠. 그래서 두 가지 사이즈를 합친 것 같은 '중간 사이즈'가 있다면 조금이라도 종류를 줄일 수 있겠다고 생각했어요.

오오키 확실히, 예를 들어 가장 작은 그릇은 반찬 그릇으로도, 술잔으로도, 소스용으로도 사용할 수 있는 절묘한 사이즈예요.

알프레도 절묘한 사이즈감을 통해 기능을 한정하지 않는 그릇이 탄생했어요. 보통 받침은 그릇을 안정적으로 고정하기 위해서 안쪽이 패도록 만드는데, 그렇게 하면 조합할 수 있는 그릇 사이즈가 제한되기 때문에 오목한 상태가 아니라 볼록한 것이 작게 튀어나오도록 만들고, 반대로 모든 그릇 아래에 같은 크기의 오목한 구멍을 만들어 어떤 그릇이라도 안정적으로 둘 수 있도록 만들었어요.

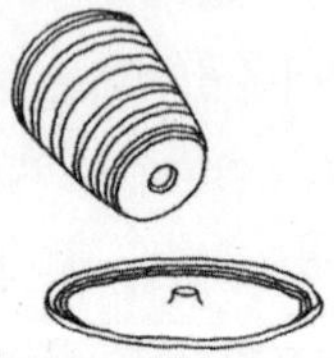

색은, 형태가 결정된 뒤에 흰 그릇만 있으면 잘 팔리지 않으니까 무늬를 생각해 달라는 이딸라의 부탁을 받고 생각한 거예요. 표층적으로 그림을 위에 올리는 건 재미없겠다고 생각하던 그때, 우연히 무지개를 보고 깨달았어요. 하나의 그릇에 많은 색을 사용하면 다른 그릇이 어떤 색깔이라도 자연스럽게 잘 어울릴 것 같다고. 그것이야말로 처음부터 마음속으로 그리던 '자유도'라는 콘셉트를 체현해주는 거였어요.

오오키 그렇군요, 모든 프로세스에 명쾌한 의도가 있고 일상을 관찰하고 수집하는 것으로 실현해나간다….

재미있네요!

알프레도 분위기를 타기 시작했으니 조지 젠슨 프로젝트에 대해서도 이야기해볼까요?

오오키 물론이죠. 수년 전에 큰 화제가 된 '알프레도' 컬렉션이죠.

알프레도 그 컬렉션에는 물병과 티포트가 있어요. 사무실에 우연히 깔때기가 뒤집어져서 놓여 있는 걸 보고 액체가 내려오는 부분을 손으로 잡아서 들어 올렸는데, 그때 감촉이 굉장히 좋다는 데서 아이디어가 생각났어요. 다른 하나의 따르는 입구를 만들면 훌륭한 티포트가 되겠다고 생각했죠.

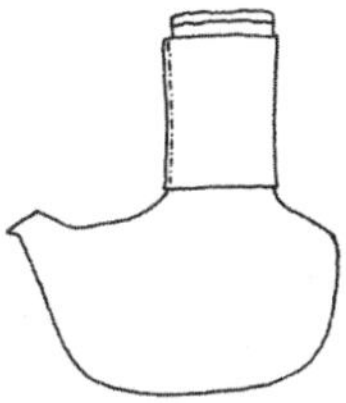

오오키 깔때기도, 티포트도 '액체를 흘려보내기 위한 도구'라고 생각하면 친화성이 높을지도 모르겠어요.

알프레도 뜨거운 물을 따르기 쉽고 손에 쥐고 힘을 주기도 편하고. 거기다 거름망이 손잡이에 걸리도록 해서 가장 좋은 높이에 고정되도록 만들었어요. 뚜껑과 같이 들어 올리는 기구이기 때문에 움직임도 편하죠.

오오키 세세한 부분까지 신경을 쓰셨네요.

알프레도 그렇게 하지 않으면 롱셀러가 되지 못해요. 오랜 시간을 들여 디자인해서 롱셀러를 목표로 하는 건 북유럽 디자인의 좋은 점이죠. 다만 동시에 보수적인 것도 사실인데, 예를 들어 이 티포트도 첫 프레젠테이션 때는 사용하기 불편할 것 같다고 채택되지 않았어요. 하지만 사용감에는 절대적인 자신이 있었기 때문에 비용을 부담할 테니 일단 시제품을 만들어달라고 부탁했어요. 완성된 프로토타입을 사용해 보더니 모두가 이해했죠.

오오키 북유럽 브랜드는 좋든 나쁘든 견실한 부분이 있으니까요. 리스크를 안고 클라이언트에게 도전을 요구하는 알프레도 씨는 진짜 대단하신 거 같아요.

알프레도 아이디어는 이론을 통해서 발전시키지만, 이런 판단은 여기죠.(배를 손가락으로 가리킨다)

오오키 여기(배)는 디자인 프로세스에서 어느 정도 중요한가요?

알프레도 음, 일단 중요한 건 '눈'. 그 다음이 '뇌'. '가슴'이 있고, 네 번째가 '배'. 아까부터 말한 것처럼 눈은 아이디어 원천이에요. 가장 중요한 요소죠. 다음이 그 정보를 해석하는 뇌. 시각 정보를 아이디어로 변환하는 장치라고 말할 수 있어요.

오오키 무지개를 컵의 무늬로 변환하거나 깔때기를 티포트로 변환하거나.

알프레도 바로 그거죠.

오오키 구라마타 씨의 작품은 눈으로는 이해했지만 뇌로는 이해하지 못했다고 하셨는데.

알프레도 맞아요. 하지만 그 둘만으로는 디자인이 되지 않아요. 그거에 가슴, 그러니까 열정과 꿈, 생각이라는 것이 필요하죠. 마지막으로 배짱. 자신이 느끼는 대로 돌진하는 것이 때로는 필요해요.

오오키 구라마타 씨의 작품에 감동하는 가슴과, 비트라 본사에 진입하는 행동력은 '배'일지도 모르겠네요.

알프레도 이 네 가지의 필터를 레이어층으로 포개면서 2년 정도 다양한 입자를 공중에 띄워보는 거예요.

오오키 무슨 감각인지 너무 잘 알 것 같아요. 저도 그런 느낌으로 아이디어를 공중에 띄우는 작업을 하고 있어요.

알프레도 정말요? 아세요? 반갑네요. 그리고 복수의 입자를 궁합이 좋은 것끼리 그룹으로 묶어요. 잘되지 않은 때는 다시 공중에 흩어놓고 당분간 움직이게 하죠. 그 반복이에요.

오오키 저의 경우는 복수의 입자가 겹쳐 보이는 시점을 찾아서 꿰뚫는 감각이에요. 그렇게 하는 게 날카롭게 디자인할 수 있는 거 같아서요. 그룹으로 묶는 편이 더 유연하고 아이디어의 발전성도 있을 것 같아요.

알프레도 그렇군요. 그건 또 재밌네요.

기쁜 표정으로 이쪽을 힐끗 쳐다본다.

오오키 네 가지 요소 이야기인데, 제 경우는 세 가지예요. 일단은 '우뇌'. 그 다음이 '좌뇌'. 마지막이 '가슴'이에요. 이 세 레이어를 가능한 한 포개려고 하는 느낌이에요. 그룹으로 묶은 다음에는 어떻게 하나요?

알프레도 그 다음에는 거기서 두 가지 안으로 줄이는 거예요. 하나는 아르헨티나인인 밝고 쾌활한 '알프레도'의 안. 다른 하나는 스위스에서 자란 이지적인 '헤베를리'의 안.(웃음)

오오키 그 둘을 싸우게 하는 거죠!

알프레도 바로 그거죠!

작가성이 없다는 점이 자신의 매력으로 이어지다

오오키 프로세스에 특징이 있는 만큼 아웃풋은 매번 달라지겠네요.

알프레도 물론 그래요. 같은 걸 만들 생각은 아예 없으니까요. 그런데 캠퍼의 일은 같은 콘셉트로 가게를 몇 개 만드는 거잖아요.

오오키 그렇죠. 기본적으로 매장 다섯 개. 위치를 되도록 멀리 해서 모든 매장이 다른 인상을 주는 브랜딩을 하죠.

알프레도 그런 방식이 아무리 생각해도 납득이 되지 않아서 '디자인료는 필요 없으니까 새롭게 디자인하게 해주세요'라는 식으로 말했어요.

오오키 다시 '배'가 움직이기 시작했네요.(웃음) 참고로 매번 다른 작풍이라면 작가성이 나오기 힘들다는 단점이 있잖아요. 이런 말이 실례가 될지도 모르지만 알프레도 씨가 작업한 디자인은 수준에 비해서 세상이 조금 과소평가를 한다는 생각이 들어요.

미디어는 디자이너를 분류하려는 경향이 있어서 알프레도 씨처럼 어떤 형태에도 딱 들어맞지 않는 타입의 디자이너를 다루기 어려워하기 때문에 결과적으로 노출을 억제하는 일이 일어나는 것이 아닌가 하고 생각해요.

알프레도 저도 그렇게 생각해요. 내게 조금 더 강렬한 작가성이 있으면 좋겠다고 생각한 적도 있지만 최근에는 무리해서 바꿀 필요는 없다고 내 개성을 긍정적으로 받아들이고 있어요.

예를 들어 저처럼 스위스를 거점으로 활동하는 건축가 헤르초크와 드 뫼롱도 작가성이 약하지만 매번 다른 접근방식으로 설계를 해서 항상 높은 수준의 뛰어난 작품을 발표해요. '색깔이 없는 것이 색깔이 될 수 있는 시대'라고 생각해요.

오오키 그럴지도 몰라요.

알프레도 저는 지금까지 카라페(유리 물병)를 여덟 개 디자인했는데 전부 모양과 기능성이 달라요. 그게 저에게는 일종의 자랑이기도 해요.

오오키 여덟 개 모두 다른 접근방식으로 디자인할 수 있다는 사실이 경이적이에요.

알프레도 방금 미디어 이야기가 나왔는데 이것저것을 전부 분류하려고 하는 지금의 미디어는 정말 무서워요. 그리고 디자이너 이름을 이용하는 것만 생각하는 브랜드도 그렇고요. 그래서 잘못된 디자이너도 많이 보아왔어요. 넨도도 지금 아주 잘되고 있지만 항상 조심해야 해요.

오오키 네, 조심할게요.(땀) 이야기를 앞으로 돌려서, 그러니까 작가성이 없는 것이 알프레도 씨 개성이고, 그렇기 때문에 미디어 등에서 편향된 이미지가 심어지는 일 없이 반대로 안정적으로 활동할 수 있었다는 거네요.

알프레도 맞아요. 중요한 것은 '정말 좋은 것'을 만드는 거예요. 당연한 이야기지만 이게 의외로 꽤 어려워요. 그래서 너무 기간이 짧은 프로젝트는 거절하고 있어요. 몇 주 후에 제안해달라고 해도 아이디어가 '공중부양 중'이거나 '그룹핑 중'인 상태에서는 디자인이 '숙성'되지 않으니까요.

오오키 그 프로세스는 절대 양보할 수 없는 부분이네요.

알프레도 양보할 수 없죠. 절대로. 그렇지 않으면 '정말 좋은 것'은 만들 수 없어요. 한순간에 눈부신 불꽃을 쏘아 올리는 건 간단해요. 화제성도 홍보효과도 기대할 수 있고요. 하지만 저에게는 오래 판매할 수 있는 것이 더 가치가 있어요. 오랜 시간에 걸쳐 시제품을 계속 만들어보고 의견을 서로 교환하고, 그 사이에 아이디어는 점점 변해가요. 그걸 두려워하면 안 됩니다.

넨도의 작품은 시각적으로 아주 강렬한 것이 특징

중 하나인데, 그런 디자인은 프로세스 안에서의 변화에는 조금 약할 것 같은데 어떻게 대처하세요?

오오키 변화에 대해서는 오히려 허용되는 범위가 넓다고 저는 생각해요. 업체 쪽에 꽤 완고하게 밀어붙인다는 말도 가끔 듣지만요. 실제로 콘셉트라는 흔들리지 않는 중심축이 있고 그걸 프로젝트 초기 단계에서 제대로 공유할 수만 있다면 다른 요소는 어떻게 해도 괜찮다고 생각해요.

알프레도 신선한 사고방식이네요. 평소에 무의식적으로 하는 생각을 정리할 수 있어서 속이 시원해졌어요.

주

1 이딸라iittala
1881년에 핀란드의 이딸라라는 마을의 유리공장에서 시작된 유리·도자기 브랜드다. 1930년대부터 알바 알토 등 디자이너가 기능성과 아름다움, 합리적인 가격까지 갖춘 심플한 디자인의 제품을 확립해서 지금까지 이어져 오고 있다.

2 캠퍼Camper
1975년에 스페인 발레아레스제도 잉카에서 만들어진 신발 브랜드다. 좌우 비대칭 신발 등 디자인성이 높은 신발로 유명하다. 제조는 외부에 위탁하고 디자인과 마케팅에 특화하여 최근에는 호텔과 레스토랑 사업도 하고 있다.

3 조지 젠슨Georg Jensen
1904년에 덴마크에서 시작된 보석·홈아이템을 제조·판매하는 브랜드다. 은세공과 조각을 합친 디자인으로 1920년대에 인기를 얻어 덴마크 왕실과 스웨덴 왕실에 납품하는 업체로 선정되었다.

4 크바드라트Kvadrat
1986년에 덴마크에서 시작된 텍스타일 브랜드다. 북유럽 전통에 뿌리를 둔 다양한 무늬와 색이 인기를 얻었고, 제품은 뉴욕현대미술관, 로스앤젤레스의 월트디즈니 콘서트홀 등에 사용되었다.

5 바우하우스Bauhaus
1919년에 독일 바이마르에 설립되어 디자인, 공예, 미술, 건축에 관한 종합적인 교육을 실시한 학교다. 나치스에 의해 폐교되기 전까지 겨우 14년밖에 운영되지 않았지만 바우하우스 교육은 훗날 디자인 발전에 큰 영향을 끼쳤다.

6 도무스domus, 인테르니INTERNI, 아비타레ABITARE
전부 이탈리아의 인테리어·디자인 잡지다. 그중 《인테르니》는 밀라노 가구 박람회 기간 중에 밀라노 시내에서 개최되는 기업·단체의 자체

기획 · 이벤트 '푸오리 살로네'의 정보를 정리한 소책자를 매년 발행하고 있다.

7 자노타Zanotta

1954년에 이탈리아 노바 밀라네제에 설립된 가구 브랜드다. 소파를 제조하는 기업으로 시작했지만 현재는 가구 전반을 취급하고 있다. 전위적인 디자이너와 협업해서 만드는 독창적인 제품이 특징이다.

정리

알프레도 씨는 진심으로 디자인을 사랑하는 사람이다. 우직하게 디자인과 마주하며 조금의 타협도 허용하지 않는다. 그가 만든 프로덕트가 많은 사람들에게 꾸준히 사랑받는 이유는 단련된 눈을 통해 색과 아이디어를 수집하고 수고와 시간을 아까워하지 않고 정성을 다해 디자인을 갈고닦기 때문이다. 이를 뒷받침해주는 것이 놀라운 호기심과 행동력, 아주 조금의 장난기다. 언뜻 보면 살짝 시대에 뒤처지는 스타일로 비추어질지도 모른다. 하지만 실제는 그 반대로, 드디어 시대가 알프레도 씨를 따라잡고 있다는 생각이 들었다.

_《엘르 데코》 2015년 2월호

알프레도 헤베를리 Alfredo Häberli

1964년에 아르헨티나 부에노스아이레스에서 태어났다. 1977년에 가족과 함께 스위스로 이주했다. 취히리의 조형대학 Hohere Schule für Gestaltung 에서 디자인을 공부했다. 엘르 데코 인터내셔널 디자인 어워드의 복수 부문을 제패하는 등 수상 경력도 화려하다. 2014년에는 권위 있는 스위스 그랑프리 디자인을 획득한다. 2015년 밀라노 가구 박람회에서는 BMW 디자인팀과 협업한 설치 작품 '정확함과 우아함 Precision&Poetry'을 발표하여 화제가 되었다.

11 콘스탄틴 그리치치

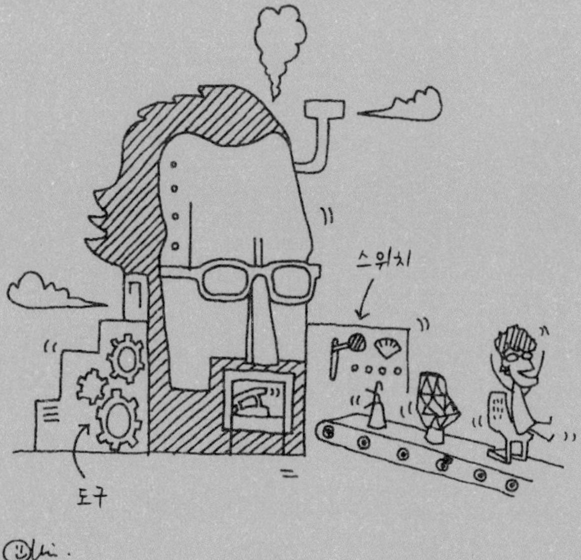

콘스탄틴 그리치치 씨의 무엇이 대단한가 하면, 그가 전 세계 유명한 미술관이 소장할 수밖에 없는 '명작'을 정조준할 수 있는 소수의 디자이너라는 점입니다. 작업용 조명을 모티브로 한 플로스의 '메이 데이May Day', 디지털 기술을 활용해서 기하학적인 디자인의 선구적인 형태가 된 마지스의 '체어 원Chair One', 무인양품의 우산까지 정말 다양한 제품을 만들고 있습니다.

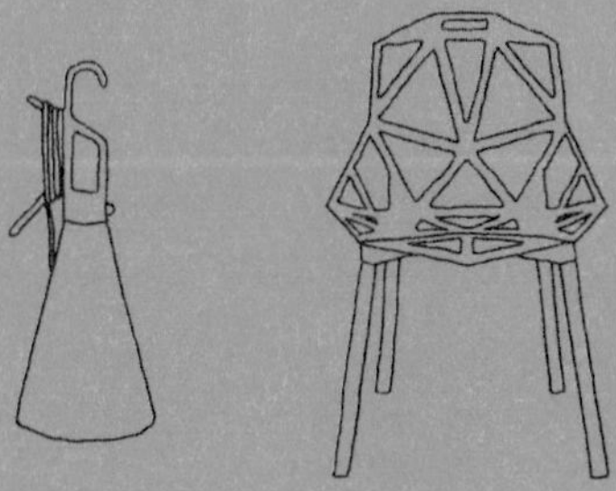

이치로 선수가 고등학교 시절에 "중전 안타라면 언제라도 칠 수 있다"라고 말했다고 하는데, 그리치치 씨도 바로 그런 느낌입니다. 시대나 유행을 비웃기라도 하듯 독자적인 터치로 담담하게 작품을 꾸준히 만들어냅니다. 마치 집도의 같은 냉정한 눈빛과 손짓으로 다양한 것들을 일단 해체한 다음 기능이나 기구로 재구축하는 방식 때문에 유럽 디자인계에서 특이한 존재라고 할 수 있습니다.

세계적으로 활약하는 독일인 디자이너가 적은 이유는?

오오키 오늘 잘 부탁드려요.

콘스탄틴 그리치치 (이하 '콘스탄틴') 처음 뵙겠습니다. 콘스탄틴 그리치치입니다. 잘 부탁드려요.

오오키 아… 취재처럼 거창한 건 아니니까 편안하게 하셔도 됩니다.(웃음)

콘스탄틴 네, 알겠습니다. 그러면 편하게 할게요.

오오키 ….

콘스탄틴 ….

오오키 음, 지금 회사는 어디에 있나요?

콘스탄틴 뮌헨과 베를린을 왕복하면서 활동하고 있어요.

오오키 회사가 두 곳에 있군요. 각각 몇 명 정도 직원이 있나요?

콘스탄틴 뮌헨에는 네 명이 있고, 베를린에는 저 혼자밖에 없어서 과연 여기를 회사라고 부를 수 있을지는 잘 모르겠어요.

오오키 어떤 경위로 독일 국내에 각각의 아틀리에를 두게 되셨어요?

콘스탄틴 뮌헨은 제가 태어나서 자란 곳이고…. 베를린에는 여자친구가 있어서, 네(멋쩍은 웃음).

오늘은 그쪽 이야기는 나오지 않을 거라고 별 생각을 안 했더니 이야기를 시작하자마자 바로 사생활 고백이다.

오오키 그러시군요. 개인적인 생활에 맞춰서 워크 스타일을 유연하게 바꿀 수 있는 것이 이 직업의 좋은 점이죠.

콘스탄틴 앗.

오오키 ?

콘스탄틴 아니, 아무것도 아니에요.

오오키 제가 혹시 실례되는 말이라도 했나요?(땀)

콘스탄틴 아니, 그런 게 아니라. 사실 곧 아기가 태어날 거예요.

오오키 정말이요? 축하드려요!

콘스탄틴 (멋쩍은 웃음)

이유는 잘 모르겠지만 계속해서 자신의 사생활을 드러낸다. 빨리 친해진 건지도 모른다.(웃음)

오오키 콘스탄틴 씨는 굳이 말하지 않아도 누구나 다 아는 독일을 대표하는 디자이너인데, 자신의 '독일인 같은' 부분을 어느 정도 의식하고 계시나요? 독일 디자인라고 하면 아무래도 기하학성이나 기능미, 구조미 같은 이미지가 떠올라요.

콘스탄틴 그것이 독일 디자인에 관한 스테레오타입이죠. 굳이 부정할 생각은 없지만 표층적인 부분보다는 독일인 특유의 기질이 제 디자인에 더 영향을 끼친 것 같아요.

오오키 그렇다는 건?

콘스탄틴 독일인은 기본적으로 의심이 많아요. 규율을 중요시하는 경향도 있고요.

오오키 그건 디자이너로서는 장점이라고 생각하세요?

콘스탄틴 (잠시 침묵) 장점이 될 때도 있고 단점이 될 때도 있어요. 때로는 규율을 깨지 않으면 전진할 수 없는 경우가 있으니까요.

오오키 언제 규율을 깰 것인가에 관한 이야기는 재미있네요. 그걸 의식하고 있다는 자체가 이미 스테레오타입을 넘어선 걸지도 몰라요.

콘스탄틴 그럴지도 몰라요.(웃음)

오오키 그런데 독일에는 이만큼 훌륭한 디자인 역사와 브랜드가 존재하는데도 세계적으로 활약하는 디자이너가 적다는 느낌이 드는데, 이유가 뭘까요?

콘스탄틴 …. 아마도 대기업에 소속된 인하우스 디자이너가 많은 것이 가장 큰 이유일 거예요. 바우하우스 규율에 따르는 디자인 교육을 거쳐 대기업에 취직하는 길이 독일 학생이 거치는 가장 기본적인 코스예요. 디터 람스*[1]와 에토레 소트사스를 비교하면 쉽게 이해할 수 있을 거 같아요. 독일인인 람스는 다양한 디자인 활동을 브라운 사내에서 한 데 비해 이탈리아인인 소트사스는 올리베티*[2]에 적을 두면서 가구나 잡화 등은 개인 회사에서 작업을 했어요.

오오키 그렇군요.

콘스탄틴 그렇기 때문에 독일에서 저처럼 디자이너로 독립하는 일은 드물다고 생각해요. 저는 영국왕립예술학교RCA에서 공부해서 다행이었어요. 영국에서는 독립하는 게 당연하기 때문에 졸업하고 프리랜서로 활동하는 데 전혀 거부감이 없었어요. 특히 RCA의 '자유로운 사고방식'을 중시하는 교육방침은 지금의 활동에도 많이 도움이 되었다고 생각해요.

오오키 아까 하신 말씀 중에 나온 '규율'에 대한 안티테제로서의 '자유'인 거죠.

콘스탄틴 바로 그거죠.

오오키 디자인 프로세스에서 규율과 자유의 균형 이외에 또 중요하게 생각하는 게 있나요?

콘스탄틴 (다시 침묵)

콘스탄틴 씨는 '성실한 사람으로 보이지 않도록 행동하는 성실한 사람' 같았다. 가끔 보여주는 캐주얼한 분위기에서 오히려 위화감이 느껴졌다.(웃음)
생각하면서 말을 한다기보다 '①사고한다 ②말한다'는 식으로 행동을 확실히 분리하는 느낌으로, '사고' 처리에 시간이 걸리면 잠시 침묵이 이어진다.

오오키 죄송해요, 조금 조잡한 질문이었죠.(땀) 예를 들어 프로젝트가 시작되면 맨 처음에 신경 쓰시는 건 뭘까요?

콘스탄틴 먼저 프로젝트 기점이 되는 '스위치'를 찾는 작업을 해요. 소재, 구조, 클라이언트의 성질, 역사, 시장, 이용자 등등 뭐 어떤 거라도 좋아요.

오오키 그건 프로젝트 중심축이나 핵심이 되는 것처럼 강고한 건가요? 아니면 일단 한 걸음을 기분 좋게 내딛기 위한 '계기' 같은 건가요?

콘스탄틴 어느 쪽인지 말하자면 후자예요.

오오키 그건 뭐가 됐든 괜찮은 것이고.

콘스탄틴 맞아요. 그 스위치가 '사람'인 경우도 있어요.

오오키 사람?

콘스탄틴 항상 사람은 재미있다고 생각해요. 한 사람 한 사람의 다른 성격이나 생각이 스위치가 되는 경우도 있어요.

오오키 말 그대로 '의인화'인지 아닌지는 잘 모르겠지만 사람의 내면을 제품의 단서나 실마리로 삼는다는 발상이 신선해요. 다른 요소도 있을까요?

콘스탄틴 어떤 것의 이유라고 할까, 도리나 과정 같은 것에 관심이 있어요. '왜 이렇게 되었지?' 하고 자문하는 거죠.

오오키 그래서 아까 말씀하신 독일인의 기질이 도움이 되는 거네요?

콘스탄틴 맞아요. 디자이너는 항상 해결해야 할 문제를 찾아야 해요. 그렇게 하기 위해서는 현 상황을 의심해 보는 것이 중요해요.

오오키 지금 눈앞에 굉장히 흥미로운 사무실용 책상(비트라의 '핵Hack')이 전시되어 있는데 이건 어떤 의문에서 출발하셨나요?

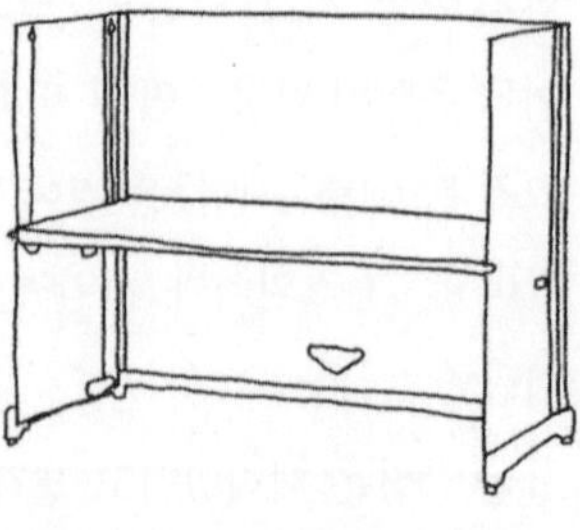

콘스탄틴 이 프로젝트에서는 미국 서해안의 IT 벤처기업이

일하는 방식에 미래 사무실의 힌트가 있을지도 모른다는 가설이 '스위치'가 되었어요. 그들은 일단 자유를 추구합니다. 그러니까 가변성이 있고 커스터마이즈가 가능한 것이 중요해요. 거기다 딱딱하게 앉아서 일하는 것이 아니라 캐주얼한 분위기여야 하고요.

오오키 그래서 이 책상은 높이도 바꿀 수 있고 접을 수도 있는 거네요. 지금까지의 사무실 가구에서는 볼 수 없었던 도료를 칠하지 않은 거친 합판이….

콘스탄틴 맞아요. 조인트와 기구 부분만 스위스 비트라 본사에서 받고 운송비용이 드는 합판은 현지에서 조달하는 방식을 도입했어요. 합판은 전 세계 어디에서라도 구할 수 있는 소재니까요. 최종소비자가 페인트를 칠하거나 스티커를 붙여서 커스터마이즈하는 거예요. 스케이트보드 같은 감각이죠.

오오키 새롭네요. 일하는 방식뿐만 아니라 물류까지 생각해서 디자인한다는 점이 역시 대단해요.

콘스탄틴 거기에 도달하기까지 현지에서 정말 엄청난 양의 리서치를 실시했어요. 구글 본사를 비롯해서 수많은 IT 기업을 비트라 사람들과 같이 방문했어요.

오오키 리서치 단계에서 최종적인 아웃풋의 이미지는 어느 정도 만들어져 있나요?

콘스탄틴 전혀 보이지 않는 상태예요. 콘셉트는 프로젝트를 진행하는 과정에서 점점 보이기 시작해요.

오오키 처음을 아예 콘셉트부터 시작하는 저와는 정반대 접근방식이에요. 콘셉트를 발견하는 기술 같은 게 있을까요?

콘스탄틴 너무 먼 미래를 생각하지 않는 거요. '추상적인 미래'를 믿지 않고 '현실적인 미래'를 중요하게 생각합니다.

오오키 큰 꿈을 그리지만 어떤 타이밍에 현실로 되돌리는 감각?

콘스탄틴 그렇죠. 꿈은 안개처럼 애매한 존재니까요.

오오키 안개에 뛰어드는 것이 중요하다고 생각하는 디자이너도 의외로 많은 거 같아요.

콘스탄틴 그럴지도 모르죠. 하지만 저는 무언가가 보일 때까지는 절대 뛰어들지 않아요.

오오키 그런 신중한 태도 때문에 클라이언트가 불안해하는 경우는 없나요?

콘스탄틴 전체 모습이 보이지 않는 상태에서 프로젝트가 진행되는 것은 클라이언트 입장에서 보면 걱정될 만하죠. 그래서 제가 '보였다'고 생각하기 전까지는 프레젠테이션을 하지 않아요.

말의 곳곳에서 흔들리지 않는 자신감이 느껴졌다. 혹시 멀리 돌아간다고 해도 항상 자신의 방식을 관철시키는 것의 힘을 다시 한번 느꼈다.

명작을 '노린다'는 의식을 항상 가지고 디자인한다

오오키 콘스탄틴 씨의 작품을 보면 매번 새로운 스타일이나 디자인 어프로치에 도전하려는 자세가 느껴져요. 어떤 의미에서는 자기부정을 이어가는 괴로운 작업이라는 생각이 드는데, 의식적으로 하는 건가요? 아니면 무의식적으로 하는 건가요?

콘스탄틴 같은 것을 반복하고 싶지 않기 때문에 의식적으로 하고 있어요.

오오키 그런 점이 콘스탄틴 씨의 '영국적인 자유'로도 해석되고 동시에 독일인다운 '자기 자신을 계속 의심하는' 측면으로도 보이는 거 같아요.

콘스탄틴 그렇네요. 영국의 나와 독일의 내가 항상 대화하고 있는 감각이 있어요. 새로운 것에 적극적으로 도전하는 한편 이거라고 결정하면 우직하게 앞으로 나아가요. 결과적으로는 '쌓아 올린다'라기보다 '항상 갱신해나간다'라는 감각으로 디자인을 하고 있어요. 그런 부분이 어떤 의미에서는 재스퍼 모리슨의 접근방식과 비슷할지도 몰라요.

오오키 전혀 그런 식으로는 생각해보지 못했는데 이야기를 듣고 있으니 그런 것도 같아요. RCA를 졸업한 후에 재스퍼 씨 회사에서 일하셨죠?

콘스탄틴 일했다고는 해도 반년 정도예요. 그것도 재스퍼와 저, 이렇게 둘뿐이었죠.

오오키 '정다운' 회사네요.

콘스탄틴 (웃음)

오오키 새로운 것에 도전하려고 하는 데는 주로 내적인 요인과 관련된 경우가 많은데, 외적인 요인, 그러니까 '변화해야지'라고 생각하게 되는 어떤 계기 같은 것도 있나요?

콘스탄틴 제 경우는 클라이언트에게 자극을 받는 경우가 많아요. 브랜드에 따라서 각각 특징이 다르기 때문에 그것에 대응하려면 자연스럽게 내 자신이 변하지 않으면 안 되니까요. 그래서 새로운 클라이언트와의 만남이 소중하다고 생각해요.

오오키 어떻게 보면 배우 같은 사고방식인 거 같아요.

콘스탄틴 사실 그건 저도 자주 사용하는 비유 표현이에요. 오해하지 않으시면 좋겠는데, "로버트 드 니로같이 되

고 싶다"라는 말을 자주 해요.(웃음)

오오키 어떤 역할을 맡아도 그 사람다운 느낌을 낼 수 있는 재능과 어떤 역할에도 완전히 스며들 수 있는 재능이 있는 것 같은데, 콘스탄틴 씨는 후자라는 거죠?

콘스탄틴 네, 그렇죠.

오오키 새로운 만남이 소중하다는 이야기를 하셨는데, 오랜 기간 같이 일을 해온 클라이언트도 많으시죠?

콘스탄틴 마지스나 비트라가 특히 오래 같이 일을 했죠.

오오키 저는 기간이 오래되면 질도 비례해서 좋아진다는 생각을 합니다. 그래서 '최초의 프로젝트야말로 최악의 프로젝트'라는 지론을 가지고 있어요.

콘스탄틴 최초의 프로젝트는 도박 같은 것으로 한 번 작업을 같이하면 서로를 더 잘 이해하게 되고 다음의 커뮤니케이션도 원활하게 이루어지고 도전도 더 쉬워진다고 생각해요. '초심자의 행운'처럼 첫 발에 터지게 되는 경우가 드물지만 있는데, 그렇게 되면 다음이 힘들어지는 경우도 있어요.

오오키 그것도 영화 같네요. 영화가 대박이 나면 후속편은 성공하기 어려운 것 같은.(웃음)

콘스탄틴 (웃음)

오오키 어떤 디자이너라도 '승리 패턴'이 있을 거라고 생각해요. 콘스탄틴 씨의 경우는 그걸 의식적으로 피하는 듯이 보여요.

콘스탄틴 '승리 패턴'은 있어요, 저한테도. 하지만 항상 '도구'는 바꾸려고 해요. 디자인을 하기 위한 도구를 그때마다 디자인하는 감각이라고 하면 될까요?

오오키 '승리 패턴'은 바꿀 수 없지만 '도구'로 변화를 준다. 어딘지 모르게 장인 같은 사고방식이네요. 장인은 물건을 만들기 위해서 일단 도구부터 만드니까요.

콘스탄틴 그렇죠.

오오키 그렇다면 궁금한 건 많은 변화를 추구하는 것과는 반대로 절대 바꿀 수 없는 요소는 무엇일까요?

콘스탄틴 기초 부분이죠. 무엇보다 기초가 중요해요. 젊은 직원들에게도 몇 번이고 반복해서 계속 말하는데, 기초를 가볍게 생각해서는 변화가 불가능해요. 나뭇조각 두 개를 잇는다는 것은 어떤 것일까, 그 의미를 정말로 머리와 몸으로 이해하고 있는지가 갈림길이 됩니다.

오오키 콘스탄틴 씨는 영국 학교를 다니기 전에 앤티크 가구를 수리하는 아틀리에에서 일을 해서 가구 목공 기술 자격을 가지고 있다고 들었어요. 그건 무언가를 만들 때 필요한 기초를 익히려고 하신 건가요?

콘스탄틴 부끄럽지만 그 당시에는 그 정도로 제대로 된 목적의식은 없었어요. 하지만 결과적으로 기초를 몸으로 익혔다는 의미에서는 지금의 일에 도움이 된다고 생각해요.

오오키 변하지 않는 부분과 변하는 부분의 균형이 바로 콘스탄틴 씨가 '명작'을 양산할 수 있는 힌트 같다는 생각이 드는데, 당사자는 어떻게 생각하세요?

콘스탄틴 …. 명작은 자신이 그걸 노린다고 만들 수 있는 게 아니에요. 다만 '노린다'는 의식은 항상 가져야 한다는 생각이 들어요. 스스로는 완벽하다고 생각한 작품이 전혀 좋은 평가를 받지 못하거나 반대의 경우도 생기기 때문이에요. 설득력은 없을지도 모르겠네요.

오오키 충분히 설득력이 있어요. 마지막으로 앞으로 하고 싶은 프로젝트 같은 게 있을까요?

콘스탄틴 (다시 잠시 침묵) 아마도 제 안에서 지금 하고 싶다고 생각하는 일은 나를 그렇게 높여주는 일은 아닐 거라고 생각해요. 나 자신이 지금 전혀 예상할 수 없는 일이 바로 내가 가장 하고 싶은 일이 아닐까요?

주

1 디터 람스Dieter Rams

독일 비스바덴 출신 공업 디자이너다. 1932년에 태어났다. 기능주의적인 디자인으로 유명하며 독일의 가전 브랜드 브라운 디자인 부문 책임자로 수많은 제품을 만들었다. 애플 제품에도 큰 영향을 주었다.

2 올리베티Olivetti

1908년에 이탈리아 피에몬테에서 타자기 제조 · 판매업체로 설립되었다. 그 후에 컴퓨터 제조 등을 시작했고 현재는 텔레콤이탈리아 산하의 시스템 개발 업체다. 예전에는 수많은 디자이너와 협업해서 물건을 만들었다.

정리 투철한 장인정신을 가지고 금욕적이면서도 변화나 새로운 것에 대한 높은 허용도까지 갖춘 콘스탄틴 씨는 '예전 좋았던 시절의 정통파 공업 디자이너'로서 최후의 인물일지도 모른다.
달변가가 아니기 때문에 마음 깊이 전해지는 메시지가 있는 것처럼 서투르기 때문에 만들어지는 디자인도 있다. 앞으로도 명작을 양산해낼 것은 분명해 보인다.

_《엘르 데코》 2015년 4월호

콘스탄틴 그리치치 Konstantin Grcic
1965년에 독일 뮌헨에서 태어났다. 영국에서 가구공 교육을 받은 뒤 영국왕립예술학교를 졸업했다. 재스퍼 모리슨 회사에서 근무하다가 1991년에 뮌헨에 콘스탄틴 그리치치 인더스트리얼 디자인을 설립했다. 만든 작품 대부분이 뉴욕현대미술관 등의 영구 소장품으로 등록되어 있다. 2018년에는 프라다의 새로운 프로젝트 '프라다 인바이트Prada Invites'를 통해 프라다의 나일론 패브릭을 사용한 가방처럼 사용할 수 있는 '낚시조끼'를 디자인해서 발표했다. 이 이외에 진스JINS 디자인 프로젝트 제2탄에서 처음으로 안경 디자인에도 도전했다.

12 마르셀 반더스

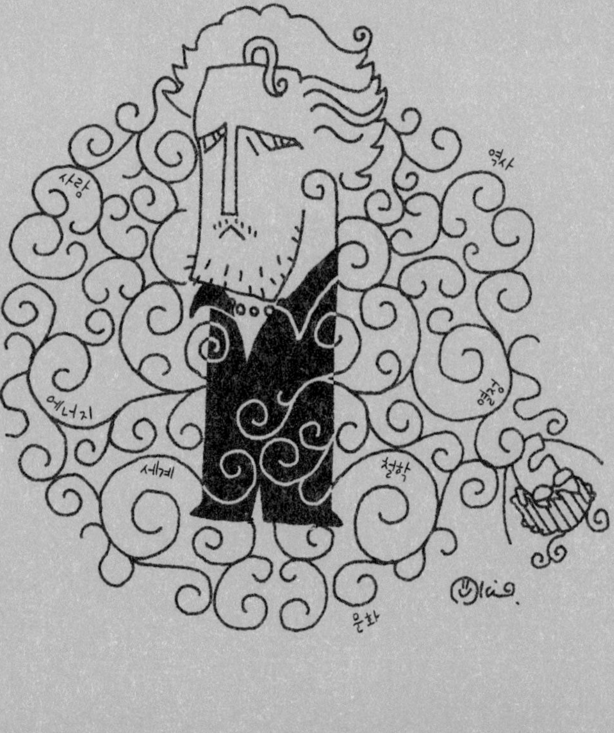

밀라노 가구 박람회가 한창이던 때에 수많은 사람들로 붐비는 토르토나 지구에서도 특별히 더 북적거리는 네덜란드 가구 브랜드 모오이[1]. 이 브랜드의 메인 디자이너이자 창업자이기도 한 마르셀 반더스 씨를 기다렸습니다. 십수 년 전에 일대 선풍을 일으킨 '드룩[2]'의 핵심 멤버이자 그때부터 단숨에 정상에 올라갔다. 카리스마 넘치는 반더스 씨는 큰 키와 단정한 외모 때문에 '프린스'로도 불리지만 솔직한 말투와 과격한 비주얼 프레젠테이션 때문에 '폭군'으로도 불리는, 어쨌든 화제를 몰고 다니는 사람입니다. 알레시와 바카라에서 귀부인 드레스 같은 우아한 컬렉션을 발표하더니 네덜란드 가구 브랜드 모오이의 파티에서는 천장에 매달린 수영복 차림 여성이 회전하면서 샴페인을 따라주는…. 이런 설명으로는 전혀 이해가 되지 않을 것 같네요.(땀)

타인에게 무슨 말을 들어도 디자인과 생각은 변하지 않는다

오오키 수고하셨습니다.

마르셀 반더스 (이하 '마르셀') 별로 수고하지는 않았어요. 어느 정도 이상이 되는 디자이너라면 박람회 기간 중에는 모두 이렇잖아요. 제가 뭐 틀린 말을 했나요?

오오키 아니요, 지당하신 말씀입니다.(땀)

마르셀 오오키 씨야말로 바쁘지 않나요? 일을 얼마나 더 해야지 직성이 풀리려나.

오오키 그건 서로 마찬가지잖아요.(땀) 취재가 바쁘셔서 다른 전시는 거의 못 보시죠?

마르셀 그렇지 않아요. 취재 중간에 후다닥 돌아보고 있어요.

오오키 그렇군요. 좋은 전시가 있으면 알려주세요.

마르셀 그것보다 내가 전시를 보러 가면 인스타그램인지 페이스북인지 아무튼 '내 작품을 마르셀 반더스가 인정했다'는 식의 엉터리 코멘트를 쓰는 인간들이 너무 많아서 화가 나요, 진짜. 그래서 아무 말도 하지 않기로 했어요.

오오키 아무 말도 안 한다?

마르셀 아니, 좋다고 생각하지 않는 걸 보고 '좋다'고는 절대로 말하고 싶지 않잖아요?

오오키 네, 뭐 그렇죠.(땀)

마르셀 뿌리부터 솔직한 사람이니까. 그렇다고 좋다고 생각한 걸 칭찬한다 해도 그 녀석한테 무슨 의미가 있나? 그러니까 나는 아무 말도 안 해요.

오오키 … 참신한 생각이에요.

마르셀 타인이 뭐라고 한다고 해서 생각이나 하는 일이 바뀌는 건 아니니까. 원래 다른 사람한테 의견을 구하는 게 아니에요. 지금 오오키 씨가 내 칭찬을 해도 비판을 하거나 나는 무엇 하나 변하지 않으니까. 알겠죠?

오오키 네.(땀) 그러니까 마르셀 씨는 다른 사람의 비판이나 의견에 거의 관심이 없다는 건가요?

마르셀 나는요. (계속 얼굴을 바라보며)

오오키 (땀)

마르셀 나를 위해서도 오오키 씨를 위해서도 (지나가는 사람을 가리키며) 저 녀석을 위해서도 아닌, '세계'를 위해서 디자인을 해요. 알겠어요?

오오키 …. 그러니까 시선을 더 먼 곳에 둔다는 느낌인가요? 대중이나 넓은 고객층을 의식하고 만든다는 느낌?

마르셀 음, 어떻게 말해야 할지, 그러니까 나는 '이어지기' 위해서 만드는 거예요. '개인'이 아니라 '세계'와 이어지는…. 전 세계 사람에게 비판받는 물건을 만드는 건 역시 곤란하지만요.(웃음) 그래서는 이어지는 게 불가능하니까요. 중요한 건 내 철학과 사랑으로 세계와 이어지는 거예요.

오오키 제 안에서는 아직 그 말의 의미가 확실히 이해되지는 않는데요. 반대로 말하면 전 세계 디자이너가 지나치게 '개인'을 의식한다는 뜻인가요?

마르셀 그렇죠. 그거예요. 알고 있네요. 모두 '디자인으로 세계를 바꾼다'와 같은 말을 하지만 사실 진심으로 그런 걸 생각하진 않아요.

이 한마디에 뜨끔했다. 확실히 디자인의 사회적 의의에 대해서 말을 하면서도 그것을 항상 의식하면서 매일 일을 하고 있느냐고 묻는다면 가슴을 펴고 단언할 수는 없을 것 같다. 아무래도 당장 눈앞에 있는 과제와 클라이언트 의향, 상품 타깃이 되는 이용자 등 자신도 모르는 사이에 그런 '상대방의 얼굴'을 떠올리며 디자인하고 있었는지도 모른다.

마르셀 그러니까 최근에 디자이너들이 뒤에서 몰래 서로 비판하거나 미디어나 서로의 얼굴색을 살피면서 디자인하는 일이 많아요. 자신의 내면을 더 들여다보라는 말이죠.

오오키 내면, 말인가요?

마르셀 그래요. '철학'이라든지 '사랑'. '열정'도.

오오키 자신의 내면을 의식하는 것과 세계와 이어지는 건 어떤 관계가 있나요?

마르셀 ….

오오키 ….

마르셀 그렇게 어려운 질문을 하다니.

오오키 네?

마르셀 그러니까, 음…. 어중간한 곳을 보면 안 된다는 말이에요. 자신의 '안쪽'과 세계의 '바깥쪽'만 제대로 보고 있다면 괜찮다고 생각해요. 그러면 세계와 연결된 디자인이 가만히 있어도 완성되죠. 이렇게 설명해도 이해가 안 되나요?

오오키 굉장히 흥미로운 이야기네요. 그러니까 초거시적인 시점과 초미시적인 시점, 두 시점으로 생각하는 거네요.

마르셀 그런데 그냥 보는 것만으로는 안 되고, 이 둘이 이어지는 부분을 찾기 위해서 죽을힘을 다해 노력해야 해요.

개인적인 시점과 시대적 공기의 흐름을 관찰하는 눈.

공통 뿌리를 도출하기 위한 방대한 에너지. 그것이 바로 사회를 움직이는 디자인을 만드는 힌트인 것 같다. 내 경우는 멍하게 어디에도 초점을 맞추지 않는 시선으로 디자인을 하고 있지만, 초근접과 초망원을 조합한 사고방식과 어딘가 비슷한 요소가 있을 것 같다.

오오키 그런 생각은 스스로 하시게 되었나요?

마르셀 당연하지. 학교 같은 곳에선 뭐 하나 제대로 된 걸 가르쳐주지 않으니까요. 학생은 선생님을 기쁘게 하는 것만 생각하고 디자인을 해요. 그건 걸 아무리 잘해도 어디에도 도움이 안 돼요. 선생님과 잘 맞지 않는 학생은 우울해하고, 다른 학생들은 그를 내심 한심하게 생각해요. 성적이 좋은 아이는 다른 사람을 무시하면서 우쭐해하죠. 끔찍한 이야기예요. 특정한 누군가를 즐겁게 하는 디자인 같은 건 누구라도 할 수 있고, 그런 것에 가치 같은 건 없어요.

오오키 어떻게 하면 좋을까요?

마르셀 애초에 선생님이 학생 작품에 점수를 매겨선 안 된다고 생각해요.

오오키 재미있네요. 마르셀 씨는 학생을 지도해본 적이 있나요?

마르셀 한 번 있어요. 디자인 아카데미에서 1년간 수업을 했어요.

오오키 우리가 흔히 '아인트호벤'이라고 부르는 곳이네요. 네덜란드의 엘리트 학교.

마르셀 맞아요, 거기. 저는 점수 같은 건 하나도 매기지 않았어요.

오오키 그러면 어디에 중점을 둔 교육을 하셨나요?

마르셀 학생들에게 자극을 주는 것. 학생들의 생각을 이해하려고 한 것밖에 없어요. 그리고 학생들에게는 리서치를 제대로 하는 태도와 노력을 아까워하지 말라는 자세만 요구했죠. 그걸로 충분해요.

너무 정확하게 핵심을 찌른 대답이었기 때문에 또 이마에서 식은땀이 흘렀다.

오오키 멋진 생각이에요. 마르셀 씨에게 배운 학생들은 행복했겠어요.

마르셀 정말 최고의 시간이었죠. 그런데 학생 95퍼센트가 졸업을 못했어요.

오오키 방금 한 말은 취소하겠습니다.

마르셀 (웃음)

오오키 교육 이야기가 나와서 말인데, 학교뿐만 아니라 디자인 회사도 충분히 인재 교육의 공간이 된다고 생각하는데, 마르셀 씨 회사 직원들 이야기를 해주시겠어요? 오래된 학교 건물을 개축해서 사무실로 사용한다고 들었어요.

마르셀 엄청 큰 건물이라 우리는 한 층만 사용하고 다른 곳에는 다양한 회사가 들어와 있어요.

오오키 마르셀 씨 사무실이 제일 좋은 층을 사용하겠네요.

마르셀 당연한 거 아닌가요?(웃음)

오오키 직원은 모두 몇 명인가요?

마르셀 지금은 쉰 명 정도? 인테리어 디자인에는 사람이 많이 필요해요. 나는 꽤 디테일에 신경을 쓰는 편이거든요.

오오키 대부분이 인테리어 디자이너인가요?

마르셀 아트 디렉터도 몇 명 있어요. 디자인을 하면 그래픽이나 영상 같은 것도 생각해서 전체적으로 브랜드를 관리하고 싶거든요.

오오키 마르셀 씨가 만든 작품을 보면 광고 비주얼 같은 것도 정말 훌륭해요. 세계관에 흐트러짐이 없어요. 모오이의 전시장도 전시된 가구뿐만 아니라 공간 구성, 음악, 벽면의 사진과 같은 세부까지 아주 철저하게 관리하고 있는 것이 보여요.

마르셀 그러니까 오오키 씨한테 칭찬받아도 기쁘지 않다고 했잖아요.

오오키 죄송합니다!(땀)

마르셀 그래도 아직 사람이 더 필요해요.

오오키 어떤 기준으로 디자이너를 채용하시나요?

마르셀 디자이너가 아니라도 상관없어요.

오오키 무슨 말이죠?

마르셀 인재에게 기대하는 바는 뭐든 하나면 되니까 특징이 있어야 한다는 점이죠. 하나라도 뛰어난 능력이 있으면 그걸 살려서 엄청난 일을 하면 되니까요. 그걸 끌어내는 게 내가 할 일이죠.

오오키 그렇군요.

마르셀 아무것도 못할 것 같은 사람도, 예를 들어 빵을 엄청 맛있게 굽는다고 쳐요. 그 사람을 고용한 다음 그 능력을 사용해서 어떤 프로젝트를 할지 생각해요. 아마도 빵집이겠지만요.(웃음)

오오키 조직을 살리기 위한 개인을 찾는 게 아니라 개인을 살리기 위한 조직을 생각하는 점이 매력적인 사고방식이네요. 공감이 갑니다.

마르셀 모오이도 비슷한 느낌이죠. 예전에는 내가 디자인한 가구 중에 제대로 팔린 것도 없었고, 그러니까 당연히 상품화를 해줄 업체도 없었고요. 그래서 친구와 둘이서 브랜드를 만들고 나 이외에 재미있는 젊은 디자이너를 찾아서 연락을 했죠. 지금 가장 하고 싶은 일을 여기서 하라고요.

오오키 마르셀 씨의 교육, 조직론과 완전히 일치하네요.

마르셀 마르텐 바스[3], 프론트[4], 니카 주판크[5], 스튜디오 욥[6], 베르티안 포트[7], 론 질라드[8]…. 모두 다 하고 싶은 대로 하다가 지금은 훌륭한 디자이너가 되었잖아요? 어때요?

오오키 정말 그렇네요. 모오이는 브랜드라는 틀을 넘어서 인큐베이션 같은 역할도 하고 있네요. 정말 두 손 두 발 다 들었어요.

마르셀 아니 그런 소리 하지 말고 오오키 씨도 뭐라도 디자인을 하세요. 올해 발표한 이 카펫, 진짜 대단하니까. 아무리 큰 사이즈라도 한 번에 잉크젯으로 프린트하는 기술을 찾았어요. 데이터를 보내주면 거기서 바로 출력해서 납품할 수 있어요. 대단하죠?

오오키 디지털프린트라고는 생각 못할 만큼 발색이 좋네요. 세부까지 잘 표현되어 있고요. 혹시 부탁드릴 일이 생기면 그때는 잘 부탁드려요.

마르셀 그러죠.

프로듀서와 디자이너의 서로 다른 입장

오오키 교사라고 할까, 프로듀서적인 역할에 대한 이야기 쪽으로 잠시 샜는데요….

마르셀 아니, 오오키 씨가 시작했잖아요.

오오키 네, 그렇죠. 그러면 이제 디자이너 마르셀 씨에 대한 이야기를 들려주세요. '프로듀서' 마르셀 씨와 '디자이너' 마르셀 씨는 같은 입장인가요?

마르셀 전혀 달라요. 내가 가구나 프로덕트를 디자인할 때는 '조각가' 같은 이미지로 일을 해요. 큰 돌덩어리를 조금씩 깎아서 형태를 만들어내는 느낌이라고 할까.

오오키 처음부터 끝까지 뺄셈이네요.

마르셀 그렇죠. 한편 인테리어 공간이나 모오이 같은 브랜드 일을 할 때는 '지휘자' 기분.(양팔을 번쩍 들어 올리며) 전혀 다른 요소를 가지고 와서 탁탁 하고 격렬하게 맞부딪히는 감각이요. 세세한 조절 같은 건 전혀 하지 않아요. 그대로 위로 점점 쌓아 올려서 오케스트라처럼 음악을 연주하게 하는 거죠.

오오키 덧셈, 아니 곱셈에 가깝네요.

마르셀 그래요. 신기하게도 전혀 다른 문화권의 요소를 그대로 맞부딪히게 해도 의외로 확실히 스며드는 경우가 있어요. 굉장하죠.

오오키 재미있네요. 하나의 요소가 아니니까 이 정도로 임팩트가 강하면서도 안정감과 화려함이라는 독특한 깊이를 가진 표현이 만들어지네요.

마르셀 이런 표현은 모더니즘이라는 틀에서는 불가능해요. 그래서 모더니즘 같은 건 엿이나 먹으라고 해요. 오해받고 싶지 않으니까 말해두는데, 물론 모더니즘 사고방식은 저 나름대로도 이해하고 있고 존경해요. 정말 좋아하는 작품도 있고요. 하지만 모더니즘은 미래만 바라보고 과거를 경시하는 사고예요. 과거를 보지 않고는 미래 같은 건 없어요.

오오키 그렇군요. 과거를 통해 바라보는 미래에 관심이 있으시군요. 마르셀 씨에게 그 미래는 어떤 풍경인가요?

마르셀 기본, 새로운 기본을 만드는 거예요. 그건 역사와의 대화를 통해서만 가능해요. 역사와의 대화 없이는 세계와 이어지는 것도 불가능하죠. 그래서 모더니즘이라는 방법론을 통해 나온 디자인은 수명이 짧다고 생각하는 거예요. 내가 정말 만들고 싶은 건 자식, 손주, 그 다음 세대로도 이어지는 '새로운 기본'입니다.

주

1 모오이Moooi

2001년에 마르셀 반더스와 캐스퍼 비제가 만든 네덜란드 인테리어 브랜드다. 네덜란드를 중심으로 활약하는 전위적인 젊은 디자이너들과 함께 수많은 제품을 개발하면서 급속하게 존재감을 드러내고 있다.

2 드룩droog

1993년에 네덜란드에서 시작된 디자인 운동이다. 이제까지 무가치하다고 여겨진 것을 새로운 시점으로 바라보고 재조합하거나 보여주는 방식을 달리해서 새로운 가치를 부여해 다시 살려내려는 시도다. 기존의 양산 디자인 개념을 뒤집어서 관계자들에게 충격을 주었다.

3 마르텐 바스Maarten Baas

독일 아른스베르크 출신으로 1978년에 태어났다. 명작 가구를 태운 전위적인 작품이 화제가 되었고 그 후에 모오이에 합류했다.

4 프론트FRONT

스웨덴 출신의 여성 디자인 그룹이다. 등신대의 동물 모형을 테이블 등과 조합한 작품으로 유명하다.

5 니카 주판크Nica Zupanc

슬로베니아 출신 인테리어 디자이너다. 귀여운 이미지 제품을 다양한 브랜드와 함께 만들고 있다.

6 스튜디오 욥Studio Job

네덜란드 디자인 아카데미 아인트호벤의 졸업생 두 명이 2000년에 설립했다. 기발한 그래픽 등으로 주목받고 있다.

7 베르티안 포트Bertjan Pot

네덜란드 디자인 아카데미 아인트호벤 출신으로 물건 구조와 제작 과정에 착목한 실험적인 작품을 다수 만들었다.

8 론 질라드Ron Gilad

1972년에 이스라엘 텔아비브에서 태어났다. 단순하면서도 정교하고 가지고 놀고 싶도록 만든 디자인이 특징이다.

정리

굉장히 천진난만하게 판타지의 세계를 꿈꾸면서도 냉정하게 현실을 직시한다. 그 불균형이 바로 마르셀 반더스라는 디자이너의 개성이 아닐까? 안과 밖, 철학과 사랑, 개인과 조직, 뺄셈과 곱셈, 과거의 미래…. 항상 두 가지 요소를 바라보고 관련성을 이끌어내는 것이 그에게는 디자인일지도 모른다. 이런 이야기를 듣고 나니 나도 다시 제대로 '세계'를 의식하면서 디자인을 해야겠다고, 과거를 내려다보는 것으로 보이는 미래를 기대해야겠다고 생각하게 되었다. 조금 더 디자인을 좋아하게 만들어준 마르셀 씨에게 감사한다.

_《엘르 데코》 2015년 8월호

마르셀 반더스 Marcel Wanders

1963년에 네덜란드 복스털에서 태어났다. 1988년에 디자인 아카데미 아인트호벤을 졸업하고 1995년에 암스테르담에 자신의 스튜디오를 설립했다. 1996년에 발표한 '노티드 체어Knotted Chair'로 전 세계의 주목을 받았다. 2001년에 모오이를 공동 설립하고 아트 디렉터로 취임했다. 2006년 엘르 데코 인터내셔널 디자인 어워드에서 '올해의 디자이너'로 선정되었다. 알레시, 케이엘엠KLM 네덜란드 항공, 플로스, 바카라, 본돔과 같은 브랜드의 디자인을 담당했고, 2010년부터는 고세의 화장품 브랜드 코스메 데코르테의 고가 라인인 '코스메 데코르테 에이큐 엠더블유AQ MW'의 아트 디렉터로도 활동하고 있다. 2014년에는 암스테르담 스테델릭 뮤지엄에서 커리어의 중요한 변곡점이 되는 대규모 개인전을 개최했다.

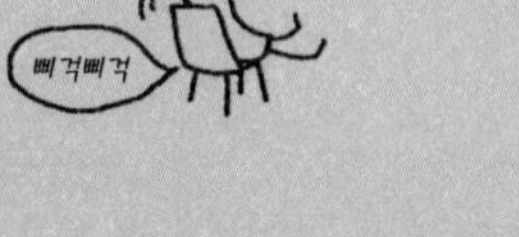
그렇군요, 그렇군요
삐걱삐걱

13 재스퍼 모리슨

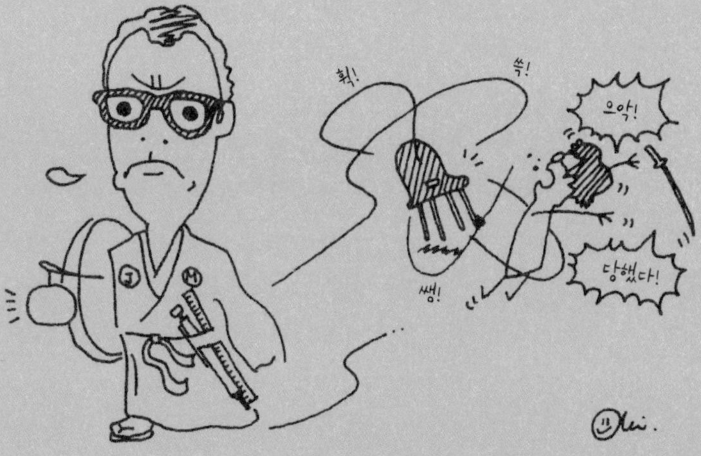

재스퍼 모리슨이라고 하면 비트라, 마지스, 플로스, 카펠리니 등 최고 브랜드의 베스트셀러 상품은 언제나 이 사람 손에서 만들어졌다고 할 정도로 말이 필요 없는 가구 디자인계의 넘버원 실력자입니다. 또한 수많은 톱 디자이너들도 모두 인정하는 존재임에 틀림이 없습니다. 그런 재스퍼 씨의 가장 큰 특징은 뭐니 뭐니 해도 특징이 없다는 점입니다. 모든 것을 '처음의 상태'로 되돌려서 본질을 철저하게 밝혀냅니다. 기발하지도, 화려하지도 않으면서 많은 사람을 사로잡는 디자인은 어떻게 만들어질까요? 파리 시내에서 전철과 차를 갈아타고 세 시간 정도 걸려서 도착한 곳은 재스퍼 씨의 회고전 '사물들THINGNESS'이 열리는 벨기에의 미술관 '르 그랑 오르뉘'였습니다. 그곳에서 재스퍼 씨의 이야기를 들어보았습니다.

프로덕트 본래의 모습을 찾아서 '정답'을 도출한다

제스퍼 모리슨 (이하 '재스퍼') 일부러 여기까지 와주어서 고마워요. 미술관 안에 카페테리아가 있는데 맥주라도 마시겠어요?

오오키 네, 좋아요.

재스퍼 여기 샌드위치는 빈말이라도 맛있다고 못하지만, 맥주는 괜찮아요.

재스퍼 씨와는 지금까지 몇 번 파티 등에서 인사를 나누었지만 '말이 없고 조금 무서운 사람'이라는 인상이 있었기 때문에 캐주얼한 분위기에 마음이 놓였다.

오오키 샌드위치는 확실히 맛이 없네요.

재스퍼 그렇죠.(미소)

오오키 미술관에서 여는 개인전은 오랜만인가요?

재스퍼 네.

천천히 생각을 정리하면서 입 안쪽에서 나오는 낮은 목소리로 나직이 말하는 특징적인 말투다.

재스퍼 여기서 석 달 동안 전시를 하고 뮌헨과 런던을 순회

할 예정이에요. 전시에 맞추어 도록도 만들어야 해서 고생을 좀 했어요.

오오키 방대한 아카이브 가운데 전시 작품을 선정하는 것도 힘들지만 물리적으로 한곳에 다 모으는 것도 정말 큰일이죠.

재스퍼 나에게 없는 작품은 이베이에서 사기도 하고.(미소)

오오키 작가 본인이 인터넷 경매 사이트에서 산다고요?(웃음) 도록도 봤는데 세부까지 신경을 썼다는 느낌이 곳곳에서 들었어요.

재스퍼 강연이 싫은 만큼 책을 열심히 만들고 있어요.(미소)

오오키 사실 저도 강연은 별로 좋아하지 않아요.

재스퍼 강연은 현장에 있는 사람들에게만 말이 전해지지만 책은 좀 더 사람들과 이어질 수 있다는 생각이 들어요. 무엇보다 강연은 바로 기억에서 사라지지만 책은 언제나 책장에서 꺼내볼 수 있고요.

오오키 지금 회사는 어디에 있나요?

재스퍼 도쿄와 런던, 파리, 밀라노. 도쿄, 런던, 밀라노에 각각 직원이 한 명씩 있고 파리에는 아무도 없어요. 제가 갔을 때만 사용해요. 사무실 직원은 저를 포함해서 전부 네 명입니다.

오오키 생각보다 적다는 느낌이 들어요.

재스퍼 공간 디자인은 하지 않으니까 그렇게 많은 사람이 필요하지 않아요. 이제 파리 사무실은 없애고 스페인의 마요르카섬에 거점을 두려고 해요.

오오키 마요르카섬이요? 부러워요. 그러고 보니 마요르카섬에 본사가 있는 캠퍼와도 같이 일을 하시죠. 저도 매장과 선글라스 디자인을 한 적이 있어요.

재스퍼 네, 맞아요. 재미있는 회사예요. 하지만 마요르카섬으로 옮기는 건 캠퍼를 위해서라기보다는, 파리는 공항에서 시내까지 교통편이 너무 불편해서 스트레스가 쌓여요. 그 스트레스에서 해방되고 싶어요. 파리 사람들은 파업의 달인이니까.(미소)

오오키 연중 파업으로 교통기관이 마비되니까요. 저도 비행기 시간에 늦어서 놓친 적이 있어요.

재스퍼 사실은 런던에 계속 있고 싶은데 영국에는 제조업체가 거의 없어요.

오오키 훌륭한 학교, 미디어, 미술관, 디자인 회사는 많은데 왜 제조업체만 딱 빠졌을까요?

재스퍼 손을 움직이는 장인이 없어요, 영국에는.

오오키 산업혁명 때문일까요?

재스퍼 그것도 그렇지만 대처 정권 시절 제조업보다 서비스업에 중점을 둔 정책 탓이 크다고 생각해요. 그게 좀 지나쳤죠.

여기서 예전부터 궁금했던 재스퍼 씨의 디자인 기법에 대해서 물어보았다. 나처럼 일상 속에 숨어 있는 '비일상'을 찾아내는 것과는 다르게 재스퍼 씨는 일상의 핵심을 형성하고 있는 '초일상'을 부단히 발굴해내는 것 같다는 생각이 든다. 똑같이 '일상'을 베이스로 한다면 '표층'과 '심층'이라는 심도의 차이가 디자인 프로세스에 어떤 영향을 주는지 굉장히 궁금했다.

오오키 재스퍼 씨 디자인을 보면서 항상 대단하다고 생각하는 이유는 심플함이나 익명성 같은 것이 아니라 매번 '정답'을 제시한다는 점이에요. 언제나 모든 것의 핵심을 간파하고 있다고 해야 할지. '맞아, 이게 정답이네' 하고 납득하려는 찰나에 또 새로운 '정답'이 나와요. 그때마다 디자인은 수학과는 다르게 정답이 무수히 존재한다는 생각이 들어요.

재스퍼 그건 내가 제품의 '본래 모습'을 항상 찾기 때문일지도 몰라요. 거리의 표지판이나 안내판은 불필요한 부분을 제거한 픽토그램을 사용해서 만인이 이해해요. 그것에 가까운 것을 제품에서 하려는 것뿐이죠.

오오키 그래도 픽토그램에는 그렇게 많은 정답이 없잖아요?

재스퍼 복수의 정답이라는 부분은 같이 일하는 회사나 담당자, 장인, 기술, 소재 등 프로젝트에 영향을 주는 인자가 변하면 답도 자연스럽게 변하니까.

오오키 외적 요인의 영향이라는 말인가요?

재스퍼 맞아요. 저 자신은 항상 같은 일을 할뿐이죠. 그것보다 그것밖에 할 줄 몰라요.(미소)

오오키 아니, 그게 아니라.(땀) 매번 상황이 변해도 같은 식으로 정답이 딱 보이나요?

재스퍼 깔때기 같은 느낌이려나. 우여곡절이 있기는 하지만 마지막에는 같은 곳에 착지해요. 어떤 타이밍에서 '잡았다'라는 감각이 느껴지는데, 거기서부터는 흐름을 타고 쓱 수습하면 끝.

오오키 '잡았다', 다음에는 '쓱 수습'인가요?

재스퍼 표현은 다를지 몰라도 오오키 씨도 같은 느낌 아닌가요?

오오키 아니, 저는 그런 차원의 디자이너가 아니라서.(웃음) 그런데 재스퍼 씨라고 하면 의자를 빼고는 말할 수가 없는데요, 일본인 디자이너에게 의자는 꺼리게 되는 아이템이에요. 서양 디자이너와의 차이가 확연하게 드러나는 프로덕트라고 생각해요. 물론 역사를 거슬러 올라가면 일본인이 만든 멋진 의자도 있지만 좋은 의미든 나쁜 의미든 정통적인 문맥의 연장선 위에는 없어요. 넨도의 의자도 뉴욕현대미술관과 퐁피두센터에 소장되어 있지만 정통적인 평가인 것 같지는 않아요.

재스퍼 그것과 비슷한 이야기인데, 나는 무인양품과 일을 할 때 아무리 해도 넘을 수 없는 무언가를 느껴요. 일본인의 근저에 있는 공통언어를 안타깝게도 우리 유럽의 디자이너는 완전히 알기가 어려워요. 나오토(후카사와 나오토*1)는 유유히 그 영역을 헤엄치고 있는데.

오오키 굉장히 재미있는 이야기네요. 제 눈에는 재스퍼 씨가 의자라고 하는 엄청난 난적을 마음대로 가지고 논다고 밖에 보이지 않거든요.

재스퍼 익숙함의 문제예요. 결국은 몇 가지 요소의 복합체니까. 망설여질 때 마지막 결정적인 방법은 '공간에 두었을 때의 이미지를 떠올려보는' 거예요.

오오키 디테일에 집중하는 대신 반대로 멀리서 바라보는 건가요?

재스퍼 맞아요. 사용되는 모습을 상상하면 어느 쪽이 내구성 있는 디자인인지 보여요.

오오키 그래서 재스퍼 씨의 의자는 어떤 공간에도 잘 어우러지는 강점이 있는 거네요.

재스퍼 결과론이지만 덕분에 집에서 사용하는 가구회사와 계약을 맺고 대량 생산하는 가구, 어느 쪽의 수요에도 대응하는 디자인을 만들 수 있게 되었어요.

오오키　그게 바로 지금 시대에 가장 필요한 요소죠.

재스퍼　시대와 자신의 방향성이 우연히 일치한 거예요. 그냥 운이 좋았어요.

오오키　방금 전에 공간에 두었을 때의 이미지를 떠올려본다고 하셨는데 그건 누구나 간단히 할 수 있는 일이 아니라고 생각해요.

재스퍼　사실 공간의 기분 좋은 느낌을 굉장히 신경 쓰는 사람이어서 말이죠.

오오키　예전부터 직감적으로 공간의 질을 느꼈다는 건가요?

재스퍼　그렇죠. '왠지 여기는 기분이 좋네'라든지 '여기는 기분이 나빠'라든지, 왠지 모르게 알아채게 돼요. 그래서 예전부터 어떤 친척집은 마음이 불편해서 항상 빨리 집에 가고 싶었어요.(미소)

오오키　그 이야기는 정말 재미있는데요!

재스퍼　공간과 거기에 놓인 물건의 관계에 굉장히 관심이 많아요. 그 물건에 따라서 공간이 급변하는 감촉이라고 할까요. 가구를 바꾸는 순간에 딱 공간의 질이 변하는 것 같은.

오오키　스마트폰과 앱 같은 관계네요. 소프트웨어를 바꾸는 순간 하드웨어가 가진 의미가 순식간에 변하는 것 같은.

재스퍼 앱이 없으면 스마트폰도 의미가 없죠. 어제 파리의 퐁피두센터에 최근 오픈한 아틀리에 브랑쿠시에 친구인 하이메 아욘[2]과 같이 갔어요. 콘스탄틴 브랑쿠시[3]는 '이 작품은 아틀리에의 이 선반의 이 위치가 아니면 안 돼'라고 정해두었다고 하더라고요. 그래서 렌조 피아노[4]가 디자인을 맡았는데 작품의 배치, 그러니까 위치 관계만은 정확하게 유지되어서 다시 한번 물건과 공간의 관계를 생각하게 되죠.

오오키 공간을 디자인하고 싶다고는 생각하지 않으세요?

재스퍼 공간 디자인은 요소가 너무 많아서 제가 감당하기 어려워요.(미소) 동시에 컨트롤할 수 있는 범위가 굉장히 한정적이에요.

오오키 요소가 많아서 한정적이라는 말은?

재스퍼 구성 요소는 많은데, 이미 준비된 구조체와 부지 조건, 주위 환경 등의 제약에서 결정적인 부자연스러움을 느껴요.

오오키 그렇군요.

재스퍼 그리고 모크업mockup을 한 번밖에 못 만들잖아요.(미소)

오오키 ! (웃음) 확실히 한 번에 승부를 보아야 하네요.

재스퍼 가구라도 충분히 공간을 컨트롤할 수 있어요. 공간을 디자인할 시간이 있으면 새로운 의자를 하나 더 생각할래요. "이 세상에 이렇게 많은 의자가 있는데 왜 다른 의자가 필요하지?"라는 질문을 하는 기자가 있는데, 아직 개선의 여지가 있는 것 같아요.

오오키 재스퍼 씨 입에서 그런 말을 들으니 묘하게 용기가 나네요.

재스퍼 그런 말을 하는 기자에게는 꼭 앱 하나라도 좋으니 만들어보라고 하고 싶어요.(미소)

오오키 (웃음)

전시회장 안을 재스퍼 씨가 직접 안내해주기로 했다. 1980년대 작품부터 시대순으로 감상하는 명쾌한 구성이다.

재스퍼 여기가 처음 시작할 때쯤의 작품이에요.

오오키 1980년대네요.

'초'를 붙여도 되는 명작만 모여 있다.(땀)

재스퍼 학교에서 배운 디자인은 지나치게 딱딱하고, 밀라노에서는 멤피스가 떠들썩하게 활동하고 있었어요. 저는 그 사이에서 일을 시작했는데 양쪽 모두 왠지 아니라는 생각이 들어서 일단 제 손으로 만들어보자고 생각했어요.

오오키 가구를 만드는 기술은 있었나요?

재스퍼 전혀.(미소) 기술도 없고 돈도 없었어요. 그래서 주위에 떨어져 있는 걸 이용하려고 생각했어요.

오오키 간단한 공구만 있으면 어떻게 될 거라고.

재스퍼 그런데 전기톱과 드라이버밖에 없었어요.(미소) 그렇게 만든 것이 '플라이 체어Ply Chair'예요.

오오키 확실히 전기톱과 드라이버가 있으면 만들 수 있을 것 같은 구조네요.(웃음)

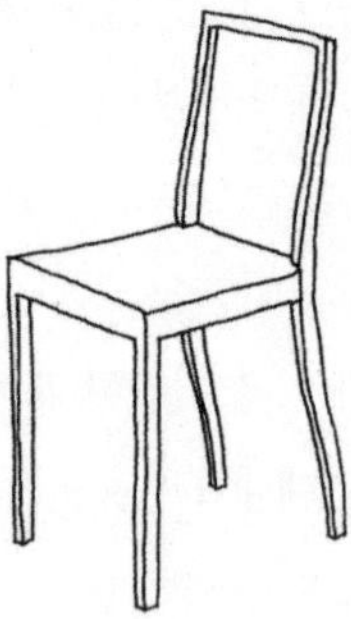

재스퍼 맞아요.

오오키 단일 부재면서도 앉는 부분의 구조재와 마감재 사이에 틈을 만들어서 쿠션성을 확보한 것이 정말 대단해요. 처음 본 순간 '당했다!'라는 느낌이었죠.

재스퍼 아무것도 없으면 여러 가지로 궁리할 수밖에 없어요.(미소) 하지만 이 작품은 저 나름대로 멤피스에 대한 작은 저항이었어요. 일상에서도 재미있는 아이디어를 얼마든지 발견할 수 있어요. 그런 것이야말로 누구나 쉽게 알 수 있고 사용하기 쉬운 디자인이지 않을까 하고요.

오오키 이미 '재스퍼 모리슨'이라는 디자이너의 골격이 만들어진 거네요. 몇 살 정도의 작품이죠?

재스퍼 아마도 스물여덟 살?

오오키 (말을 잇지 못함)

재스퍼 그런데 제 경력에서 진정한 의미의 터닝포인트가 된 것은 '씽킹 맨즈 체어Thinking Man's Chair'일지도 몰라요.

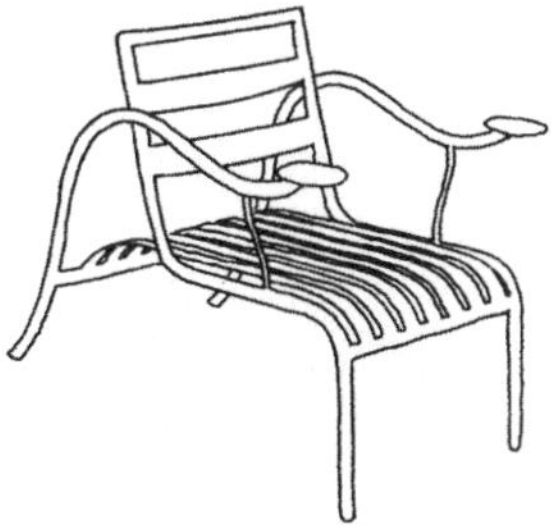

오오키 초기 대표작이네요. 그런데 항상 작품집을 보면 이 작품만 위화감이 느껴진다고 할까, 묘하게 어울리지 않는다는 생각이 들었어요. 재스퍼 씨에게는 어떤 의미를 가진 작품인가요?

재스퍼 근처 가구점 밖에 암체어 프레임 부분만 굴러다니는 걸 보고 묘하게 아름답다고 생각한 게 이걸 만든 계기예요.

오오키 구조와 의장의 관계성을 의식한 순간이네요.

재스퍼 그렇죠. 거기서 스케치를 해서 골격 디자인에 몰두했어요. 앉는 면의 뒤쪽을 위로 굽혀보기도 하고 똑바로 해보기도 하고, 아니다 싶어서 다시 아래로 굽혀보기도 하고요. 그러다가 보니까 처음의 형태로 돌아와 있었어요.

오오키 말하자면 '괜히 만져서 일을 더 복잡하게 만들어버린' 상태인가요?

재스퍼 젊었으니까요.(미소) 이때 내 안에서 형태를 만들어낸다는 것의 어려움과 한계를 느꼈어요.

오오키 일상에서 착상을 얻으면서 구조와 의장이 그대로 연동하는 형태라는 생각을 하신 거네요.

재스퍼 지금 보아도 부끄럽네요. 확실히 초조해하는 것이 보여요. 1990년대가 되면 조형이라는 행위에서 더 거리를 두게 돼요.

오오키 '글로볼Glo-Ball' 같은 조명을 만든 이 시기에는 픽토그램과도 비슷한 '아이콘성'이 두드러지는 것 같아요. 이 작품은 어디에서 영감을 얻었나요?

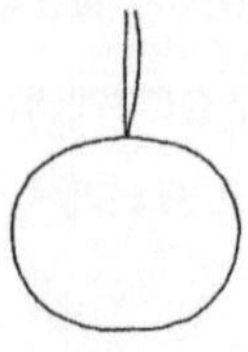

재스퍼 이건 뼈대가 사라진 제등을 이미지한 거예요. 종이로 만들어진 얇은 피막이 중력을 이기지 못하고 일그러진 모양.

오오키 완전한 구체라면 팽팽한 긴장감이 느껴지지만 살짝의 조작으로 유리지만 어딘가 모르게 종이 같은 부드러움이 느껴져요. 옆에 놓인 '에어 체어Air-Chair'는요?

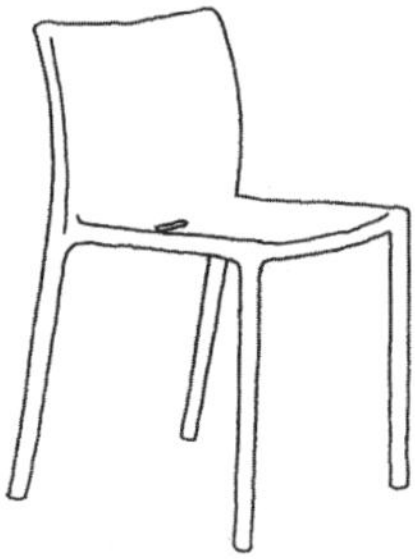

재스퍼 '에어 체어'는 처음에 구조검증용으로 사용되던 플라스틱제 다리 부분 샘플을 마지스 사장에게 받았어요. '이런 걸 할 수 있는데 관심 있어?'라는 느낌으로.

오오키 너무 이탈리아 같은 에피소드인데요?(웃음)

재스퍼 거기서부터 의자의 전체적인 모습을 이미지화하는 이상한 프로세스였어요. 쓰리디3D 데이터를 사용해서 디자인한 최초의 작품이기도 하고 데이터를 바탕으로 깎아낸 샘플을 사용해서 이음매 부분의 곡면 조절과 파팅라인 검증을 했어요.

오오키 카펠리니의 '로 패드Low Pad'도 있네요.

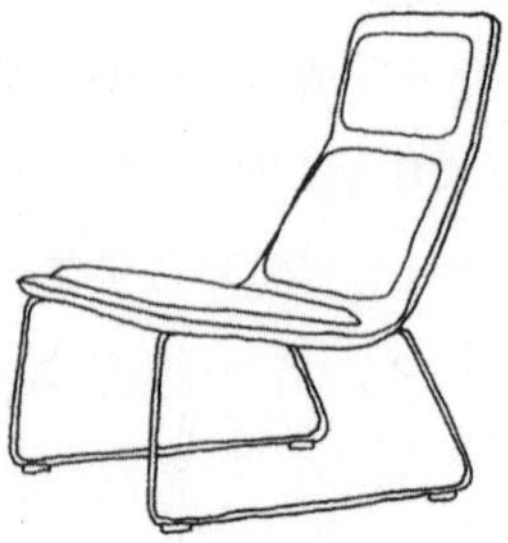

재스퍼 이것도 의외의 곳에서 아이디어를 발견했어요. 공항 내 대합실 의자와 당시 판매되던 프라다 구두 밑창의 이미지를 붙여봤어요.

오오키 그러고 보니 공항 라운지에서 볼 수 있는 형태 같은데 그게 구두 밑창이라고는….

재스퍼 맞아요. 우레탄을 핫프레스 가공을 해서 만든 밑창을 보고 이걸 가구에 응용하면 기존의 봉제된 쿠션과는 다른 것이 나오겠다고 생각했죠.

오오키 그렇군요.

이 이후로도 전시실을 돌며 한 점 한 점 친절하게 작품에 대해 설명해주었다. 누가 만진 것인지 작품의 위치와 방향이 조금 달라져 있으면 바로 조정했다. 그 모습에서 디테일에 대한 고집과 작품에 대한 애정이 느껴져서 묘하게 기분이 좋아졌다.

재스퍼 일본의 오이겐 주조及源鋳造를 알게 된 건 정말 행복한 일이고, 무인양품의 냄비는 그런 양질의 물건을 그 가격에 판매한다는 게 정말 대단하다고 생각해요. 마루니 목공マルニ木工도 그렇지만, 일본 제조업의 저력에는 정말 놀랄 수밖에 없어요.

오오키 재스퍼 씨가 그렇게 말해주신다면 일본 제조업에 종사하는 많은 사람들이 용기를 얻을 것 같아요. 그런데 다시 보니 정말 다양한 것을 디자인하셨네요.

재스퍼 이렇게 말하면 이상하기는 하지만 의자를 위해서 하고 있어요.

오오키 설마 의자만 하면 답답하니까 입가심을 위해서?

재스퍼 맞아요.

오오키 역시 체어킹!

비트라의 '심 체어Sim Chair'를 만지면서

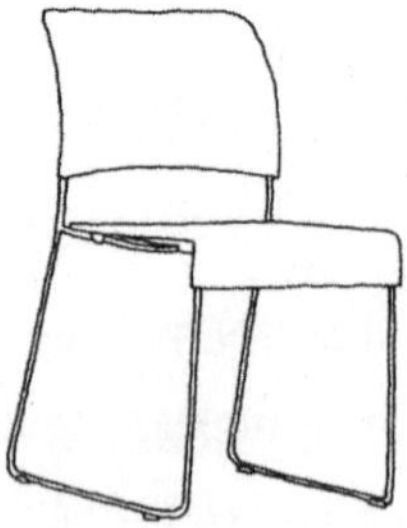

재스퍼 …이건 아직 앉았을 때의 기분이 그렇게 좋지 않아요.

지금까지 잡담을 나눈 분들은 공통적으로 자신의 작품을 아무렇지도 않게 부정해버렸는데, 이건 일류 디자이너의 특징일지도 모른다.

오오키 그런가요?

재스퍼 처음으로 '이거다!'라고 생각한 의자가 '바젤 체어 Basel Chair'. 등이 닿는 느낌과 각도, 앉는 면의 경사, 움푹 들어간 곳의 위치. 넓적다리의 압박감을 생각해서 양 사이드의 경사는 크지 않게.

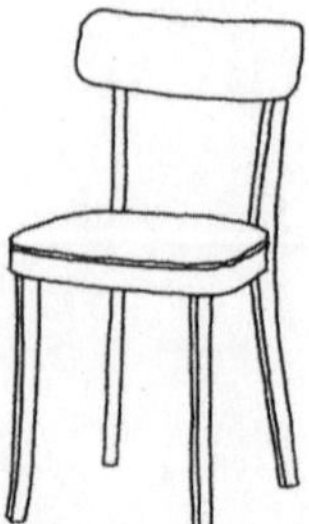

오오키 등받이의 일부가 없는데, 허리를 지탱하기 위해서는 필요하지 않나요?

재스퍼 아직 검토 중인데, 상부에서 단단하게 등만 받쳐준다면 허리 주변은 해방시키는 편이 좋을 거 같다는 생각이 들어요. 개인차나 취향도 있겠지만. 거기에서 더 발전시킨 형태가 '할 체어Hal Chair'.

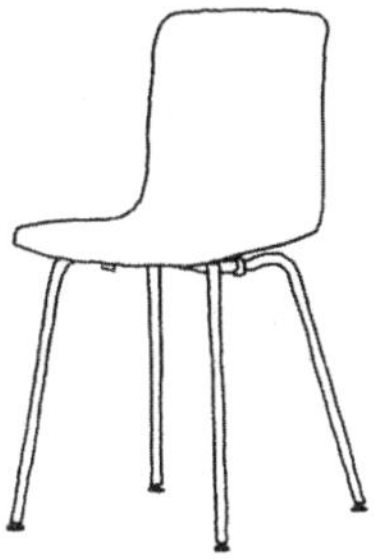

오오키 방금 전에 말씀하신 '이상적인 의자 등받이' 이야기를 생각해보면 경사가 조금 부족한 거 같기도 한데요.

재스퍼 좋은 지적이에요. 이건 플라스틱의 '휘어짐'을 고려해서 등받이를 아주 조금 일으켜 세운 거예요. 이렇게 하면 식사나 일을 할 때도, 완전히 등받이에 기대서 쉴 때도 쾌적한 상태를 제공할 수 있어요. 여기 한번 앉아보세요.

오오키 (말을 잇지 못함).

재스퍼 중요한 건 엉덩이를 지탱해주는 것이 아니라 등, 그러니까 척추와 그 주위 근육을 제대로 지지해주는지 아닌지 여부죠.

오오키 엉덩이가 메인이고 등이 부차적인 요소라고 생각했는데 반대의 생각으로 디자인을 하시네요. 가벼운 충격입니다.(땀)

재스퍼 앉았을 때의 기분이 굉장히 중요해요. 그렇지만 아르네 야콥센*5의 '세븐 체어Seven Chair'처럼 앉았을 때의 기분이 그렇게 좋지 않아도 많은 사람들에게 사랑받는 예도 있으니까 재미있죠.

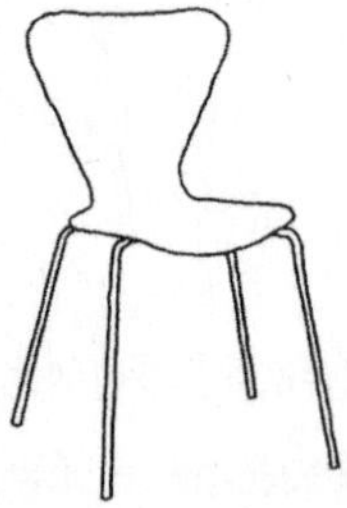

오오키 그만큼 유명한 의자니까 분명 앉았을 때의 기분도 좋을 거라고 믿는 부분도 있을 거 같아요. 이건 최신작이죠.

재스퍼 '바젤'과 '할'에서 얻은 지식을 투입해서 만든 것이 이 '알피 체어Alfi Chair'예요. 순수하게 앉았을 때의 기분이라는 관점으로 보면 어떤 의미에서는 궁극적인 의자일지도 몰라요.

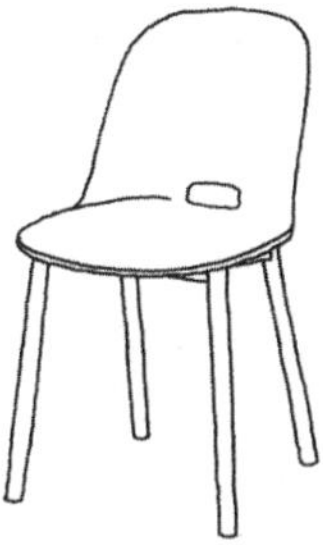

오오키 등받이의 경사가 다시 커졌네요.

재스퍼 '할'을 만들고 식사나 책상 업무에서는 등받이가 거의 사용되지 않는다는 사실을 깨달았어요.

오오키 앞으로 기울여서 등받이에 등이 닿을 일이 없어요.

재스퍼 맞아요. 그래서 편히 쉬는 상태에 특화되게 만든 거예요.

오오키 이번에는 등받이가 등을 다 덮는 형태인데, 넉넉한 공간이 확보되어 있네요.

재스퍼 가능한 한 허리 주변에 여유가 있도록 만들었어요.

오오키 확실히 허리가 등받이에 닿지 않아서 그 부분의 등받이가 없는 것과 차이가 없을 정도로 구속감이 느껴지지 않네요. 음, 역시.

재스퍼 앉아보면 등받이가 너무 낮다는 느낌은 없나요? 키가 큰 오오키 씨의 의견을 듣고 싶네요.

놀라울 정도로 연구에 열심이다. 이 이상할 정도의 탐

구심이야말로 디자이너 재스퍼 모리슨의 원동력이라는 사실은 분명해 보인다.

오오키 제품 하나하나에 들이는 방대한 시간과 에너지를 상상하면 소름이 돋는데요.

재스퍼 그런데 최근에는 디자인에도 능률성이라는 것이 있다는 생각이 들어서. 시간을 들이지 않을 때 좋은 디자인이 많이 나온다는 사실을 깨달았어요.(미소)

오오키 이제는 달인의 경지에 오르셨네요, 전 아직 잘 모르겠어요.(웃음)

재스퍼 곧 알게 될 거예요.

오오키 이렇게 되돌아보면 재스퍼 씨의 사고의 변천이 1980년대부터 현재까지 의자의 역사 그 자체라는 생각이 들어요. 그러니까 '재스퍼 씨의 역사는 곧 의자의 역사'라는 거죠. 더 흥미로운 점은 보통 이런 회고전을 보면 초기부터 현재까지 작풍이 크게 변하는 경우가 많은데, 재스퍼 씨의 경우는 35년간 거의 작풍이 바뀌지 않았어요. 1980년대의 작품을 지금 보아도 전혀 오래된 느낌이 없어요.

재스퍼 그렇다기보다는 지금 다시 그곳으로 돌아왔다는 느낌이 들어요.

오오키 회고전을 통해 또 느낀 점이 있나요?

재스퍼 리셋되었다는 느낌? 지금까지 머리 한쪽 구석에 있던 걸 전부 정산하고 개운해졌어요.

오오키 기분 좋게 2라운드에 돌입할 수 있을 거 같아요.

재스퍼 기분도 좋으니까 정원에서 맥주 한 잔 더 마실까요?

오오키 좋아요!

주

1 후카사와 나오토深澤直人

일본 야마나시현 출신 디자이너다. 1956년에 태어났다. 미국 샌프란시스코의 디자인 컨설팅 회사 아이데오IDEO에서 근무하다가 아이데오 도쿄 지사를 설립했다. 2003년에 독립해서 무인양품의 디자인 자문위원 등으로 활동하고 있다.

2 하이메 아욘Jaime Hayon

스페인 마드리드 출신 디자이너다. 1974년에 태어났다. 어렸을 때부터 익숙한 길거리 문화에 영향을 받았다. 코믹하고 귀여운 형태의 도자기, 가구, 인테리어 디자인, 설치 미술이 특징이다.

3 콘스탄틴 브랑쿠시Constantin Brancusi

루마니아 출신 조각가다. 20세기 추상 조각에 영향을 주었고, 미니멀 아트의 선구적인 작품을 남겼다. 요소를 줄여서 대상물을 심플하게 보이도록 하는 작풍으로, 조각을 두는 받침대를 작품으로 함께 제작하는 것으로도 유명하다.

4 렌조 피아노Renzo Piano

이탈리아 제노바 출신으로 이탈리아를 대표하는 건축가다. 1937년에 태어났다. 인테리어부터 공공건축까지 폭넓게 작품 활동을 하고 있다. 주요 작품으로는 퐁피두센터, 간사이국제공항 여객터미널 빌딩 설계 등이 있다.

5 아르네 야콥센Arne Jacobsen

덴마크 코펜하겐 출신의 건축가, 디자이너다. '스완 체어' '에그 체어' '세븐 체어'와 같은 모던디자인 의자의 명작을 수없이 만들어냈다. 그중에서 세븐 체어는 전 세계적으로 500만 개 이상이 판매되었다.

정리

재스퍼 씨의 디자인 프로세스와 스탠스에 대해서 듣고 있으니 마치 축구에서 스트라이커가 '골대까지의 길이 보인다'라고 말하는 것이나 무도에서 말하는 '가타(型, 공격과 방어의 기본 기술을 순서대로 연결한 동작)'에 가까운 것이 느껴졌다. 어떤 국면에서도 자신이 승리하는 패턴으로 가져갈 수 있는 기술과 후각을 겸비한 것 같았다. 이 승리 패턴을 '매번 같은 것의 반복'이라고 설명하고 있는지도 모른다. 여기에 일반적이지 않은 탐구심이 더해져 '반복'하면서 상승하는 나선이 만들어지는 것처럼 보인다. 지금까지 '장인'이라고 생각했던 재스퍼 씨의 이미지는 완전히 '달인'으로 바뀌어버렸다.

재스퍼 씨는 "일본 문화의 근저에 흐르는 공통언어가 이해되지 않는다"라고 말했지만, 사실 그것이 바로 오늘날 일본 제조업에서 사라지고 있는 '무언가'이며, 그것을 누구보다 깊게 이해하고 체현하는 사람이 재스퍼 모리슨이라는 생각이 들었다.

_《엘르 데코》 2015년 10월호

재스퍼 모리슨 Jasper Morrison

1959년에 영국 런던에서 태어났다. 영국왕립예술학교를 졸업하고 지금의 베를린예술대학UdK에서 디자인을 공부한 후 1986년에 스튜디오를 설립했다. 가구에서 주방용품까지 폭넓은 아이템을 디자인하고 있다. 현재는 런던, 도쿄, 파리, 밀라노에 거점을 두고 활동 중이다.

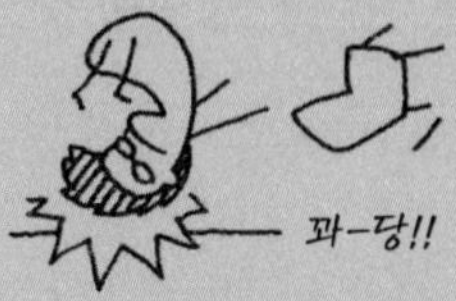
꽈-당!!

14

토머스 헤더윅

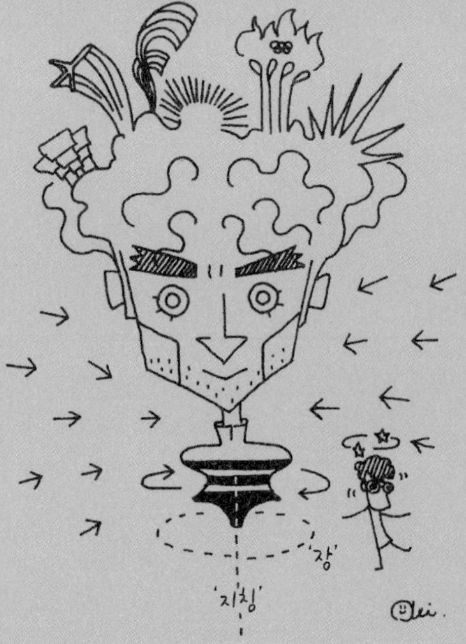

2010년 상하이 엑스포 영국관 '씨앗의 성전'으로 전 세계 주목을 받았고 그 후에도 런던올림픽의 성화대와 런던의 명물 빨간색 2층 버스의 리디자인을 비롯해서 화제의 프로젝트를 수없이 맡아온 토머스 헤더윅 씨. 그 쾌속 질주는 멈출 기미가 보이지 않습니다. 활동 초기부터 디자인, 아트, 건축과 여러 장르를 가볍게 가로지르는 모습은 저의 활동에도 적잖은 영향을 주었습니다. 런던의 킹스크로스역에서 몇 분 정도를 걸어 중후한 문을 빠져나가니 헤더윅 씨의 회사가 있었습니다. 입구 부근에 세워져 있는 수많은 자전거를 보니 젊은 직원이 많다는 사실을 알 수 있었습니다.

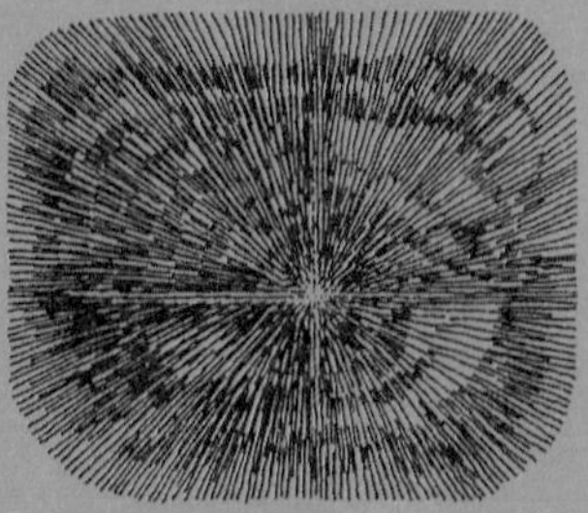

단순한 건축이 아니라 새로운 '장'을 디자인하다

오오키 (조금 긴장이 되어 작은 목소리로) 실례하겠습니다.

토머스 헤더윅 (이하 '토머스') 정말 왔다!

오오키 ?

토머스 아니, 넨도가 취재를 하러 온다고 하길래 실수인가 장난인가 했어요.(웃음)

오오키 아니,(웃음) 실수도 장난도 아닙니다. 다만 취재라는 거창한 건 아니고 잡담을 하는 것뿐이에요. 취재라는 구실로 좋아하는 디자이너와 만나고 사무실에 놀러 가는, 저에게는 꿈같은 기획이죠.

토머스 그거 참 좋네요. 그런 방법이 있었네.(웃음)

사진을 보고 휴 잭맨과 비슷한 댄디한 느낌을 풍기는 조금 무서운 분이라고 생각했는데 붙임성이 좋은 성격이었다.

토머스 일단 사무실을 한번 보실까요?

오오키 네!

토머스 지금 180명 정도 일하고 있는데 그중 반 이상이 건축설계사예요.

오오키 그런데 정말 넓네요.(땀) 원래 창고나 공장 같은 곳이었나요?

토머스 그건 아닌데 건물이 너무 실망스러워서 콘크리트 골조 부분에 샌드블라스트 가공을 했어요. 그리고 천창도 늘려보았는데 뭔가 미묘해요.

이렇게 불만 가득히 사무실을 안내하는 사람도 드물 것이다.

오오키 여기서는 오래 계셨나요?

토머스 8년 정도 전에 이사를 왔는데 점점 비좁게 느껴져서 최근에 옆과 뒤 건물에서도 사무실을 빌렸어요. 그런데도 아직 공간이 많이 부족해요. 옆 건물은 구글 본사 프로젝트팀 때문에 보안상 이유로 떼어놓은 것도 있어요.

오오키 그만큼 회사가 급성장했다는 거네요. 몇 개 정도의 프로젝트가 진행되고 있나요?

토머스 스물여덟 개 정도예요. 오오키 씨는?

오오키 아, 우리는 400개 이상 하고 있는데….

토머스 네?

오오키 토머스 씨와는 다르게 작은 것들만 하니까.(땀)

토머스 가능해요, 그게? 이번에 좀 가르쳐주세요.

오오키 제가 가르쳐드릴 수 있는 건 하나도 없어요.(땀) 그런데 이 일대는 어떤 프로젝트팀인가요?

토머스 여기는 상하이의 대형복합시설이에요.

오오키 열 명에서 열다섯 명 정도 있는 거 같네요.

토머스 프로젝트 초기에는 서른다섯 명 정도가 붙어 있었어요. 디자인할 요소가 무수히 많아서 사람도 꽤 많이 필요했죠.

오오키 상하이에도 상주 직원이 있나요?

토머스 네 명이 있어요. 노먼 포스터*[1]와 공동 설계하는 대형 프로젝트가 상하이에서 진행 중이기도 하고요.

오오키 (모형을 보며) 엄청난 규모네요.

토머스 레지던스, 오피스, 상업시설이 다 들어간 복합시설로 병원과 학교도 있어요.

오오키 큰 숲이라고 해야 할까, 산이라고 해야 할까, 뭐라고 표현하면 좋을까요.

토머스 그렇죠? 건물 기둥이 지붕을 뚫고 나가서 나무처럼 죽 늘어서 있는 것 같은 구성인데, 각각의 기둥 꼭대기를 넓게 만들어서 플랜터로 사용하게 했어요. 그래서 건물 전체가 식물로 덮여 있는 상태. 보통 옥상에 나무를 심으려고 하면 그 하중을 견딜 수 있는 큰 단면의 들보가 필요한데 더 심플하게 하중을 견딜 수 있는 구조를 검토한 결과, 이런 디자인이 되었어요.

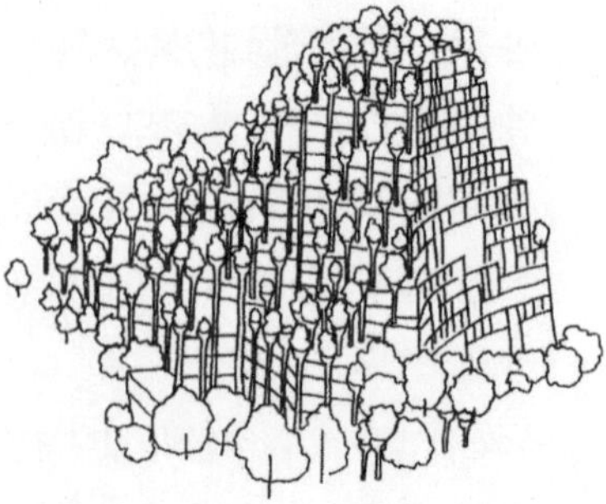

오오키 주위의 건물도 일부 보존하네요.

토머스 네. 예전부터 그곳에 있던 것에는 이길 수 없으니까요. 시간이 만들어낸 텍스처, 분위기라고 하면 될까요. 이런 것들은 새롭게 만들 수 없으니까 적극적으로 활용해야 해요.

구조적인 과제를 아름답게 해결하고 적극적으로 부지와 그 주변 콘텍스트, 자연을 반영하는 건축 설계라는 정통적인 방법을 취하는데도 토머스 씨가 손을 대면 어딘가 다른 아웃풋이 나오는 것이 신기하다.

오오키 토머스 씨가 생각하는 건축과 일반적으로 말하는 건축 사이에는 사고방식의 차이가 있을까요?

토머스　건축이 맞긴 하지만 그것보다도 '장場'을 만들고 싶다는 느낌이려나.

오오키　건축이 아니라 '장'인가요?

토머스　네, '건축'이 물질적이라면 '장'은 사람들이 머무르기 때문에 거기서 의미가 만들어져요. 템스강의 '가든 브리지 프로젝트'*2도 그래요. 지금까지 다리 위에서 만나자고 약속한 적 없죠?

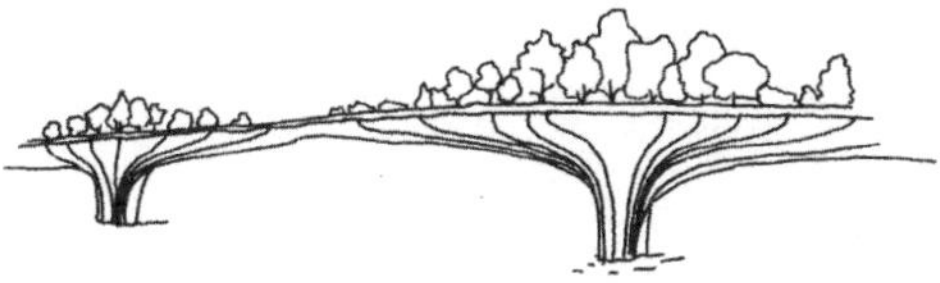

오오키　그러고 보니 그렇네요.

토머스　약속 장소로 정하고 싶은 다리. 일부러 가보고 싶은 다리.

오오키　'장'으로서의 다리네요.

토머스　맞아요! 런던에 새로운 '장'을 디자인하고 싶어요. 런던이라는 거리가 가장 아름답게 보이는 장소는 강 위니까.(웃음) 그래도 갑자기 런던시에서 "런던을 디자인해주세요"라고 전화를 해왔을 때는 역시 겁이 났어요.

오오키　그건 당연히 그렇겠죠. 그런 식으로 일이 되네요.

토머스 아마 내년 2월부터 공사가 시작될 거예요.

오오키 드디어 시작이네요. 여론이 찬반으로 나뉘어서 세상을 떠들썩하게 만든 프로젝트인데, 역시 주변의 잡음은 신경이 쓰이시나요?

토머스 최근이 되어서야 겨우 신경 쓰지 않게 되었어요.

오오키 올림픽 성화대나 런던 2층 버스 등 공공성이 높은 프로젝트를 거치면서 여론에 관한 면역이 생긴 걸까요?

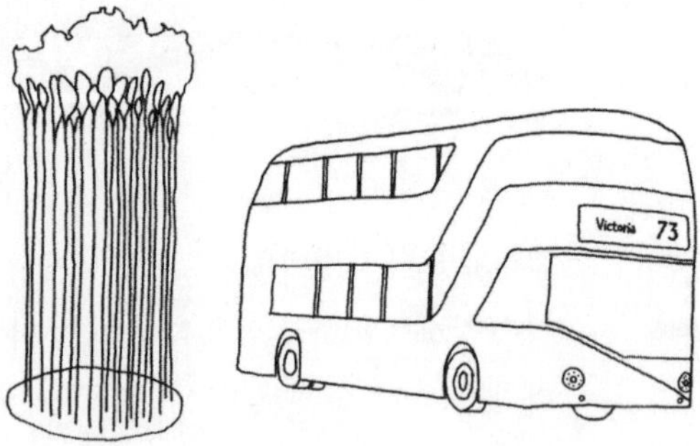

토머스 음. (잠시 생각 중) 모두 지루한 거예요.

오오키 지루하다?

토머스 그런 상황을 깨부술 무언가를 기다리는 동시에 막상 나타나면 받아들이고 싶어 하지 않아요. 그런 복잡한 심리가 좋은 의미든 나쁜 의미든 논쟁을 만들어내는 것 같아요.

오오키 네.

토머스 영국왕립예술학교에서는 디자인을 배웠는데 왠지 모르게 건축에 관심이 있었어요. 다만 건축과 학생들이 종이로 작은 모형을 만드는 것에서는 위화감이 느껴졌어요. 아니, 디자인 수업이라면 실제로 앉을 수 있는 의자나 주전자 같은 걸 직접 만들고 모르면 모르는 대로 손을 움직이면서 배워요. 그런데 건축과 학생은 건축 현장 작업은커녕 콘크리트조차 직접 섞지 않으니 놀랄 수밖에 없었어요. 게다가 과제를 보면 '한 발이 불편한 여성이 달 표면의 벼랑 옆에서 살기 위한 무중력 집을 설계하세요' 같은 느낌? 이건 뭐지 하는 생각이 들었어요.(웃음)

오오키 (웃음)

토머스 디자인으로 해결해야 할 문제는 그런 게 아니라고! 창밖을 보면 여기저기에 해결해야 할 문제가 굴러다닌다고 생각했어요. 그러다가 결국 건축 교육 문제점에 관해서 논문까지 써버렸어요.(웃음) 그래도 건축을 배우고 싶어서 어쨌든 일단 한번 건축을 실제로 해보고 싶다고 강사에게 말했더니 "얌전히 모형을 만드세요"라는 말을 들었죠.

오오키 보통 그렇게 되죠.(웃음)

토머스 그런데 '버리는 신이 있으면 줍는 신도 있다'고 하잖아요? 스폰서사무국에 특이한 교수님이 계셨는데, 한번 해보라고 하셨죠.

오오키 스폰서사무국이라고 하면 산학협동 프로젝트 등의 자금을 모으기 위해 기업과의 사이에서 창구 역할을 하는 부문을 말하나요?

토머스 그거, 맞아요. 그때 그 교수님이 "내가 자금을 모을 거니까"라고 해주셨어요.

오오키 실제로 만드셨나요?

토머스 네. (아이패드로 동영상을 보여주며) 천장의 일부가 비틀리면서 벽이 되는 복잡한 형태의 작은 집.

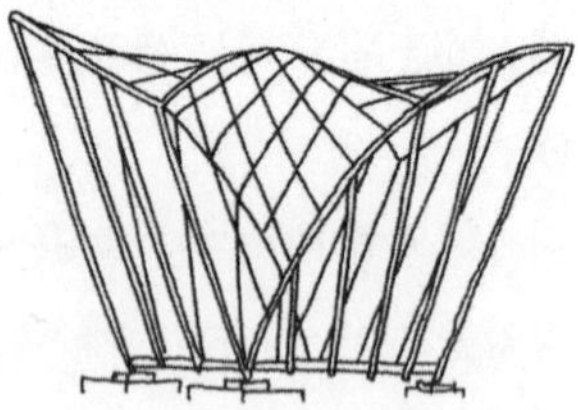

오오키 이미 '토머스 헤더윅'이 들어 있네요.

토머스 어, 그런가요? 그런데 모르는 것투성이였어요. 전체가 비틀어지면 창문의 창틀도 비틀어야 하는지…. 그때 생각한 것이 알루미늄의 압출성형을 비틀면서 할 수 없을까 하는 아이디어였어요.

오오키 엄청 재미있는 얘기네요.

토머스 이 경험이 그 후의 프로젝트에 도움이 되었어요.

오오키 알루미늄 의자를 통째로 압출해서 만든 '익스트루전 Extrusions'이죠.

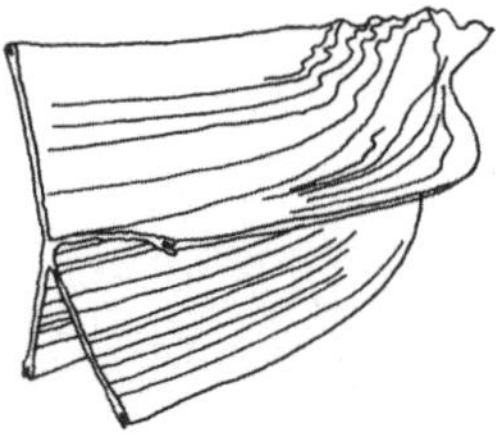

토머스 그때는 압출 후의 '거친 느낌'을 그대로 디자인으로 만들었어요.

오오키 학생 시절의 경험을 잘 활용한 거네요.

토머스 그 이외에도 고무로 창틀을 만들어서 비틀리면서도 유리창 고정과 방수성을 실현하는 방법을 생각하기도 하고요. 맞다! 벨크로테이프를 3천 미터 이상 사용해서 곡면끼리 접합하기도 했어요!

오오키 건축에서 외장재 접합에 벨크로테이프를 사용한다는 건 들어본 적이 없어요.(웃음)

토머스 그때는 교내 작업장에서 밤새도록 혼자 묵묵히 작업을 했어요.

오오키 보통은 쫓겨나지요.

토머스 관리인에게 무서운 얼굴로 쫓겨나도 뒷담을 몰래

기어 올라가서 다시 작업을 계속했어요. 그러다 또 눈에 띄어 주의를 받는 반복이었죠. 계속 그랬더니 어느 날, "갈 시간이다!"라고 쫓아내고 바로 직후에 작은 목소리로 "거기, 우물쭈물하지 말고 빨리 올라가!" 하면서 담을 타고 올라갈 타이밍이라고 신호를 보내주는 거예요.(웃음)

오오키 우아, 엄청난 이야기네요. 토머스 씨의 최근 프로젝트를 본 세간의 반응도 이것과 비슷하지 않나요? 처음에는 '나가라고!'에서 시작해서 점점 '빨리 타고 올라가!'로 바뀌는….

토머스 마지막에 모두가 응원해주는 미담 같은 건 공공건축에서는 좀처럼 어렵지만, 런던이라는 거리가 '지루한' 상황은 그때 학교와 많이 닮은 것 같아요.

오오키 다른 이야기지만, 여기는 모형을 만드는 곳인가요? 넓네요.

토머스 모형 전속 직원이 열 명 정도 있었던가. 아, 근데 무슨 작업 중인지는 잘 모르겠어요.(웃음)

공방 주인 같은 할아버지가 입을 벌리고 껄껄 웃으며, "토머스! 당신이 모르면 안 되지!" 하고 끼어들었다.

토머스 아니, 그게 아니고.(땀) 저 분이 모형을 전부 관리하는데, 예전에는 테이트모던 미술관을 포함해서 사우스뱅크 지구의 재개발도 했던 대단한 분이세요. 제가 많이 의지하고 있죠.

그러자 공방 할아버지가 "아니지, 귀찮은 일을 만드는 게 내 일이지!" 하고 또 껄껄 웃었다. 정확히는 잘 모르겠지만 이런 대화만 보아도 토머스 씨가 직원 한 사람 한 사람을 얼마나 편하게 대하는지 알 수 있었다.

토머스 맞다, 맞다, 지금 우리 집을 설계하고 있어요.

오오키 그건 기대가 되는데요.

토머스 어쨌든 심플하게 만들고 있는데, 긴장감이 생기지 않을 정도로 불필요한 부분이 있고, 무엇보다 옆으로 긴 형태예요.

오오키 옆으로 긴?

토머스 지금 살고 있는 집은 세로로 긴 형태예요. 그래서 최하층에서 양말을 벗고 최상층까지 올라가면 양말을 회수하기가 어려워요.

오오키 말도 안 되어요.(웃음)

토머스 아니, 진짜예요.(웃음) 올라가고 내려오는 게 힘들어요. 그래서 이번에는 수평으로 지으려고 해요.

오오키 '양말을 자유롭게 벗을 수 있는 집'이 콘셉트네

요.(웃음)

토머스 그래서 새 집을 위해서 샤워기를 찾고 있었는데 넨도가 디자인한 악소어의 제품을 찾았어요.

오오키 샤워 램프 말이죠. 그건 제가 말하긴 좀 그런데 꽤 물건이에요.(웃음)

토머스 아니, 진짜 엄청나요. 진짜 재미있고. 샤워기에 조명을 넣다니, 어지간히 넨도다워요.

오오키 '어지간히 넨도'라니.(웃음) 최근에 토머스 씨는 대형 건축을 할 기회가 많은 것 같은데, 가구같이 작은 것보다 건축처럼 큰 스케일에 관심이 향하는 건가요?

토머스 그래요. 아니, 그렇다기보다는, 디자인이 아니라 건축이라고 말하는데, 건축은 어디까지나 결과고 수단은 항상 디자인이잖아요?

오오키 지당하신 말씀입니다.

토머스 '건축을 한다'고 말하는 건 조금 이상하다는 생각이 들어요.

오오키 반대로 디자인이라는 수단이 목적화되는 것에도 위화감이 느껴지고요.

토머스 맞아요. 디자인은 어디까지나 수단이고 여러 상황에서 유효할 거예요. 음식에서도 커뮤니케이션에서도 정책에서도, 무엇이든 디자인하는 건 가능하다고 생각해요.

오오키 아트에 관해서는 어떻게 생각하세요?

토머스 디자인은 다양한 것을 대상으로 개선 또는 문제 해결이 가능한지 아닌지가 판단 기준이에요. 이에 비해 아트는 다양한 것을 대상으로 극한의 상태가 되는지 아닌지, 아닐까요?

오오키 극한의 상태?

토머스 음악에서도 음식에서도 극한까지 갈고닦은 것은 아트라고 부를 수 있을 거 같아요.

오오키 그렇군요.

토머스 권위적으로 등급을 매기는 '이건 예술이다!'라든지 '이건 건축이다!'라고 하는 평가 기준은 아닌 것 같아요. 어쩔 수 없는 일일지도 모르지만요.

오오키 확실히 그런 말을 하죠. 건축물을 보고 '이건 건축이다'라든지, '이건 건축이 아니다'라든지.

토머스 학창 시절에 선생님께 건축 프로젝트를 만들어서 보여드렸더니 건축이 아니라고 한 적이 있어요. 그래서 "사람이 살 수 있는 거대한 가구라고 하면 어떨까요?" 하고 물었더니 가볍게 무시당했죠.(웃음)

오오키 선생님께 "어떨까요?"라니, 불량 학생인데요.(웃음)

토머스 그렇죠?

오오키 그런데 '건축적인 사고'나 '건축적인 접근방식'은 역시 있다는 생각이 들어요. 건축 교육을 바탕으로 디자인 활동을 하는 제 눈에도 토머스 씨의 건축은 흔히 말하는 '건축적인 문맥'이 아니라 '디자인적인 사고' 위에서 이루어진다는 생각이 들어요. 난해한 문제를 난해하게 푸는 방식이 건축적인 사고라고 가정하면 토머스 씨는 굉장히 간단하게 난제를 해결한다고 해야 할까, 있는 그대로 꾸미지 않고 아이디어를 구축한다는 생각이 들어요.

토머스 …….

크고 동그란 눈으로 내 얼굴을 바라보며 무언가를 생각하는 듯하다.

오오키 아, 비판하려는 게 아니라 이런 점이 여러 건축가들과의 차별화 요소가 아닌가 해서요.

토머스 그럴지도 몰라요.

오오키 그래서 아까 말씀하신 '건축'이 아니라 '장'을 만든다는 말이 더 잘 이해가 되었어요.

토머스 네. 그럴지도 몰라요. 하지만 반건축파같이 여겨지는 것도 조금 아닌 것 같아요. 안티라고 하는 것은 무언가를 잘라서 버리는 행위처럼 느껴져서. 그게 바로 건축적인 사고의 문제점이라고 생각해요.

오오키 잘라서 버리다?

토머스 흑백을 확실히 나누는 것으로 명쾌함을 연출한다고 할까. 세상에는 애매한 요소가 아주 많아서 그걸 허용함으로써 디자인의 폭이 넓어진다고 생각해요. 예전에 가고시마에서 사원을 짓는 프로젝트가 있었는데, 안타깝게도 최종적으로 실현되지는 않았어요. 그때 승려가 장삼 위에 걸치는 가사를 모티브로 해서 주차장과 비상계단 등 전부를 포괄하는 디자인을 생각했어요. 이때도 왜 건축가는 그런 요소를 사원 본체에서 분리해서 생각하는지 의문을 가졌어요.

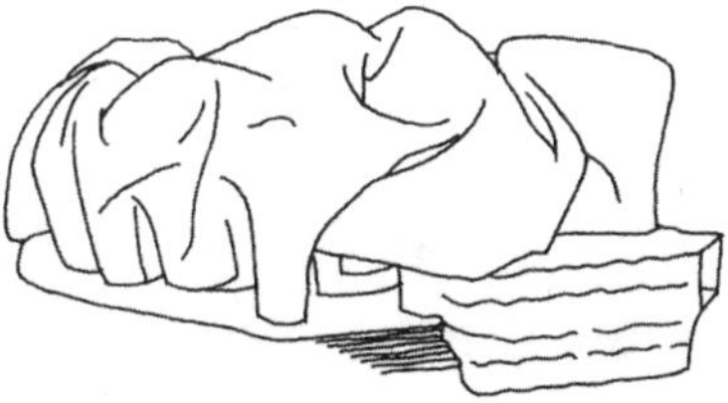

오오키 확실히 적극적으로 주차장 같은 것을 계획에 반영하는 경우는 적은 듯 해요. 대부분 지하에 보내버리죠. 그 상하 또는 권력관계가 마음에 걸리신 거네요.

토머스 맞아요.

오오키 가고시마 프로젝트 모형 사진을 잡지에서 본 적이 있는데, 20년 정도 전인데도 난도가 높은 디지털 기술을 사용했더라고요.

토머스 네, 맞아요. 런던 시내 병원의 소아과 병동이 3D 스캐너를 도입했다는 소문을 듣고 신신부탁해서 모형을 스캔했어요.

오오키 재미있네요.(웃음)

토머스 그랬더니 천을 고정하는 핀도 같이 스캔이 되어버려서. 지금 뉴욕에서 하는 개인전에 그 모형도 전시되어 있는데 자세히 보면 엉덩이 부분쯤에 핀 흔적이 있어요.(웃음)

오오키 다음에 볼 기회가 있으면 체크해볼게요. '건축적 사고'와 '디자인적 사고'의 이야기로 다시 돌아가서, 건축적 사고에는 모든 걸 구분하거나 주종관계로 만드는 경향이 있는 것 같아요. 또 하나 디자인과 크게 다른 점은 시점의 높이인 것 같아요. 제가 건축과 학생일 때는 '신의 시선'으로 전체를 부감하는 트레이닝을 하게 했는데, 디자인은 되도록 시선을 낮게 해서 세부에서 해결책을 찾아요. 토머스 씨는 어느 쪽인가요?

토머스 시선으로 말하자면 두 쪽 다 있지 않을까요? 디지털카메라에는 줌렌즈가 있잖아요. 초점거리를 바꿀 수 있는. 그런 느낌으로 항상 시선을 가깝게 했다가 멀리 했다가, 하는 것 같아요.

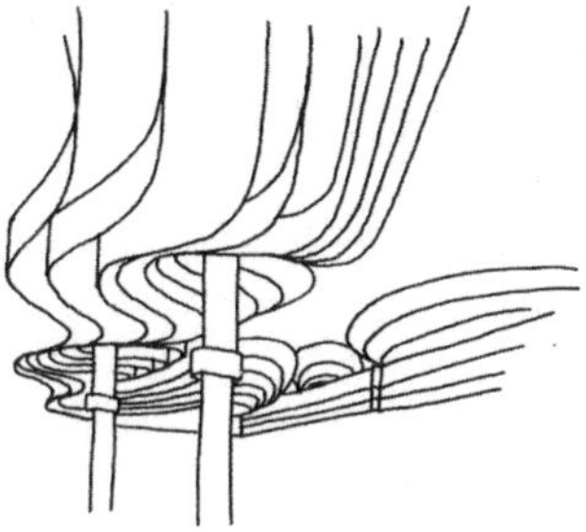

오오키 거시적인 시점과 미시적인 시점을 병용하는 거네요. 어느 한쪽을 버리거나 하지 않고요.

토머스 당연하죠.(웃음)

오오키 프로젝트 콘셉트는 어떻게 찾으시나요?

토머스 초기 단계부터 팀으로 콘셉트를 짜고 아이디어에 관해 서로 의견 교환하면서 계속 벽에 붙여요. 그걸 모두 같이 보면서 프로젝트 방법을 좁혀나가요.

오오키 그게 프로젝트의 핵심이 되는 거네요.

토머스 맞아요. 장기적으로 많은 사람이 수없이 많은 의사결정을 해야 하기 때문에 그걸 느슨하게 잡아줄 지침 같은 것이 반드시 필요해요.

오오키 그 부분은 클라이언트와도 공유하나요?

토머스 물론이죠. 클라이언트가 꼭 이해해주어야 하죠. 홍콩의 '퍼시픽 플레이스'라는 대형 쇼핑센터 프로젝트도 세 시간짜리 회의를 60회 이상 진행했어요. 그 정도로 클라이언트도 깊게 관여하기 때문에 공통언어로서의 매뉴얼 같은 것이 필요해요.

오오키 저도 실제로 가보고 놀랐는데, 그 정도로 큰 스케일의 프로젝트인데도 난간이나 엘리베이터 버튼 같은 디테일에 토머스 씨의 느낌이 확실히 반영되었더라고요. 그만큼 커뮤니케이션 밀도가 높았으니까 가능했던 것 같아요.

토머스 그런 부분까지 보다니 기쁘네요.

오오키 최종적인 의사결정은 토머스 씨가 하시겠지만 그 이외는 전부 팀으로 하나요?

토머스 네. 좋은 아이디어라면 누구의 안이든 상관없다고 생각해요. 오히려 나는 논의를 활성화시키고 클라이언트 시점을 팀 내에 반영하는 역할을 맡았다고 생각해요. 클라이언트가 말하는 것이 정말 그들 자신이 원하는 바라고는 할 수 없으니까요.

오오키 그건 저도 격하게 동감합니다.

토머스 그 부분을 판단하는 것이 제가 해야 할 일이라고 생각해요. 다만 최근에 새로운 직원이 저에게 이상하게 경의를 표하면서 논의가 활발하게 이루어지지 않고 있어요.

오오키 굉장히 개방적이고 캐주얼한 분위기의 회사라고 느꼈는데요. 직원들이 솔직하고 있는 그대로의 모습으로 일할 수 있도록 신경 쓰는 부분이 있나요?

토머스 어떤 일에 관해서 단언하지 않도록 주의하고 있어요. 사람은 누군가가 단언하게 되면 위축되죠. 가능한 한 젊은 친구들에게 질문을 많이 하고요. 발언 횟수가 늘어나면 자연스럽게 위축되지 않으니까요.

오오키 많은 도움이 되었어요.

토머스 회사에 직원이 별로 없었을 때는 전부 혼자 하려고 했기 때문에 반대로 스트레스가 쌓이는 악순환에 빠졌는데, 일정 규모 이상이 되면 맡길 수밖에 없으니까요. 디자인은 진지함이 필요하지만 너무 진지하면 반대로 사고가 무거워져요. 아이디어라는 건 가벼움이 없어지면 안 된다고 생각하거든요. 오오키 씨 디자인도 그렇고요.

오오키 알 것 같아요.

토머스 그러기 위해서는 낙관적이어야 해요. 기본적으로 무언가를 만들 때는 문제가 발생하거나 내 생각대로 안 되는 경우가 더 많잖아요?

오오키 그런 경우가 대부분이죠.

토머스 마음속 어딘가에서 '뭐, 이걸로 됐어'까지는 아니지만 사고를 좀 풀어놓는 것이 중요해요. 그것이 다음으로 이어진다고, 요즘 더 그런 생각을 많이 해요.

주

1 노먼 포스터Norman Foster

영국 맨체스터 출신의 영국을 대표하는 건축가다. 주요 작품으로는 홍콩상하이은행 홍콩 본점 빌딩, 코메르츠은행 본사 빌딩, 런던 시청사, 밀레니엄 브리지, 애플의 새로운 본사 캠퍼스 등이 있다.

2 가든 브리지 프로젝트Garden Bridge project

2013년, 계획이 시작된 당초에는 개인과 기업 기부금으로 건설될 예정이었다. 그런데 런던 교통국과 영국 교통성에서 예산이 계상되는 등 공비가 투입되자 반발이 커져 시장 교체와 함께 2017년에 계획이 중지되었다.

정리

토머스 씨는 소년같이 두리번두리번 주위를 둘러보며 항상 '과제'를 찾고 있는 듯하다. 사무실에 굴러다니는 펜에서 도시계획까지. 그것은 일관적으로 긍정적이지만 많은 것을 부드럽게 부정하는 느낌이라고 하면 될까? 일단 발견한 과제에 대해서는 흑백으로 나누지 않고 단언하지 않고 그것이 가진 본래의 부드러움을 유지하면서 어디까지나 심플하고 가볍게 즐기면서 하나의 해결책을 도출해낸다. 그런 자세가 사무실 내 많은 직원들을 느슨하게 잇는 '지침'이며, 그것이 토머스 헤더윅이라는 하나의 큰 '장'을 형성하고 있다.

_《엘르 데코》 2015년 12월호

토머스 헤더윅 Thomas Heatherwick

1970년에 영국 런던에서 태어났다. 맨체스터공과대학, 영국왕립예술학교에서 3D 디자인을 공부했다. 1994년 헤더윅 스튜디오를 설립했다. 2006년에 영국왕립예술협회 최연소 왕실산업디자이너로 임명되었고 2010년에 런던 디자인 메달을 수상했다. 구글 신사옥과 런던 사무실 설계 등을 맡았다. 중국과 싱가포르 등 아시아 각국의 다양한 프로젝트에도 참가하면서 다채로운 재능을 가진 스튜디오 운영으로도 주목받고 있다.

15 론 아라드

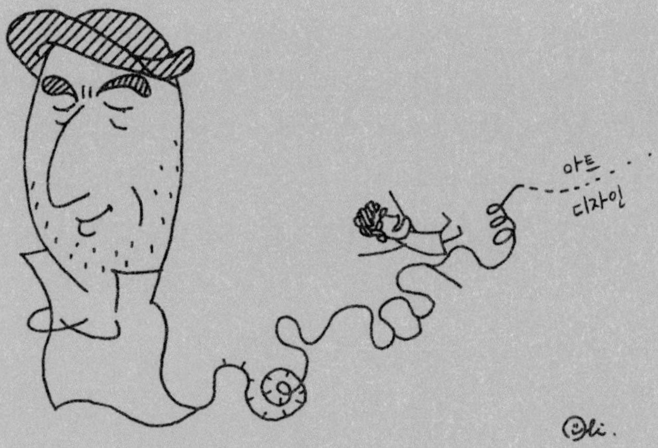

로스 러브그로브, 카림 라시드•[1], 마크 뉴슨•[2] 등 시대별로 디자인계를 견인한 '유기적 조형계 디자이너' 계보가 있습니다. 그 '우두머리'격인 사람이 바로 론 아라드 씨입니다. 아트라는 문맥에 디자인을 가지고 들어온 '디자인 아트'의 선구자이며, 특출난 조형력으로 30년 이상 디자인계를 제압해온 뛰어난 실력은 누구도 흉내낼 수 없습니다. 모든 공을 강속구로 정중앙으로 던져 타자의 배트를 하나둘 꺾어버리는, 그런 통쾌한 예풍의 아라드 씨와 완전히 변화구 타입인 저의 대화는 과연 제대로 이루어질 수 있을까요? 다 낡아서 지금이라도 쓰러질 것 같은 철제 계단을 조심조심히 올라가 녹이 쓴 문을 끼익 하며 열자 방 안쪽에서 론 씨의 모습이 보였습니다. 젊은 직원과 한창 이야기를 나누는 중인 것 같았습니다.

모조품이 나오지 않는 디자인은 그만큼 가치가 없다는 뜻

오오키	안녕하세요.
론 아라드 (이하 '론')	아, 안녕하세요. 앉으세요, 앉으세요. 커피 마시겠어요? 저는 마실 건데. 커피가 어디 있더라. 커피 안 마시세요?
오오키	그냥 물 마실게요.
론	그런데, 아니 그 안경은 뭐죠?
오오키	뭐죠라니, 왜 그러시죠?
론	보여주세요.

손에 들고 힌지를 접었다가 펴기를 반복한다.

오오키	일본 브랜드 안경인데 에스s자 모양 힌지 때문에 착용감이 부드럽고 힌지 부분에 부담이….
론	아, 알겠어요. 이거 완전 좋네요. 그렇군요. 저기! (직원에게) 와서 이거 좀 보게.
오오키	저, 제 안경….
론	아, 내 안경…, 내 안경이랑.

서랍에서 부스럭거리며 안경테를 꺼내서 보여준다.

론 내 안경은, 이거! 한번 써보세요! 어, 잘 어울려요.

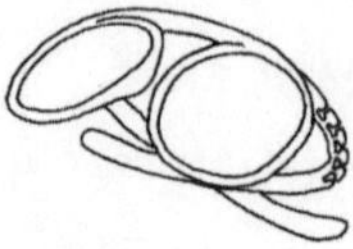

오오키 론 씨가 디자인한 안경이네요. 힌지가 아니라 수지의 측면에 복수의 슬릿을….

론 맞아요. 그리고 정면을 보면 둥글게 한 번에 쓱 그린 것 같은 부분이 있잖아요, 이게 또 진짜 최고예요.

오오키 착용감이 굉장히 좋네요.

론 그건 그렇죠. 중국에서 엄청 따라서 만들었어요.

왠지 모르게 의기양양한 표정

오오키 심각한 문제죠.

론 음, 뭐가요?

직원이 이쪽으로 걸어온다. 이 폭주 디자이너를 제압해주길 기대했다.

(직원) 그런데 정면이 에이A 형태로 된 타입도 따라서

만들고 있어요.(야무짐)

아니, 그게 아니죠.

론 맞아요! 이거와는 비교도 안 될 정도로 표절이 많아요! 완전!

오오키 론 씨는 그런 건 별로 신경 안 쓰세요?

론 아니, 일단 신경이 쓰이죠. 그래서 중국의 짝퉁 공장에 들어갔어요.

오오키 네?

론 자, 그때 영상 스타트!

직원이 공장에서 촬영한 영상을 재생한다. 정교하게 만든 짝퉁 가구가 쭉 늘어서 있다.(웃음)

론 내가 시찰하러 왔다고 하니까 '큰일 났다, 빨리 숨겨, 숨겨' 하는 상황이 된 것 같았는데, 어느 것이 내 작품의 모조품인지 잘 모르는 것 같았어요. 저 근방이 온통 다 내 작품의 모조품이었는데.(웃음) 보세요, 이렇게 진짜 비슷하게 만들었어요.

오오키 진짜 제대로 만들었네요.(땀)

론 뭐, 이제 와서 그만두라고 해도 공장에서 일해서 생계를 꾸리는 사람도 있을 거고 그걸 팔아서 가족을 부양하는 사람도 있을 거니까.

오오키 아, 그건 그렇죠.

론 그래서 제가 확실히 말해주었어요.

오오키 ?

론 "새롭게 무언가를 디자인해줄까?" 하고요.

대단한데!

오오키 머릿속을 정리하는데 시간이 좀 걸릴 거 같아요, 죄송해요.

론 아, 역시 커피 마실래요? 저도 한 잔 더 마시려고요.

오오키 아니, 그게 아니라….

론 아니, 아무도 짝퉁을 만들어주지 않는 작품은 그만큼 가치가 없는 거 아니에요? 디자이너는 누가 따라 만들어주어야 가치가 생기는 세계에 사니까요.

그릇이 너무 크다.

론 (사무실 구석을 가리키며) 저쪽에 있는 가구는 전부 우리가 만든 거예요.

전부 경매에서 엄청나게 비싸게 거래되는 것들이다.

오오키 대단한데요. 지금도 사내에서 제작을 하세요?

론 아니요, 얼마 전에 그만두었어요. 초기에는 만들었지만요.

오오키 왜 그만두셨어요?

론 그건 전문가에게 부탁하는 편이 훨씬 잘 만드니까요.

그건 그렇지만.(땀)

론 그러면 비포 · 애프터 방식으로 볼까요? 영상 스타트! 먼저 디자인 잡지를 위해서 만든 '의자 타워'. 계속 쌓은 것뿐인데, 넘어짐 방지용 장치도 하나도 없어요, 짜릿하지 않나요?

오오키 의자가 정말 많네요. 전부 아틀리에 안에서 한 건가요?

론 네! 그리고 이게 그 후에 비트라에서 상품화한 것. 처음에는 알루미늄으로 만들었는데 양산은 플라스틱 소재로 했어요. 뒤를 보면 알겠지만 원래는 스툴 프레임을 용접으로 만들었는데, 양산 버전은 비용이 들지 않는 굽힘 가공.

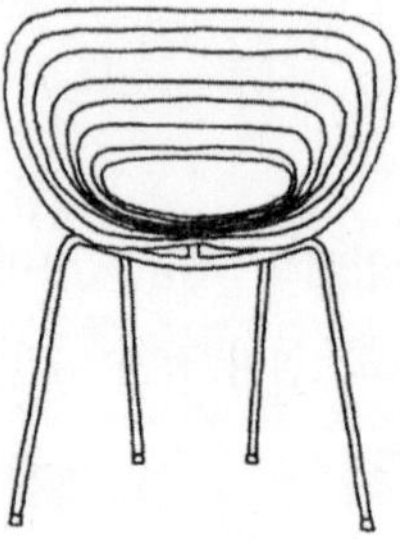

오오키 자세히 보면 다르네요.

론 엄청 예뻐졌죠.

오오키 음, 그런가요? 그렇다기보다 비교할 수 없죠.

론 그렇죠, 다른 거니까.

오오키 네? 어느 쪽이죠?

론 서로 다르게 예쁘다는 거죠!

오오키 그러니까 작품이 양산품이 되어서 오리지널의 매력이 사라졌다고는 생각하지 않으신다는 건가요?

론 다른 거니까요. 하지만 어느 쪽도 다 예뻐요.

오오키 ….

론 아이디어는 원래 같고요.

냉정함을 되찾기 위해 화제를 바꾸기로 했다.

오오키 그러고 보니 론 씨가 설계한 이스라엘 홀론 디자인 뮤지엄에서 넨도의 첫 대규모 개인전을 하게 되었어요.

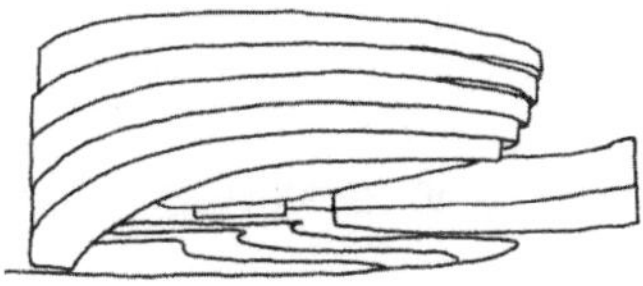

론 어, 언제?

오오키 2016년 6월부터 넉 달 동안요.

론 그러면 오오키 씨가 큐레이션도 하는 건가요?

오오키 ? 일단 그렇게 되지 않을까요?

론 넨도랑은 어떤 관계죠?

오오키 제가 넨도인데요.(땀)

론 어? (말을 잇지 못함) 그쪽이 넨도?

오오키 네.

론 넨도가 왜 이런 곳에 있죠? 아니, 몰랐어요. 괜히 격식을 차리고 토크를 했네요. 넨도 녀석, 잘도 속였네요.(웃음)

오오키 아니, 절대 그러려고 한 게 아니라.(땀)

그런데, 뭐가 격식?

론 (직원을 보면서) 여기, 있잖아. 이 사람 누군지 알아? 넨도야, 넨도. 일본의.

몇 초 전까지 자신도 몰랐으면서.(땀)

오오키 저기, 아까 전 이야기로 돌아가서 사내에서 제작한 '작품'과 그 후에 제조업체가 만든 '제품'이 각각 다르지만 그 다름을 인정한다고 하셨는데, 그건 론 씨의 아트와 디자인에 관한 입장과 관계가 있을까요?

론 넨도가 되자마자 어려운 걸 묻네요.

오오키 아니(땀), 절대 지금 넨도가 된 게 아니라 처음부터….

론 그렇죠. 음, 그러니까 프로젝트는 목적별로 다 다르지만 같은 생각과 프로세스로 만들고 있으니까 특별히 신경 쓰지 않아요.

오오키 카르텔*[3]의 책장도 원래는 금속으로 만들었죠.

론 맞아요. 항상 아틀리에 안에서는 금속을 두드리거나 자르는 소리, 불꽃을 튀기며 용접하는 소리가 들렸어요.

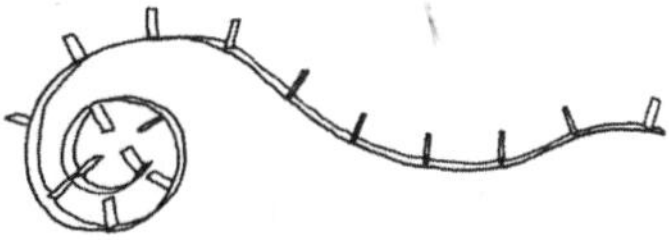

오오키　그렇게 만든 책 선반이 카르텔의 눈에 띈 거네요.

론　이 선반을 판매된 수대로 하나로 쭉 연결하면 이탈리아를 종단할 수 있을 정도의 길이가 된다고 해요.(웃음) 음, 그 정도로 팔렸죠. 모든 상품이 다 이런 프로세스예요.

오오키　아트에서 제품으로 변환되는.

론　예전에 강연회에 패널로 참가한 적이 있어요. 의제는 '아트와 디자인의 경계에 대해서'. 그래서 사회자가 말하기 전에 제일 먼저 내가 이야기를 했어요.

오오키　대충 상상이 되네요.(웃음)

론　"아트와 디자인 경계에 관해서 논의하는 자체가 경계를 만드는 거 아닌가?" 하고요.

오오키　재미있네요.

론　그랬더니 회의장 분위기가 엄청 달아올랐어요.(웃음) 진행하는 사람도 "그러면 강연회는 그만하죠" 하고 말하고요.

오오키　진짜요?

론 그래서 끝나버렸어요.

끝나버리면 안 되는 거 아닌가요.(땀)

오오키 거기에 경계는 없지만 절대 같지는 않으니까…. 무리하게 논의를 할 필요가 없다는 거네요.

론 그런 거죠. 뉴욕현대미술관과 퐁피두센터에서 했던 회고전 타이틀을 '노 디서플린No Discipline'으로 한 것도 그래서예요. 'Discipline'이 '규율' 또는 '영역'이나 '분야'라는 의미잖아요? 그런 것이 아예 없이 무언가를 만드는 것에 관해서 말하고 싶었어요.

오오키 그렇군요. 전시회 이야기가 나와서 말인데, 과거 론 씨의 아카이브를 보면 금속을 사용한 제품이 많은 것 같아요.

론 금속 말이죠, 자유롭죠.

오오키 자유?

론 나무는 지나치게 공예적이 된다고 해야 할까. 나무라는 소재가 가진 특성이나 개성이 너무 강하게 드러나요. 그 점에서 금속은 자유롭죠. 직감적으로 굽히거나 접거나 잇거나 자르거나. 최고예요.

오오키 사고를 직접적으로 아웃풋하는 게 가능하다는 말씀이네요.

론 그런 거죠.

오오키 확실히 '나무를 잘 살린 디자인'이라고는 말해도 '철을 잘 살린 디자인'이라는 말은 별로 들어본 적이 없어요. 그런데 아까부터 신경이 쓰였는데 작품 옆에 놓여 있는 저건 뭔가요?

론 어? 저거요?

오오키 네, 등신대의 인형인가요?

론 이건 오오키 씨이기도 하고 나이기도 해요. 케이트 모스이기도 하죠. 그러니까 이 녀석이 기분 좋게 앉을 수 있으면 누구라도 편하게 앉을 수 있는 의자라는 뜻이에요.

오오키 아하! 의자용 형판 같은 거네요?

론 맞아요. 그래서 여기 있는 의자는 전부 이 녀석의 엉덩이에 맞추어진 모양이에요. 엉덩이 친구네.

오오키 그 표현이 적절한지는 모르겠지만 이해가 잘 되네요. 책상 위에 있는 건 그래픽태블릿인가요?

론 아, 이거. 일은 전부 이걸로 하고 있어요.

오오키 조금 전에도 아이패드와 아이폰을 사용하셨는데, 그래픽태블릿으로 작업을 하시는군요.

론 이걸로 데이터를 주고받으면서 일을 하고 있어요. 지금은 직원이 스무 명 정도 있는데, 개개인이 보내준 체크용 데이터를 이 화면으로 보면서 그 위에 그대로 그리고 있어요. 정말 편리해요.

오오키 초기 단계의 콘셉트 스케치나 인테리어 예상도 위에 겹쳐서 그리는 스케치 같은 것도 이걸로 그리시는군요. 저도 한번 사용해볼게요.

론 완전 추천!

여기서 론 씨의 교육에 대한 생각을 물어보기로 했다. RCA의 디자인 프로덕트 학부에서 학부장을 지낸 것으로도 유명한데, 이때의 RCA 육성 방침이 유럽의 최첨단 디자인 교육의 원형이 되었다고 해도 과언이 아니다.

오오키 저기, RCA에 관해서도 궁금한 점이 있어요.

론 지금의 RCA는 미묘해요.

오오키 론 씨가 있던 시절과 무엇이 근본적으로 다른가요?

론 그게 정답을 말할 수는 없지만, 강사의 질이 완전히 다르지 않을까요? RCA는 대학원이니까 이미 어디서 공부나 일을 한 사람들이 오잖아요. 하나하나 친절하게 가르쳐주는 곳이 아니기 때문에 필요한 건 자극, 그것뿐이에요.

오오키 맞는 말씀이에요.

론 그러니까 최전선에서 활약하는 최고의 디자이너가 가르치면 되잖아요. 그래서 내가 있을 때는 일주일에 한 번 재스퍼 모리슨 같은 사람이 왔어요. 최고잖아요. 재스퍼와 나는 완전 반대잖아요. (양팔을 벌리고) 이쪽이 재스퍼고….

오오키 아, 대충 알겠어요.

론 양쪽에서 접근하니까요. 최고의 자극이죠.

오오키 진짜 대단해요.

론 일의 기본은 '가장 바쁜 사람한테 일을 의뢰하라'예요. 그런데 지금 RCA 강사는 매일 풀타임으로 올 수 있는 사람이라는 제한이 있는 거 같아요. 그래서는 톱 디자이너는 못 오죠. 무리예요.

오오키 론 씨가 직접 가르치면서 신경 쓰신 점은요?

론 강사진이 제대로 되어 있다면 나는 할 일이 없어요. 완전히 맡기는 거죠.

네에에?

론 아! 딱 하나 한 건 산더미처럼 쌓인 강사진이 떨어뜨린 입학용 포트폴리오 앞에 앉아서 하나하나 보고 재미있을 것 같은 사람을 골라서 몰래 입학시킨 일.(웃음) 모두가 선택한 사람한테는 흥미가 안 생겨요. 우수한 강사가 선택한 우수한 사람이니까요. 하지만 재능이 있는데도 떨어진 인재가 만약 한 사람이라도 있다면 학교로서는 손해니까요.

오오키 그러네요, 획일적인 기준으로 뽑는 입시로는 다양성이 없으니까요.

론 맞아요.

오오키 그런데 이 사무실은 언제부터 사용하셨나요?

론 8년 정도요. 이전에는 코벤트가든에 사무실이 있었어요.

오오키 좋은 곳이잖아요.

론 좋은 곳이 되어버려서 여기로 옮긴 거예요!

오오키 그쪽이군요.(웃음)

론 예전에 적당히 만든 의자를 아틀리에 밖에 두었는데 문밖에서 "어이, 그 의자 같은 거 팔면 안 돼요?"라고 말하는 사람이 오기도 하고요. 그 사람이 장 폴 고티에였어요.

오오키 아니, '같은 거'라니.(웃음)

론 그때부터 그 사람이랑은 사이가 좋아요. 그때는 '로버 체어' 여섯 개를 싹 사갔어요.

오오키 초명작이잖아요.(땀)

론 그런 식으로 예전에는 이런저런 걸 했어요.

오오키 마지막으로 묻고 싶은 건 론 씨가 디자인을 할 때 프로세스라고 할지, 근거로 삼는 게 있을까요? 조형력이 있는 디자이너라고 하면 손을 움직이면서 생각한다고 할까, 대부분 '손으로 생각한다'는 분이 많잖아요. 론 씨도 그러신 건지 궁금해요.

론 이건 어떤 거라도 똑같은데, '왓 이프What if'라는 부분이 항상 시작 지점이 돼요.

오오키 '왓 이프', 그러니까 '만약에'라는 의미인가요?

론 맞아요. '만약에 자전거 바퀴가 튜브가 아니라 금속 스프링이라면' 또는 '만약에 탁구대가 평평하지 않고 활 모양으로 굽었다면' 하고 말이죠.

오오키 재밌네요. 가설을 세운다고 할까, 과제를 설정해서, 그걸 조형력으로 해결하는.

론 그거죠. 그래서 실제로 자전거를 만들어보고 모로소의 금속 스프링을 사용한 스툴에 응용하기도 하고, 탁구대도 활 모양으로 만들어서 초심자도 랠리를 하기 쉽도록 만들기도 하고. 여러 가지 해결책으로 이어져요. 대단하죠? 나를 그저 그런 커피나 마시는 아저씨라고 생각했죠?

오오키 네. 아니, 아니에요!(땀)

론 그러면 내가 그 탁구대에서 플레이를 하는 초대박 영상 스타트!

오오키 아니, 저는 이만 가보겠습니다.

주

1 카림 라시드Karim Rashid

이집트 카이로 출신 디자이너다. 1960년에 태어났다. 1993년에 뉴욕을 거점으로 '카림 라시드 인더스트리얼 디자인'을 설립했다. 패션에서 가구, 잡화에 이르는 다양한 아이템을 디자인한다.

2 마크 뉴슨Marc Newson

오스트레일리아 시드니 출신 디자이너다. 1963년에 태어났다. 현재는 런던을 거점으로 활동하고 있다. 유선형과 원형을 다용하고 색채를 다양하게 사용하는 디자인이 특징이다. 애플에 2016년에 입사했다. 애플워치 디자인에 참여한다고 알려져 있다.

3 카르텔Kartell

1949년에 이탈리아 밀라노에서 화학 엔지니어 줄리오 카스텔리가 창립한 가구 브랜드다. 플라스틱을 사용한 가구 및 잡화가 가장 유명하며 신기술과 프로세스 연구를 외부 디자이너와 협업하면서 항상 새로운 표현을 세상에 내놓고 있다.

정리

지금까지 신기하다고 느껴왔던 론 씨의 조형의 '질'. 그것이 다른 아티스트와 다른 것은 아이디어의 기점이 항상 '만약에What if' '문제 해결을 위한 조형'이기 때문이라는 사실을 알게 되었다. 그렇기 때문에 작품이 아트로 성립될 뿐만 아니라 그 후에도 양산품이라는 형태로 많은 사람들에게 사랑받는 내성이 생기는 것이다.

디지털이 만들어내는 속도와 경쾌함. 부드럽고 유연한 콘셉트. 그런 시대이기 때문에 론 씨 디자인은 좋은 의미로 이질적이다. 이만큼 골격이 탄탄한 디자인을 우직하게 만들어온 디자이너는 앞으로 다시 나오기 어려울지도 모른다. 하지만 '만약에', 그런 차세대를 짊어질 인재가 나타난다면 디자인계에서는 다시 재미있는 상황이 벌어질지도 모르겠다.

_《엘르 데코》 2016년 2월호

론 아라드 Ron Arad

1951년에 이스라엘 텔아비브에서 태어났다. 예루살렘예술학교, 영국 건축협회부속학교에서 공부했다. 1981년에 캐롤라인 토르만과 함께 런던에 스튜디오를 오픈했다. 리미티드 작품을 발표하면서 일약 유명 인사가 되었다. 1997년부터 2009년까지 영국왕립예술학교 디자인 · 프로덕트 학부의 교수, 학부장 등을 역임했다. 2010년에는 설계를 맡은 홀론 디자인 뮤지엄이 이스라엘에 오픈했다. 2011년에 런던 디자인위크상, 2013년에 런던 왕립예술원의 로열아카데미상을 수상했다.

16

모르텐 클라에손
에에로 코이비스토
올라 루네

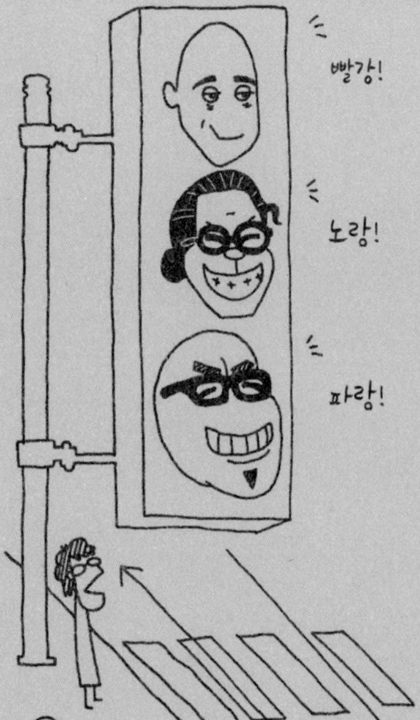

북유럽 최강의 디자인 트리오라고 하면 가장 먼저 나오는 이름이 바로 클라에손 코이비스토 루네CKR입니다. 모르텐 클라에손, 에에로 코이비스토, 올라 루네, 세 사람이 만들어내는 디자인은 북유럽 특유의 신중한 소재 선택과 불필요한 부분이 없는 아름다운 형태가 특징입니다. 따뜻함과 사랑스러움이 느껴지면서도 때로는 이탈리아나 프랑스적이라고도 할 수 있는 대담한 조형과 비비드한 색 선택, 예술 작품 같은 날카로움을 곳곳에 넣는 초기교파 집단이라고도 할 수 있습니다. 최근 십수 년간 북유럽 디자인계를 완전히 제압해온 세 사람이 지금 무엇을 생각하는지, 북유럽 디자인을 앞으로 어떻게 이끌고 나갈 것인지 너무 궁금했습니다. 스톡홀름에 있는 이들의 사무실은 한 면이 전부 유리로 되어 있어 쇼룸 또는 갤러리 같았습니다. 회의실은 마음이 편하지 않다는 이유로 큰 테이블에 둘러앉아서 나눈 대화는 처음부터 초고속 주행이었습니다.

북유럽 디자인의 룰을 바꾼 세 바이킹

올라 루네 (이하 '올라') 오오키 씨는 디자이너를 그만두고 글을 쓰는 사람이 됐다고.

에에로 코이비스토 (이하 '에에로') 정말? 디자인 일이 엄청 줄었다는 이야기는 들리더라고요.

오오키 저기, 처음부터 이러는 건 아니지 않나요?

모르텐 클라에손 (이하 '모르텐') 그래서 왜 작가가 되려고 한 거죠?

오오키 아니, 그러니까 그게 아니고….(땀)

올라 왜? 무슨 일이 있었던 거지?

오오키 ….

셋 모두 꽤 짓궂다.

오오키 둘이서 하는 디자인 팀은 꽤 많지만 셋이서 하는 경우는 드문 것 같아요. 애초에 어떻게 같이하게 된 거죠?

에에로 우연히 같은 반이었어요.

올라 그래서 학교 정원에 모여서 디자인에 관해서 이야기했죠.

에에로 저녁이 되면 학교에 있는 바에서 매일 이야기를 나

누었어요. 매일 밤 폐점 시간까지 마시는 건 우리 셋뿐이었죠.(웃음)

오오키 아니, 학교에 바가 있나요?

모르텐 뭐, 그 바도 우리가 학교와 협상해서 만든 거예요.

에에로 그래서 그 디자인을 셋이서 했어요.

오오키 학교가 학생을 상대로 바 영업을 한 거네요?

올라 맞아요.(웃음)

모르텐 자유롭죠.(웃음) 당시의 우리는 무언가 하고 싶으면 바로 행동으로 옮겼어요.

에에로 정말이지 디자인계열 학생이라는 느낌이죠!

모르텐 '이 맥주잔 디자인의 무엇이 잘못되었는가'를 계속 토론을 하는 거죠.(웃음)

에에로 젊고 경험도 없고 지식도 없고 할 일도 없었으니까요. 어떤 디자인에라도 달라붙어서 그거에 대해서 떠들어댔죠.

올라 무지라는 건 진짜 대단하죠.(웃음)

오오키 같은 학교 친구라고 할까, 술친구에서 어떻게 같이 디자인 회사를 차리게 되었나요?

에에로 재학 중에 우연히 셋이서 응모한 디자인 공모전에서 몇 개가 우승을 했는데, 그 실시 설계와 현장 관리를 해야 했어요.

오오키 갑자기 프로젝트가 시작된 거네요.

에에로 그래서 학교에서 셋이서 작업을 했어요.

올라 보통은 한 사람당 작업용 테이블을 하나씩 주는데, 사이가 너무 좋아져서….

에에로 항상 테이블 두 개를 붙여서 큰 정방형 테이블을 만들고 셋이서 테이블을 둘러싸고 그 위에서 작업을 했어요.

지금 우리 모두가 둘러싸고 앉은 테이블도 바로 그 모양이다.

에에로 도중에 각각 외국 대학으로 1년씩 유학했는데, 학교가 방학을 하면 같이 건축 시찰 여행을 갔어요.

모르텐 당시에는 항상 누군가가 말을 하는 상태였어요.

그건 지금도 바뀌지 않았다.

에에로 그 후에도 항상 프로젝트가 진행 중인 상태가 이어지다가 클라이언트에게 "개인 계좌 입금은 세금 관련 일이 번거로우니까 이제 법인화하는 게 어때"라는 말을 듣게 되었죠.

모르텐 재학 중에 회사를 만든 거예요.

에에로 그랬더니 회사명은 어떻게 해야 할지, 하는 이야기가 되었어요. 당시에는 일부러 특이하게 회사명을 짓는 게 유행이었어요.

올라 ‘트랙터’라든지.(웃음)

에에로 ‘트랙터’는 좀 심하지.(웃음)

‘넨도’와 크게 다르지 않은 것 같기도.

오오키 그래서 그 부분을 일부러….

모르텐 맞아요. 그래서 클라에손 코이비스토 루네로 했어요.

에에로 이름을 그냥 늘어놓은 거죠.

오오키 순서는 어떻게 정했나요? 나이순은 아닌 거 같은데요.

올라 알파벳 순이요.

오오키 앗, 진짜네.(웃음)

에에로 참고로 나이는 내가 제일 위고 다음이 올라, 가장 어린 사람이 모르텐이에요. 실제로도 장남, 차남, 셋째 아들이에요.

오오키 그렇군요. 에에로 씨는 장남같이 안 보여요.

에에로 아니, 그런 말을 하네?

올라 실제로도 그래요.

오오키 셋의 역할이라고 할까, 캐릭터는 어떤가요?

에에로 음, 확실히 내가 앞으로 쭉쭉 나가는 타입이에요.

올라 앞뒤 생각하지 않죠.

에에로 누가?

오오키 모르텐 씨는 냉정하고 논리적일 것 같고요.

에에로 뭐, 그렇기도 하죠. 그래서 올라가 균형을 잡고 때로는 활성제가 되기도 하고.

올라 모르텐 이의 없음.

오오키 졸업하고 나서는 어떻게 되었나요?

에에로 한동안 학교에 눌러앉았죠.

올라 마음대로 비품이나 기재를 쓰니까 이런저런 소리를 듣기도 하고.

모르텐 결국 언제까지 학교에 있을 수는 없으니까 셋의 집 부엌을 돌면서 활동을 했어요.(웃음)

에에로 셋이서 슈퍼 비닐봉지에 작업용 도구를 집어넣고 항상 어슬렁거리며 돌아다녔어요.(웃음)

오오키 그건 꽤 초현실적인 그림 같아요. 정말 말 그대로 노마드 워커.(웃음)

모르텐 에에로 올라 맞아요.(웃음)

모르텐 그랬더니 우연히 지인이 설계사무소 한 귀퉁이를 빌려주었어요.

오오키 공유오피스 같은?

에에로 책상을 빌려준 정도? 비품 같은 건 자유롭게 쓸 수 있고 책상 하나에 얼마, 뭐 이런 느낌으로요.

올라 그런데 학생 시절 버릇이 남아서….

오오키 설마.(웃음)

모르텐 그렇죠. 책상 두 개로 셋이 쓰는 상태에 완전히 익숙해져서.

에에로 두 개분만 내면 안 되냐고 했죠.

올라 싸웠던 거 같아요.

에에로 싸웠다고 할 정도는 아니에요.

오오키 자, 그 정도로 하고.

내가 북유럽 디자인을 직접 접하게 된 건 2003년에 열린 스톡홀름 가구 박람회에서였다. 학생과 신인 디자이너를 위해 준비된 전시 구역에 참가했는데 세 사람이 심사위원이었다. 이때 전시가 계기가 되어 계약한 스웨덴의 가구 브랜드 스웨데세•[1]의 크리에이티브 디렉터도 또 모르텐 씨였다. 주요 브랜드의 전시 부스 대부분에는 세 사람이 만든 가구가 전시되어 있었고, 벽에 붙어 있는 북유럽 디자인상 수상자 리스트에는 셋 중 누군가의 이름은 반드시 들어가 있었다. 이렇게 세 사람이 모든 것을 휩쓴 상황에는 놀랄 수밖에 없었다.

오오키 2003년에 처음 스톡홀름에 갔을 때 받은 인상은 '이 땅은 세 사람의 바이킹에게 완전히 점령당했구나'

였어요.

에에로 정말? 그건 재미있는 이야기네요.(웃음)

올라 지금 오오키 씨는 아시아에서 그 정도로 무적이잖아요?

오오키 말도 안 되어요.(땀)

모르텐 세 명의 바이킹 말이죠.

올라 뭐, 부정은 안 할게요.

에에로 부정은 안 한다고!

올라 네가 할 말은 아니지, 그게!

모르텐 그런데 그건 그거대로 문제예요. 북유럽에는 역사적으로 디자이너는 브랜드에 소속되어 일한다는 불문율이 있어요. 하나의 브랜드와 프로젝트를 진행하는 디자이너는 다른 회사와 일을 하면 안 된다는 암묵적인 룰이 있어요.

에에로 열 곳 정도의 회사에서 동시에 작품을 발표했을 때는 소란도 그런 소란이 없었죠.

오오키 그런가요, 얼마 전 이탈리아 같네요.

에에로 맞아요! 그렇지만 디자인계열 가구나 잡화를 제조하는 업체가 북유럽에 몇 곳밖에는 없던 예전과는 달리 로열티 계약을 하는 비즈니스 모델은 더 이상 기능하지 않기 때문에 그 상황에서 독점이라든지 전속이라고 하면 디자이너는 먹고살기가 힘들어요.

오오키 어떻게 해결하셨나요?

모르텐 한 곳 한 곳 제대로 마주해서 계속 대화로 설득했어요.

오오키 대단한데요. 어떤 의미에서는 북유럽 디자인의 룰을 바꾼 거네요.

에에로 뭐 그것도 부정하진 않을게요.

프로젝트별로 세 사람의 역할도 프로세스도 변한다

여기서 좀 더 본질적인 작업 프로세스에 대해서 물어보기로 했다. 지금까지는 부룰렉 형제처럼 둘 사이의 '밀고 당기기'를 통해 창작하는 타입, 알프레도 헤베를리 씨처럼 자신의 안에 '가상의 인격'을 형성하고 그 사이에서 균형을 잡는 타입, 마르셀 반더스 씨처럼 다른 문화적 또는 역사적 요소를 서로 겹치는 것으로 화학적 반응을 일으키는 이원론적인 창작 프로세스를 실천하는 타입 등이 있었다. 이것이 '3'이 되면 도대체 어떤 일이 일어날까?

'1'은 절대적인 존재이며 가장 강한 숫자다. '2'는 대립구조가 만들어져서 양자 사이의 관계가 강조된다. '3'

이상이 되면 그 순간 '집단'이 되어 서로의 관계성이 열어지면서 '많이 있는' 상황이 된다. 과연 '3'이라는 숫자에서 만들어지는 디자인이란 어떤 것일까?

오오키 디자인을 할 때, 초기 아이디어나 콘셉트는 누가 담당하나요?

에에로 그런 담당은 없어요. 누군가가 재미있는 생각을 하면 나머지 둘과 공유해요. 거기에서 프로젝트가 시작되는 느낌.

오오키 진행자 같은 사람은요?

에에로 그것도 없어요. 셋 중에 둘이 대화할 때 남은 하나가 그냥 의장이 되는 느낌이려나.

오오키 그러면 매번 역할도 프로세스도 바뀌는 건가요?

모르텐 맞아요. 항상 셋이서 이야기를 하면서 만든다는 느낌이에요.

오오키 의사결정은 어떤 식으로 이루어지나요? 다수결이라든지.

모르텐 다수결은 아니고 세 사람이 전원 동의하지 않는 안은 절대로 진행하지 않아요.

오오키 벽이 높다고 해야 할지, 엄청난 스크리닝 효과가 있을 것 같아요. 어중간한 안은 거기서 바로 걸러질 테니까요.

에에로	이 방식이 우리의 스타일을 만든다고 해도 과언이 아니에요.
오오키	하나의 안이 마음에 든 두 사람이 세 번째 사람을 설득하는 구도는 만들어지지 않나요?
올라	신기하게도 2 대 1 구도는 되지 않아요.
오오키	그건 오랜 시간 함께하면서 만들어진 세 사람의 균형감일까요?
올라	셋이 있으면 논의가 예상치도 못한 방향으로 가버리는 경우가 있는데, 그게 또 재밌어요. 누군가의 스케치를 보고 "이건 뭐 이런 거야?" 하고 다른 사람이 전혀 다른 해석을 하기도 하죠.
모르텐	그런 오독에서 흥미로운 아이디어가 나오는 경우도 있어요.
오오키	프로세스를 나누는 게 아니라 전부 같이하고 있는 거네요.
모르텐	클라이언트 담당자는 왠지 모르게 정해지는데, 그런 커뮤니케이션은 한 사람이 대응하기도 해요.
올라	창구가 몇 개나 되면 상대방도 혼란스러우니까요.
오오키	아, 지금 생각났는데 메일 주소는 하나인가요?
에에로	네. 셋 다 모든 메일을 확인해요.
오오키	철저하세요.
모르텐	아까 다수결은 없다고 말했는데 직원들과 같이 사무

실 전원이서 투표하는 경우는 가끔 있어요. 그리고 직원 한 명을 더해서 넷이서 생각할 때도 있어요.

오오키 셋이서 하는 협업 형태가 확립되면 네 명 이상에서 응용하는 건 그렇게 어렵지 않다는 뜻이네요.

모르텐 직원도 대부분 10년 이상 다닌 사람이라 서로에 관해서 잘 알고 있어요.

에에로 최근 몇 년 동안 호텔 인테리어나 공공건축 같은 대형 건축물 관련 일이 늘었는데, 전원 콘센트 커버 디테일까지 신경 써야 한다는 마음은 아직 그대로니까요. 불필요하게 직원을 늘릴 생각은 없어요.

오오키 그런데 의견이 하나로 모이지 않아서 싸우는 경우는 없나요?

에에로 어떤 에피소드부터 들을래요? 가장 심한 거?

오오키 질문을 바꾸겠습니다.(땀) 만약에 셋이 아니었다면, 하고 생각한 적은 없나요? 독립이나 해체라든지.

에에로 세 사람 모두 이혼 경험이 있는데, 인간인 이상 정신적으로 최악의 상태에 빠지는 경우가 있을 거예요. 너무 우울해서 일을 도저히 할 수가 없어서 몇 주 만에 사무실에 얼굴을 비추었을 때, 보통 때랑 똑같이 사무실이 돌아가고 나머지 둘이 즐겁게 디자인하는 모습을 보면 마음이 놓인다고 할까, 힘을 얻어요.

모르텐 정말 그래요. 평소대로만 하고 있어도 서로를 자연스럽게 지탱해준다는 느낌이 들어요.

올라 셋이 있으면 우쭐거리거나 하는 일이 없다는 장점도 있어요. 아, 괄호 열고 한 사람 빼고 괄호 닫고.

에에로 누구 말이야?

모르텐 여러 크리에이터를 보면 일정 정도 수준에 도달하면 자만심에 빠져서 갑자기 수준이 확 떨어지기도 해요. 그건 아마도 본인 문제가 아니라 주변 인간들이 모두 예스맨이 되거나 필요 이상으로 떠받들어서 본인의 판단 기준이 엉망이 되는 거예요. 그 점에서 보면 셋이 있으면 항상 평평한 상태에서 서로를 견제하는 상태가 되니까 그런 걱정은 없어요.

오오키 적당한 긴장감을 항상 가지고 있다는 거네요.

올라 맞아요.

에에로 밴드가 있잖아요.

오오키 네.

에에로 역사적으로 한 번 성공한 밴드가 해체한 뒤에 솔로나 다른 유닛으로 활동해도 예전보다 더 성공하는 예가 거의 없잖아요. 한 번 성공하는 것도 꽤 운이 좋은 건데 그걸 버리고까지 다시 도전하는 장점은 별로 없다는 거예요.

루키 나왔다, 음악 이야기.

에에로 뭐 불만이라도 있어?

모르텐 셋 모두 10대에 음악에 빠져서 꽤 진지하게 프로를 목표로 라이브도 엄청 많이 했어요.

에에로 당시에는 나도 모르텐도 머리가 치렁치렁 길었어요.(웃음)

모르텐 혼자서는 절대 내지 못할 소리가 밴드로 연주를 하면 가능한 순간이 있는데, 그때는 뭐 온몸에 닭살이 돋아요. 그 맹렬한 감동을 지금 디자인이라는 매개체를 통해서 재현하려고 하는 건지도 몰라요.

에에로 내 경우는 음악을 들으면 일단 분해하고 싶은 기분이 들어요. 부위별로 분해해서 개별적으로 해석하고 싶어져요. 디자인이나 아트를 볼 때도 머리로 같은 조작을 한다고 생각해요. 요소를 분해하면 프로세스나 본질이 보이기 때문에 힌트를 발견할 수 있어요.

오오키 사무실 책장을 언뜻 보니까 디자인뿐만 아니라 아트나 건축 등 다양한 장르가 있네요.

에에로 좋아하거든요.

오오키 저자명순으로 책이 정리되어 있어서 깜짝 놀랐는데, 표지에 산 날짜와 디자이너명이 써져 있어서 또 놀랐어요.

모르텐 그런 세세한 부분은 의외로 또 제대로 하고 있어요.

오오키 그러고 보니 여기 회사는 직원도 항상 검은 옷을 입는다는 이미지가 있어요.

에에로 맞아요. 뭔가 룰이라고 해야 할지, 간단한 지침이 있으면 편하잖아요?

올라 넨도야말로 항상 하양이랑 검정이잖아.(웃음)

에에로 사진을 찍을 때 서는 순서도 일단 정해져 있어요.

오오키 그러고 보니 확실히… 알파벳 순서네요.(웃음) 이야기가 샛길로 샜는데 조직이 하나의 완성형이 되었다는 생각은 하시나요?

모르텐 에에로 올라 아직 멀었어요.

올라 항상 새로운 걸 시도해보고 실패하고의 반복이에요.

에에로 지금은 일을 '2인 1조'로 돌아가게 하고 있어요. 지금까지 프로젝트 담당은 기본 한 명이었는데, 앞으로는 이 셋 이외의 곳에서 논의가 파생되어 디자인이 활성화되는 방법을 모색하려고요.

모르텐 그러니까 한 사람에게 생각하게 하는 것이 아니라 둘이서 대화를 하도록 하는 거예요. 세세한 의사결정의 정밀도를 높이는 데 목적이 있죠.

오오키 셋이 하는 형태에 다른 한 층의 레이어를 추가하려는 거네요.

에에로 오오키 씨는 어떤 식으로 프로젝트를 진행하나요?

오오키 사내 디자이너 중 한 사람과 제가 의견 교환을 하면서 진행하고 있어요.

에에로 무언가 학교 같아요.(웃음)

올라 어? 이거 뭐지? 진짜 예쁜데!

에에로 뭐?

오오키 어, 이거요?

올라 오오키 씨가 가져온 거예요?

오오키 이거, 내수 사포 자투린데요? 원래 이 테이블 위에 있었던 거 같은데….

에에로 뭐? 뭐? 음, 진짜 재미있네.

모르텐 분명 어딘가에 쓸 수 있을 거야.

올라 이거 보관해두자. (엄청나게 기쁜 얼굴)

세 사람 모두 사용한 내수 사포의 자투리를 진지하게 바라본다. 물 때문에 마블 모양이 생겨서 확실히 재미있는 표정이다. 이런 작은 발견을 누군가가 하면 다른 두 사람이 자연스럽게 그것을 증폭시키는, 이런 스타일인 걸까? 세 사람의 작업 과정을 엿본 것 같아서 괜히 기분이 좋았다.

오오키 아까 '씨케이알CKR 스타일'이라는 이야기가 나왔는데 그것에 대해선 어떻게 생각하세요?

모르텐 넨도도 그렇지만 다작을 하기 때문에 고객을 좁게 한정하지 않아도 된다는 장점이 있다고 생각해요.

오오키 그건 저도 그렇게 생각해요.

에에로 특정 스타일이 없기 때문에 폭넓게 활동할 수 있다고 할까.

올라 스타일이 없다는 것이 스타일이라고도 할 수 있어.(웃음)

오오키 그러면 작업 프로세스에 CKR의 개성이 있다는 뜻인가요?

에에로 역시, 잘 보셨어요.(웃음) '도구상자'라고 부르는데요. 일단 승리 패턴 같은 것이 몇 개가 있고, 프로젝트별로 도구 사용법을 바꾸면서 진행하고 있어요.

올라 그렇게 항상 변화하지 않으면 우리가 질려버릴 거예요.(웃음)

모르텐 그래서 도구상자 내용물도 항상 바꾸고 있어요.

오오키 그런데 CKR은 '가구를 위한 가구 디자인'이라기보다 인테리어나 건축 프로젝트에 맞추어서 가구를 디자인한다는 인상이 있어요.

모르텐 공간 디자인을 할 때는 기존 제품이 아니라 가능한 한 오리지널로 프로덕트를 만들어야 공간에 좋은 영향을 줄 것 같아서요.

오오키 그 발상은 북유럽적인 것 같아요. 알바 알토*2나 아르네 야콥센도 비슷한 프로세스죠.

모르텐 맞아요. 그건 분명 북유럽적인 특징인데 특별히 의식하는 건 아니고 자연스럽게 그렇게 되는 느낌이에요. 북유럽적이라는 말을 들으니까 지금 생각난 건데, 이 세계에는 이렇게 많은 나라와 지역이 있는데 왠지 모르게 세 가지 스타일밖에 확립되지 않았어요. 북유럽 스타일, 일본 스타일, 이탈리아 스타일. 일반인이라도 딱 이미지를 떠올릴 수 있는 스타일은 이 정도라는 사실이 흥미로워요.

오오키 그렇네요.

모르텐 그렇게 생각하면 우리도 오오키 씨도 좋은 환경에 있는 건지도 몰라요.

에에로 세 지역 출신이라면 출장권은 있는 상태니까 일단 확실히 한 경기에는 나갈 수 있어요.

모르텐 그만큼 그 카테고리로 분류되어버리니까 표현에 고민하는 경우도 있어요. 그 부분 장점과 단점을 확실히 이해한 다음 전략을 세우는 것이 이 세 지역 출신 젊은 디자이너에게는 중요할 것 같아요.

오오키 재미있는 이야기, 감사합니다. 비행기 시간이 다 되어서 이제 슬슬….

올라 네? 그게 무슨 말이에요?

에에로 빈손으로 돌아가게 할 수는 없지!

모르텐 작년에 '스몰러 오브젝트'라는 잡화 브랜드를 만들었어요. 이게 자료니까 다음 스톡홀름 가구 박람회에 전시할 수 있도록 디자인 부탁해요.

오오키 네? 시간이 거의 없잖아요.(땀)

올라 '스피드'라는 이름의 '도구'를 넨도가 가지고 있다는 건 알고 있어요.(히죽)

오오키 (땀)

모르텐 사실 이거 로열티 계약은 아니에요. 디자이너가 개별적으로 제조 · 관리까지 맡아서 판매 수수료도 가지는 거. 우버 시스템을 참고해서 생각한 비즈니스 모델!

오오키 아니, 그렇다는 건 페어에 맞춰서 양산, 납품까지 해야 된다는 거잖아요?

모르텐 에에로 올라 예스.(웃음)

오오키 열심히 해볼게요.(눈물)

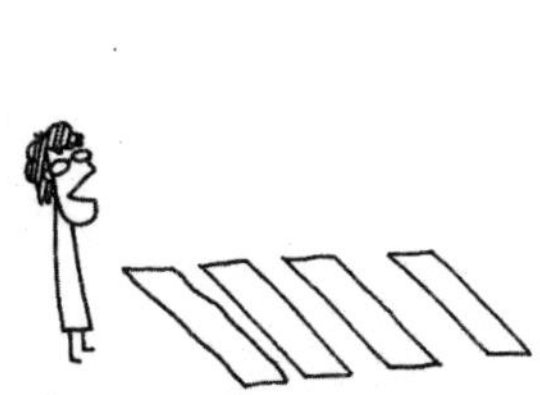

주

1 스웨데세Swedese

1945년에 스웨덴에 설립된 인테리어 브랜드다. 두 형제가 만든 브랜드로 목재의 온기를 살려서 브라운이나 베이지 같은 내추럴 컬러를 메인으로 사용한 모던 스칸디나비안 스타일이 특징이다.

2 알바 알토Alvar Aalto

핀란드가 낳은 20세기를 대표하는 세계적인 건축가이자 디자이너다. 1898년에 태어나서 1976년에 타계했다. 건축에서 가구, 유리 식기 등 일용품 디자인, 그림까지 여러 분야에서 인간미 넘치는 따뜻한 디자인으로 지금도 인기가 많다.

정리

개인기로 앞길을 헤쳐나가는 디자이너가 다수인 상황에서 이만큼 조직력으로 싸워온 사람들은 아주 보기 힘들지도 모른다. 넨도도 비슷한 유형의 회사지만, 우리와는 비교도 되지 않을 정도로 성숙한 조직이 작업하는 과정을 볼 수 있었다.
10년간 그저 계속 달려온 조직과 하나하나 쌓아 올려서 성숙해진 조직과의 차이는 이런 데서 드러난다고, 적지 않게 후회하고 있다. '넨도라는 조직에는 아직 성장할 여지가 있다.' 얼어붙는 것처럼 추운 스톡홀름의 저녁 하늘을 바라보며 이렇게 다짐했다.

_《엘르 데코》 2016년 4월호

클라에손 코이비스토 루네 Claesson Koivisto Rune, CKR

콘스트팍예술공예디자인대학에서 만난 모르텐 클라에손(1970년생), 에에로 코이비스토(1958년생), 올라 루네(1963년생)가 재학 중이던 1995년에 설립했다. 건축에서 가구, 작은 잡화까지 디자인하고 클라이언트로는 보피, 알플렉스, 카펠리니 등이 있다. 건축으로는 베를린의 스웨덴 대사 공관, 교토 스페라빌딩 등이 유명하다. 엘르 데코 인터내셔널 디자인 어워드를 비롯해서 레드도트 디자인상 등 지금까지 60건 이상의 수상 경력이 있다.

17 알레산드로 멘디니

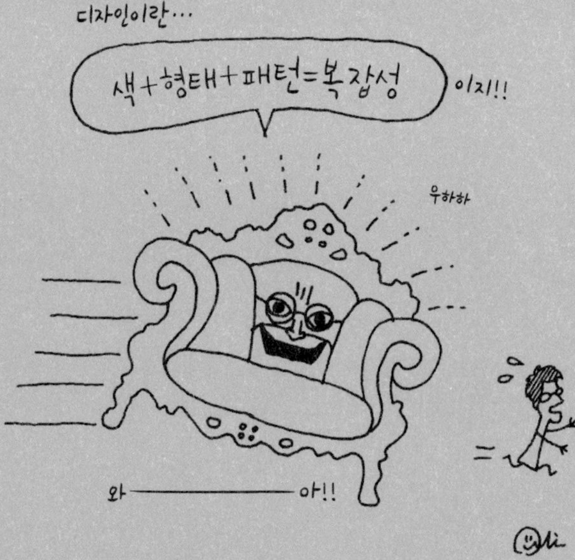

디자인계의 귀재로 유명한 알레산드로 멘디니 씨는 《까사벨라》《모도》•[1] 《도무스》 등 저명한 디자인 잡지를 창간하기도 하고 편집장을 지내기도 했습니다. 또한 알레시와 스와치 같은 브랜드의 크리에이티브 디렉터를 오랜 시간 지냈으며 수없이 많은 명작을 세상에 내놓았습니다. 2013년 당시 나이는 82세. 현역으로 아주 활발하게 활동하던 '디자인계의 대부'였습니다. 멘디니 씨를 만나러 간 곳은 밀라노 시내에 있는 멘디니 씨의 회사였습니다. 다양한 점포가 입주해 있는 빌딩 일각에서 컬러풀한 타일로 꾸며진 조금 뜻밖의 입구가 눈에 들어왔습니다.

디자인과 편집의 공통점 '여백'

알렉산드로 멘디니(이하 '알렉산드로')

아, 안녕하세요.

오오키 …. 오늘 바쁘신 와중에 시간을 내주셔서….

알렉산드로 아니에요. 오늘은 와주셔서 감사합니다. 아, 사진? 찍어요. 색이 너무 많아서 안정이 안 되죠? 넨도는 기본적으로 '하얀색'이니까. 우하하.

(사진작가) 그러면 거기 앉아주세요.

오오키 이 조명에 앉아도 되나요?

알렉산드로 이래 보여도 의자예요! 하핫. 앉는 느낌은 최악이지만! 우하하.

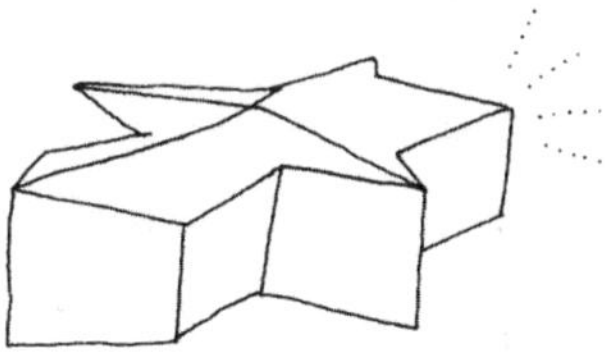

오오키 ….

시작 1분 만에 벌써 사고 정지다.

알렉산드로 자! 됐죠?

(사진작가) 아니, 아직 두세 장밖에 안…. 잘 안 나오면 한 소리 듣는 건 저인데.(눈물)

알렉산드로 아, 그래, 그렇지, 자! 이제 되었죠?

이렇게 촬영 종료. 2층에 있는 알렉산드로 씨의 방으로 자리를 옮겼다. 벽은 아름다운 파란색으로 되어 있고, 아래층의 작업 공간이 한눈에 내려다보이는 큰 창문이 있다.

오오키 여기서 딱 직원들의 모습이 보이네요.

알렉산드로 (저격하는 포즈)

오오키 아니, 그러시면 안 되죠.(웃음)

알렉산드로 아, 이건 내 스케치예요.

오오키 꽤 많네요.

알렉산드로 이 상자에 스케치가 꽉 차면 트리엔날레 미술관에 가지고 가요.

오오키 …. 가지고 간다고요?

알렉산드로 네. 그러면 영구 소장되는 거죠.

쿠폰을 모아서 가지고 가면 교환해주는 것도 아니고.(땀) 미술관이 쌓여 있는 스케치를 가지고 가는 장소라는 사실을 처음 알았다.

오오키 역시 스케치를 그리는 시간이 긴가요?

알렉산드로 독서를 하거나 글을 쓰는 시간이 더 길어요. 창작에서는 '문자'가 굉장히 중요하니까요.

오오키 그런가요?

알렉산드로 스케치보다 문자가 추상적이니까 더 자유로운 발상이 가능해요.

오오키 그렇군요.

알렉산드로 반대로 문자가 동반되지 않는 디자인에는 '논리'가 빠져 있어요.

오오키 그런 생각을 해본 적은 없는 것 같아요. 스케치에 비하면 문자는 유연성이 높은 매개물일지도 모르겠어요. 그런데 꽤 세부까지 그린 스케치도 있네요.

알렉산드로 네. 이 스케치를 바탕으로 우리 디자이너가 '삐삐삐' 하고 CG를 만들었어요.

오오키 역시 직접 컴퓨터를 만지는 일을 별로 없군요.

알렉산드로 일체 쓰지 않아요. 메일 주소도 없고요. 우하하. 비서가 메일 주소가 있으니까 그걸로 충분해요.

오오키 어, 책상에 아이폰이 있네요.

알렉산드로 여기서 쓰는 기능은, 보세요. 이 '통화'와 '시계'뿐이에요. 우하하!

오오키 (웃음)

알렉산드로 기능은 심플한 편이 좋잖아요.

아방가르드한 작풍과는 정반대로 설마 '논리' '기능' '심플'이라는 단어가 튀어나올지는 생각지도 못했다.

오오키 그런데 과거 작품 중에 가장 마음에 드는 건 뭔가요?

알렉산드로 과거 작품은 전부 잊어버려요. 하핫.

오오키 ….

알렉산드로 미래에만 관심이 있죠. 그런데 뭐, 알레시의 와인오프너 '안나 지G'가 제일 많이 팔린 것 같아요.

알렉산드로 씨가 당시 교제하던 '안나 씨'가 모티브가 된 작품이라고. 연인을 디자인화하다니 정말 로맨틱하다. 어? 잠깐만. 1994년 작품이라는 건 예순여섯 살 때 일? 역시 이탈리아인이다.

알렉산드로 발매 20주년 기념 특별 한정판 디자인을 의뢰받았는데.

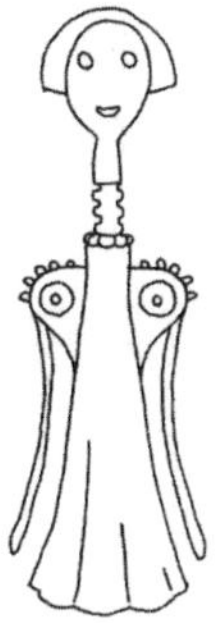

오오키 기대됩니다. 어떤 느낌이 될 것 같나요?

알렉산드로 ….

오오키 아, 아직 말을 하면 안 되겠네요.(땀)

알렉산드로 …. 지금부터 생각해야지! 하하핫. 아, 그래도 굳이 하나만 좋아하는 작품을 고르자면 '프루스트Proust'.

오오키 (어엇) 역시 그런가요?

알렉산드로 원래 의자를 만들 계획은 없었어요.

오오키 정말요?

알렉산드로 텍스타일을 만드는 일을 했어요. 당시에 마르셀 프루스트라는 프랑스 작가에 빠져 있었는데, 그가 파리 카페에서 점묘화가와 친교가 있었다는 걸 알고 점묘화 기법을 사용한 패턴을 만들었어요.

오오키 아, 그렇군요.

알렉산드로 그런데 너무 마음에 들어서 그걸로 의자를 만들어 보았어요!

오오키 그렇게 역사적인 명작이 탄생했군요. 그 후에 마지스에서 수지로 만든 제품으로 상품화되었고요.

알렉산드로 그래요, 그거. 좋죠.

오오키 회전성형[*2]의 기술로 점묘를 재현하는 걸 보고 솔직히 감동했어요.

알렉산드로 꽤 고생을 했어요. 입자 상태 수지가 세부의 촘촘한 장식 부분에까지 잘 돌아서 들어가지 않기도 하고 앉는 면의 곡면 부분에 점이 쭉 늘어나기도 했죠. 처음에는 이 개로 시험 삼아 해보았어요.

점묘 모양이 되어버린 에에로 아르니오[*3]의 '퍼피'가 테이블 위에 놓여 있었다. 이건 이거대로 귀엽다. 화려한 컬래버레이션이다.(웃음)

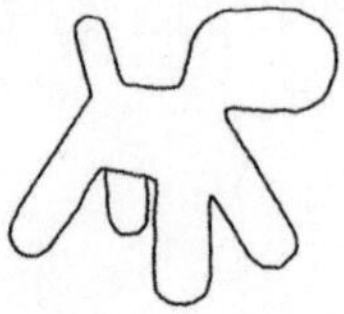

오오키 초기 테스트를 위해 공장에 있던 기존 금형을 사용했네요.

알렉산드로 이거 정말 마음에 들어요. 내 디자인은 아니지만.

오오키 네, 알고 있어요.

알렉산드로 그래도 마음에 들어요.

오오키 그렇군요.

알렉산드로 내가 디자인하지 않았지만.

오오키 …. 그런데 과거에 잡지 편집을 한 경험이 디자인 활동에 도움이 되기도 하나요?

알렉산드로 디자인과 편집은 완전히 똑같아요. 서로 다른 요소의 화학반응이 중요해요. 편집 현장에서 내게는 일을 순서를 만들어놓고 다른 편집자를 위한 '여백'을 준비하는 것이 가장 중요해요. 디자인에서도 나는 다양한 소재를 사용하는 걸 좋아하는데, 그래서 그만큼 많은 장인과 협업을 해야 해요. 그래서 마찬가지로 여백을 준비해서 화학반응을 일으키죠. 똑같죠?

오오키 듣고 보니 정말 그렇네요. 알렉산드로 씨는 장인뿐만 아니라 여러 사람과 컬래버레이션을 하는데 적극적이시잖아요.

알렉산드로 그런 걸 좋아해요.

오오키 모든 걸 통제할 수 없다는 데 대한 불안감은 없나요?

알렉산드로 잘될 때는 잘되지만, 잘되지 않을 때는….

오오키 (꿀꺽)

알렉산드로 대참사가 벌어지죠!

오오키 ….

알렉산드로 그것도 즐기고 있으니까 불안은 없어요. 나는 확고한 낙관주의자니까, 하하.

오오키 최근에 디자이너가 낙관적이라는 건 사실 굉장히 중요한 주제가 아닐까 하고 생각하고 있었어요. 저도 어느 쪽인지 고르자면 그쪽이거든요.

알렉산드로 나는 여든둘인데 오오키 씨는?

오오키 서른다섯입니다.

알렉산드로 하하! 그건 같은 낙관주의자라도 차원이 다르잖아!

오오키 죄송합니다….(땀)

알렉산드로 서른다섯이라. 하하하! (반으로 자르는 동작) 딱 내 나이의 반이네!

아니, 그건 어떻게 생각해봐도 계산이 안 맞는데… 하는 생각을 하면서도, 그 부분은 '낙관시'하는 걸로.

알렉산드로 원래 디자인이라는 일이 '어려운' 거잖아요.

오오키 ?

알렉산드로 기술자 뇌와 아티스트 뇌와 사업가 뇌를 전부 동시에 사용해야 하잖아요? 그건 정말 어려운 일이에요.

그렇지 않나요?

오오키 특별히 의식한 적은 없지만 그럴지도 모르겠네요.

알렉산드로 그렇기 때문에 기본은 낙관주의! 우하하!

젊은 디자이너 육성에 필요한 것은 겉치레가 아닌 투자

오오키 지금도 디자인 잡지를 읽으세요?

알렉산드로 읽어요, 읽죠.

오오키 최근에 잡지에서 보고 관심을 가지신 것이 있을까요?

알렉산드로 그런데 정말 나는 지금 잡지가 '아름다운 지면'과 '정보'에 너무 집중하는 것 같다는 생각을 떨칠 수가 없어요. 결국 정보로는 인터넷을 이길 수 없어요.

오오키 정보를 대신하는 무언가가 필요하다는 뜻인가요?

알렉산드로 독자적인 '언어'가 필요할 것 같아요. 《까사벨라》는 급진주의의 시대, 《모도》는 학제성의 시대, 《도무스》는 포스트모던의 시대, 이런 흐름이 있어요. 아니, 잡지가 그 흐름을 만드는 원동력이 되기도 했어요.

오오키 네.

알렉산드로 이렇게 세세하게 줄기가 갈리진 지금, 새로운 흐름을 만들 언어가 필요해요. 불경기 때문에 광고주 영향력이 너무 세진 것도…. 자유롭게 발언할 수 없는 것도 좋지 않다고 생각해요.

오오키 또 언젠가는 편집 일을 하고 싶다고 생각하세요?

알렉산드로 네, 하고 싶어요. 이런저런 이야기가 있긴 해요.

오오키 역시 그렇군요.

알렉산드로 그런데 시간이 없어요.

오오키 그렇죠.(웃음) 그런데 지금 사내 직원은 몇 명 정도 있나요?

알렉산드로 열 명. 이 정도가 한 사람 한 사람 대화하기가 가장 좋아요.

오오키 예전부터 이 정도 규모였나요?

알렉산드로 네. 대체로 열 명 정도고 많을 때는 스무 명 정도요. 아, 그런데 회사 자체는 열 명 정도인데, 《도무스》 편집부에 열 명이 있고 스와치에 열 명 정도가 있어서 이 세 곳을 오가며 일하던 시기도 있었어요.

오오키 그건 힘들 것 같아요.

알렉산드로 월요일과 목요일은 아틀리에 멘디니에, 화요일은 《도무스》 편집부에, 하는 식으로. 아, 한마디로 말하면 아내가 세 명 있는 느낌.

오오키 (웃음)

알렉산드로 여러 가지로 귀찮은 일이 많아요. 우하하!

이탈리아의 디자인 업계를 수십 년에 걸쳐서 지켜본 알렉산드로 씨에게 최근에 화제가 되고 있는 것에 대해 물어보기로.

오오키 우수한 젊은 이탈리아인 디자이너가 좀처럼 나오지 않는다고 미디어가 떠들썩한데, 무엇이 원인이라고 생각하세요?

알렉산드로 그냥 우연인 거 아닐까요?

오오키 아니, 그럴지도 모르지만, 무슨 이유가 없을까요?(웃음)

알렉산드로 예전에는 '디자인 학교' 같은 건 없었지만 '마에스트로'가 있어서 제자로 들어가서 배웠어요. 신기하게도 학교가 생기고 디자인 수준이 점점 떨어졌어요.

오오키 교육 문제군요.

알렉산드로 학교도 돈이 없으니까 교수에게 줄 돈도 없어요. 교육은 실속 없는 겉치레가 아니라 투자가 필요해요.

오오키 개인적으로는 좋은 토양을 만들려면 '학교'만으로는 부족하고 '미디어'가 미래로 견인하고 디자인에 투자하는 '기업'이 있고, 디자인에 적정한 평가와 가치를 부여하는 '미술관이나 갤러리'가 있는, 이 네 가지 요소의 존재와 연계가 꼭 필요하다고 생각해요. 이런 의미에서 이탈리아에는 뛰어난 브랜드가 많으니까 그게 장점이 될 거예요.

알렉산드로 그렇죠. 그런데 세계적인 디자이너를 기용하는 것이 브랜드 사이에서 유행이 된 것 같아요. 재스퍼 모리슨도 넨도도 모두 외국인. 실력이 있는 건 틀림없지만.

오오키 브랜드가 업계 내에서 힘을 너무 많이 가지고 있다는 뜻인가요?

알렉산드로 그런데 실제로 이탈리아 제조업은 전부 고전을 면치 못하고 있어요. 옛날같이 패밀리 비즈니스가 그럭저럭 잘되는 그런 시대는 지나간 건지도 몰라요.

오오키 그것도 큰 문제가 되고 있죠. 그러고 보니 알렉산드로 씨는 학교에서 가르치기도 하시나요?

알렉산드로 안 가르쳐요. 가끔 부탁을 받고 강의 정도는 하지만 교육에 종사한 적도 없고 앞으로 할 일도 절대 없을 거예요.

오오키 이유가 있을까요?

알렉산드로 기본적으로 부끄러움이 많으니까. 하핫.

오오키 아니, 무슨 말씀이세요.

알렉산드로 아무래도 앞에 마흔 명 정도를 두고 말하는 건 성격에 맞지 않는 것 같아요. 그런 기회는 1년에 하루 정도 있으면 충분해요.

오오키 처음에 디자이너가 되려고 생각한 계기가 있었나요?

알렉산드로 원래는 화가가 되고 싶었어요. 그런데 아버지가 기술자여서. "넌 기술자가 되어야지. 기술자가 되거라"라는 주문 같은 말을 계속 듣고 자랐어요.

오오키 그래서 밀라노폴리테크니코대학 엔지니어학부에 진학한 거군요.

알렉산드로 반년 만에 머리가 이상해졌어요.(웃음) 그래서 옆 건물에 다니기 시작했어요. 거기가 바로 건축학과. 다시 태어나면 화가가 될 거예요. 우하하핫.

오오키 지금도 정력적으로 전 세계를 돌아다니시는데, 최근에 관심이 가는 도시가 있나요?

알렉산드로 한국이 재미있어요. 십수 년 전부터 교류가 있었어요. 처음에는 강연과 워크숍으로 초대를 받았는데 최근에는 프로젝트가 꽤 늘었어요.

오오키 한국이요. 확실히 국가적으로 디자인에 힘을 기울이고 있어요. 다른 곳은요?

알렉산드로 런던, 바르셀로나…, 아, 최근에는 브라질! 브라질이 괜찮아요! 거기가 재미있어요.

오오키 브라질은 한때 디자인계에서도 화제가 되었는데 경제 상황이 꽤 나쁜 것 같아요. 저도 가본 적은 없어서 아는 것처럼 말하긴 어렵지만요.

알렉산드로 아니, 거기는 재미있어요.

오오키 그런가요.

알렉산드로 음악이 있고….

오오키 네.

알렉산드로 긍정적인 에너지로 가득 찬 곳이죠.

오오키 네.

알렉산드로 색도 다양하고요.

오오키 네.

알렉산드로 그래서 넨도와는 어울리지 않지.

오오키 또 그건가요.(웃음)

알렉산드로 하지만 나에게는 최고지! 우하하하!

오오키 …. 알렉산드로 씨의 디자인에서 색은 어떤 의미가 있나요?

알렉산드로 음?

오오키 저의 경우는 흰색이 좋다기보다는 미숙해서 색을 잘 활용하지 못한다고 해야 하나. 착색을 하면 소재와 형태라는 '있는 그대로'의 모습에서 멀어져 버릴 것 같아서 겁이 나기 때문이에요.

알렉산드로 내 디자인에는 세 가지 중요한 요소가 있는데, 바로 '형태' '색' '패턴'이에요.

오오키 ! (전부 내 안에서는 우선순위가 낮은 요소다)

알렉산드로 이 세 가지를 '복잡하게 조합하는 것'이 중요해요.

오오키 !! (그렇게 생각해본 적은 한 번도 없었다. 심장의 고동이 빨라진다)

알렉산드로 '복잡성'은 예전부터 변하지 않는 테마예요. 복수의 요소를 복잡하게 조합하는 거요. 마치 한 송이의 꽃처럼.

오오키 꽃…이요?

알렉산드로 꽃도 자세히 보면 여러 요소가 복잡하게 합쳐져 있잖아요? 그렇게 합쳐져서 유기성과 스토리성이 생겨요. 건축에서도, 공업제품에서도 마찬가지.

오오키 얼마나 단순화할 수 있을지만 생각해온 저와는 정반대예요.

알렉산드로 나는 그 이외에는 사람과 커뮤니케이션을 하는 방법을 모르니까요.

주

1 까사벨라CASABELLA, **모도**MODO

전부 이탈리아 건축 · 디자인 잡지다. 《까사벨라》는 《도무스》와 마찬가지로 1928년에 창간되었다. 현재도 업계에 강한 영향력을 행사하는 잡지로 알려져 있다. 《모도》는 1977년에 알레산드로 멘디니가 창간했고, 2006년에 휴간했다.

2 회전성형 Rotational Molding

플라스틱 제품 성형 방법 중 하나다. 금형에 원료인 수지를 넣어서 열을 가하면서 틀을 회전시켜서 원심력으로 틀 내측에 수지를 부착시켜 속이 빈 제품을 만드는 제조법이다. 다른 성형 방법과 비교해서 대형 제품을 저렴한 비용으로 소량 제조할 수 있다는 것이 특징이다.

3 에에로 아르니오 Eero Aarnio

핀란드 헬싱키 출신 디자이너다. 1932년에 태어났다. 1960년대 팝아트를 상징하는 것 같은 플라스틱으로 만든 근미래적인 의자 '버블 체어'로 유명하며, 심플하고 귀여운 형태의 아동용 놀이기구와 가구를 다양하게 만들고 있다.

정리

도대체 알렉산드로 씨는 얼마나 멋진 할아버지인가! 전부 다 반칙이다. 기술자이자 경영자이자 편집자이자 예술가이자…. 이것들이 수십 년에 걸쳐 유기적으로 합쳐진 결과로 '알레산드로 멘디니'라는 이름의 극상의 '복합성'이 탄생한 건지도 모른다.

헤어질 때, 멘디니 씨가 "손을 좀 주세요"라고 말하며 유리로 만든 모자이크타일 한 장을 손 위에 놓아주었다. 알렉산드로 씨가 디자인한 부적이라고 했다. 으스스하게 추운 돌아가는 길에 선물 받은 작은 타일을 쥐고 알렉산드로 씨처럼 멋진 디자이너가 되는 그날까지 이것을 소중하게 주머니에 넣어두겠다고 마음속으로 중얼거렸다.

_《엘르 데코》 2014년 2월호

이 책을 한창 편집하던 2019년 2월, 알렉산드로 씨의 부고를 들었다. 향년 87세였다. 작은 타일은 지금도 소중히 간직하고 있다.

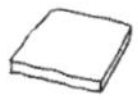

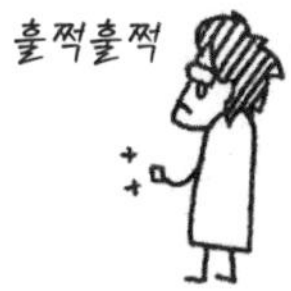

알레산드로 멘디니 Alessandro Mendini

1931년에 이탈리아 밀라노에서 태어났다. 2019년에 타계했다. 1976년에 스튜디오 알키미아에 참여하면서 포스트모던의 시대를 열었다. 잡지 《까사벨라》 《모도》 《도무스》의 편집장 등을 역임하는 한편, 알레시와 스와치의 아트 디렉터를 맡는 등 다채로운 활동으로 유명하다. 1994년에 개관한 네덜란드의 흐로닝어 미술관에서는 설계를 담당했다.

맺음말

이 책은 2013년에서 2016년까지 인테리어 잡지 《엘르 데코》 일본판에 게재된 같은 제목의 연재를 한 권으로 정리한 책이다. 세계적으로 활약하며 독자적인 디자인 인맥을 가진 사토 오오키 씨가 자기와 마찬가지로 전 세계적으로 활약하는 디자이너, 건축가와 만나 인터뷰를 하는 내용이다. 오오키 씨 본인은 이를 '잡담'이라고 겸손하게 말하지만 상대는 전부 디자인 · 건축 업계에서 가장 중요한 인물이기 때문에 잡담이라고 말하기에는 너무나도 화려한 라인업이다.

이 책이 출판되기까지 조금의 우여곡절이 있었다. 《엘르 데코》에 연재된 뒤에 단행본 편집 단계에서 디자인 잡지 《액시스AXIS》의 가미조 마사히로 편집장이 (아직 부편집장이던 때에) 편집을 담당하게 되었다. 그런데 그 뒤로 관계자가 너무 바빠지는 등 사정이 생겨 최종적으로 우리가 원고를 이어받아서 겨우 출판할 수 있게 되었다. 일반적으로 보면 같은 디자인계 출판을 하는, 말하자면 라이벌 관계의 회사다. 좋은 원고가 있으면 자신이 가지고 싶어 한다. 하지만 왠지 모르게 이번만은 모두가 신기하게 여길 정도로 원활하게 연계가 이루어져 원고를 넘겨받고 무사히 책으로 완성할 수 있었다. 이것은 '이 귀중한 원고를 우리 사정으로 내지 못한다면 그쪽이 더 아깝다'라는 생각이 모두의 마음에 있었기 때문일 것이다.
이렇게 이 원고는 일본의 주요 디자인 에디터의 엄격한 검열을 거쳤다. 원고를 읽은 편집자가 한 말은 훌륭할 정도로 '디자인 오타쿠'다운 오오키 씨에 대한 놀라움이었다. 특히 같은 세대의 고민과 시대 배경을 공유하는 동지 루카 니케토와의 '잡담'은 아직 디자인에 한쪽 발을 담근 것뿐인 독자라면 완전히 흠뻑 빠질 정도의 내용이다.
하지만 모두가 가장 놀란 것은 오오키 씨의 기억력이다. 녹음기도 없고 메모도 하지 않는 완전한 무방비 상태에서 때로는 맥주를 마시면서 놀러 가는 것처럼 취재를 가서 방심한 상대방의 본심과 방언을 경이적인 기억력으로 전부 낚아챘다. 아주 뛰어난 기자 같은 수법이다. 아니, 오히려 메모를 열심히 하는 기자들은 그에 비하면 귀여운 수준일지도 모른다.
일류 디자이너 대부분은 자신의 본심과는 다른 미디어용 얼굴과 말을 가지고 있다. 그렇기 때문에 취재를 하는 기자는 그 본심을 이끌어내는 데 고생을 한다. 그런데 오오키 씨는 그 벽을 쉽게 뛰어넘어 디자이너의 진짜 얼굴을 드러나게 했다. 필립 스탁이 누설한 디자인의 화신으로서의 고뇌, 파트리시아 우르퀴올라가 전력을 다해 알려주는 인생에 대한 기관총 토크…. 무엇보다도 수줍음이 많고 취재를 별로 좋아하지 않는 재스퍼 모리슨이 신이 나서 열변을 토하리라고는! 디자이너의 인간미 넘치는 모습과 함께 삶의 방식에서 일을 대하는 모습과 인생을 즐기는 방법까지 정말 많은 것을 배울 수 있는 인터뷰가 되었다. 디자이너라는 인종은 가까이하기 어렵다는 인상을 가진 사람도 많을 것이다. 디자인 사고나 디자인 경영 등 비즈니스와 디자인을 연결하는 논조가 강한 현재, 디자인을 조금 불편하다고 느끼는 사람도 많을 수 있다. 이 '잡담집'을 읽고 디자인과 디자이너라는 사람에 관해서 조금 더 호감을 가지게 되고, 디자인을 하는 즐거움을 알게 된다면 이 책을 편집한 한 사람으로서 그 이상의 기쁨은 없을 것 같다.

닛케이비피BP종합연구소 디자인 · 이노베이션 센터장
마루오 히로시

넨도의 온도

1판 1쇄 찍음 2021년 1월 1일
1판 1쇄 펴냄 2021년 1월 8일

지은이 nendo 사토 오오키
옮긴이 이현욱
펴낸이 신주현 이정희
마케팅 양경희
편집 조세진

디자인 조성미
용지 월드페이퍼
제작 (주)아트인

펴낸곳 미디어샘
출판등록 2009년 11월 11일 제311-2009-33호

주소 03345 서울시 은평구 통일로 856 메트로타워 1117호
전화 02) 355-3922 | 팩스 02) 6499-3922
전자우편 mdsam@mdsam.net

ISBN 978-89-6857-167-1 03600

www.mdsam.net